本书受中国历史研究院学术出版经费资助

中国历史研究院学术文库

宗教改革时期的新教与罗马公教研究

A Comparative Study on the Protestantism and Roman Catholicism in the Age of Reformation

刘林海 著

中国社会科学出版社

图书在版编目(CIP)数据

宗教改革时期的新教与罗马公教研究 / 刘林海著. —北京：中国社会科学出版社，2020.12
ISBN 978-7-5203-7451-4

Ⅰ.①宗… Ⅱ.①刘… Ⅲ.①新教—研究②罗马公教—研究 Ⅳ.①B976.3②B976.1

中国版本图书馆 CIP 数据核字(2020)第 210088 号

出 版 人	赵剑英
责任编辑	郝玉明　刘亚楠
责任校对	张爱华
责任印制	李寡寡
出　　版	中国社会科学出版社
社　　址	北京鼓楼西大街甲 158 号
邮　　编	100720
网　　址	http://www.csspw.cn
发 行 部	010-84083685
门 市 部	010-84029450
经　　销	新华书店及其他书店
印刷装订	北京君升印刷有限公司
版　　次	2020 年 12 月第 1 版
印　　次	2020 年 12 月第 1 次印刷
开　　本	710×1000　1/16
印　　张	18.25
字　　数	256 千字
定　　价	128.00 元

凡购买中国社会科学出版社图书，如有质量问题请与本社营销中心联系调换
电话：010-84083683
版权所有　侵权必究

刘林海，男，山东平邑人，历史学博士，北京师范大学历史学院教授、博士生导师、副院长，北京市历史学会秘书长，美国哈佛大学访问学者。主要从事世界古代史、中外古史比较、基督教史、史学史等教学与研究工作，著有《加尔文思想研究》《3—6世纪中西历史及文明发展比较研究》（合著）等。

内容简介

本书以唯物史观为指导，在认真研读相关原始材料的基础上，充分借鉴和吸收学术界的研究成果，从比较的角度对宗教改革时期的新教和公教进行研究，以纠正相关偏见，深化对宗教改革运动的认识，推动我国宗教改革史研究的发展。全书在梳理、总结研究状况和改革背景的基础上，从《圣经》、宗教公会议、圣礼、社会救济、宗教改革时期基督教信仰的一般特点等几个方面，对新教与罗马公教的异同进行了较为细致的分析，揭示欧洲从中世纪到现代转型时期的历史复杂性，提出新教与公教在很大程度上是欧洲走向现代的两种不同的路径选择，传统的非此即彼的认识模式有失偏颇。

中国历史研究院学术出版
编 委 会

主　　任　高　翔
副 主 任　李国强
委　　员　(按姓氏笔画排列)
　　　　　　卜宪群　王建朗　王震中　邢广程　余新华
　　　　　　汪朝光　张　生　陈春声　陈星灿　武　力
　　　　　　夏春涛　晁福林　钱乘旦　黄一兵　黄兴涛

中国历史研究院学术出版资助项目
出版说明

为了贯彻落实习近平总书记致中国社会科学院中国历史研究院成立贺信精神，切实履行好统筹指导全国史学研究的职责，中国历史研究院设立"学术出版资助项目"，面向全国史学界，每年遴选资助出版坚持历史唯物主义立场、观点、方法，系统研究中国历史和文化，深刻把握人类发展历史规律的高质量史学类学术成果。入选成果经过了同行专家严格评审，能够展现当前我国史学相关领域最新研究进展，体现我国史学研究的学术水平。

中国历史研究院愿与全国史学工作者共同努力，把"中国历史研究院学术出版资助项目"打造成为中国史学学术成果出版的高端平台；在传承、弘扬中国优秀史学传统的基础上，加快构建具有中国特色的历史学学科体系、学术体系、话语体系，推动新时代中国史学繁荣发展，为实现"两个一百年"奋斗目标、实现中华民族伟大复兴的中国梦贡献史学智慧。

中国历史研究院
2020 年 3 月

目　　录

绪　言 ……………………………………………………… (1)
　　第一节　选题意义 ……………………………………… (1)
　　第二节　研究状况概述 ………………………………… (4)
　　第三节　本书的研究思路 ……………………………… (23)
　　第四节　关键术语的界定 ……………………………… (28)

第一章　通往改革之路 …………………………………… (33)
　　第一节　拉丁基督教会的腐败 ………………………… (34)
　　第二节　各阶层的改革 ………………………………… (43)
　　第三节　世俗政权与宗教改革 ………………………… (50)
　　小　结 …………………………………………………… (59)

第二章　《圣经》与宗教改革 …………………………… (60)
　　第一节　《圣经》研究的转变 ………………………… (61)
　　第二节　《圣经》与公教会 …………………………… (72)
　　第三节　《圣经》与新教 ……………………………… (81)
　　第四节　唯有《圣经》？——《圣经》与传统 ……… (91)
　　小　结 …………………………………………………… (99)

第三章　特伦特宗教公会议与公教的转型 …………… （101）
 第一节　特伦特宗教公会议 ……………………………… （102）
 第二节　改革措施 ………………………………………… （117）
 第三节　公教的转型 ……………………………………… （130）
 小　　结 …………………………………………………… （142）

第四章　圣礼问题 …………………………………………… （144）
 第一节　公教的圣礼 ……………………………………… （145）
 第二节　新教的圣礼 ……………………………………… （155）
 第三节　称义问题——圣礼的理论基础 ………………… （165）
 第四节　路德派与加尔文派关于圣餐礼的论战 ………… （173）
 小　　结 …………………………………………………… （182）

第五章　宗教改革与社会救济 ……………………………… （184）
 第一节　贫困问题及对策 ………………………………… （184）
 第二节　济贫改革的一般特点 …………………………… （195）
 第三节　观念的变化 ……………………………………… （206）
 第四节　宗教与济贫改革 ………………………………… （214）
 小　　结 …………………………………………………… （232）

第六章　宗教改革时期基督教信仰的特点：以塞维图斯案为中心 …………………………………………………… （234）
 第一节　塞维图斯的生平及其神学思想 ………………… （234）
 第二节　塞维图斯——公教及新教的异端 ……………… （243）
 第三节　加尔文与塞维图斯 ……………………………… （249）
 第四节　正统与异端 ……………………………………… （258）
 小　　结 …………………………………………………… （268）

结　论 …………………………………………… (270)

主要征引文献 …………………………………… (275)

后　记 …………………………………………… (286)

绪　言

第一节　选题意义

宗教改革是欧洲历史上的重要事件。1517年10月31日，德意志奥古斯丁修会修士马丁·路德（Martin Luther，1483—1546）在维登堡教堂的大门上贴出了一份关于赎罪券效力问题的论纲——《九十五条论纲》，并呼吁大家参与辩论①。马丁·路德没有料到，他的这个举动引起了轩然大波。两周之内，他的论纲就已经传遍了德意志各地，被各界争相传阅。他更没有料到，这个行动将引发一场欧洲历史上的大变动——宗教改革。路德的这个行动被史学界称为宗教改革的导火索。这场大火也由德意志逐渐蔓延到瑞士、法国、尼德兰、英格兰以及中东欧和北欧等国家和地区，改变了欧洲历史发

---

① 传统认为，马丁·路德把他的论纲贴到了教堂的大门上。不过，路德本人在留下来的材料中并没有明确说他这样做过。他自己的说法是，在看到特泽尔到处兜售赎罪券后，他非常愤慨，便给当时的美因茨大主教写信，敦促他加以制止。在没有得到答复后，路德提出大家来讨论。钉到大门上的说法首次见于梅兰希通，出现在1546年路德刚去世后的纪念文章中，后来成为标准说法。不过，近代以来，有不少学者认为事实并非如此。苏格兰宗教改革史学家彼得·马绍尔（Peter Marshall）系统梳理了这个过程。Peter Marshall, *1517: Martin Luther and the Invention of the Reformation*, Oxford: Oxford University Press, 2017, p. 17 ff..

展的格局。

宗教改革从怀疑当时欧洲宗教生活中司空见惯的赎罪券开始，逐渐发展到怀疑、否定传统罗马教会的理论与实践，否定教皇及教阶制的合法性，并对信仰生活的诸多方面进行了新的调整。经过几十年的斗争，路德开启的宗教改革最终获得了胜利。1555年9月，神圣罗马帝国皇帝查理五世（Chartes V，1519—1556年在位）与施马尔卡登同盟在帝国城市奥格斯堡签订了《奥格斯堡宗教和约》，确立了"谁的领地信奉谁的宗教"的原则，赋予世俗君主选择信仰路德派或罗马公教派的权力。路德派获得了法律的认可，成为神圣罗马帝国境内合法的宗教，并在北欧地区站稳了脚跟。

在帝国之外，在慈温利（Ulrich Zwingli，1484—1531）、加尔文（John Calvin，1509—1564）等改革家的领导下，瑞士的改革也发展起来，逐渐形成加尔文派。加尔文派以瑞士为中心，先后在法兰西、尼德兰等欧洲大陆传播开来，成为继路德派教会之后的另一大新教派别。三十年战争以后，加尔文派的地位也正式合法化。加尔文派还输出到了英格兰和苏格兰，对其改革产生了很大的影响。英格兰综合了拉丁教会的礼仪与新教的神学信条，形成了安立甘教会，它与加尔文教派的冲突则成为英格兰17世纪资产阶级革命的重要内容。苏格兰则在约翰·诺克斯（John Knox，1513—1572）的领导下，以日内瓦为榜样，建立了典型的加尔文派的教会。

宗教改革时期，以罗马教廷为首的拉丁教会也出现了较大的变化。在严峻的现实面前，原先沉寂的改革之声再度高涨。在新教、教廷内部的改革派和神圣罗马帝国皇帝的共同压力下，罗马教会于1545—1563年在帝国城市特伦特召开宗教公会议，经过三个阶段的讨论，在神学、礼仪、教会体制等方面出台了一系列规定，并进行了相应的改革。这些措施奠定了现代公教（Modern Catholicism）的基础。

在新教和公教之外，还存在一个少数派。他们中的大部分人主张成年人的洗礼，因此被新教和公教统称为"再洗礼派"。由于他们的理论和实践严重背离了基督教的主流传统,因此被现代学术界称为"激进改革派"。激进改革派在神学、礼仪和教会制度等方面都与新教和公教有较大的不同,并因此遭到二者的共同反对和围剿。虽然这个群体中的大部分被剿灭,但仍有一部分生存下来,成为现代基督教的一部分。

宗教改革过后,在原来拉丁教会的地盘上,就出现了多种教派并立的局面,欧洲基督教信仰的多元化格局也逐渐形成。

作为欧洲历史上的重要事件,宗教改革自诞生之日起,就备受关注。在过去的400多年里,尤其是20世纪以来,学术界对宗教改革运动的研究已经相当深入。其中既有大量的专题研究,也有宏观性的一般论述。20世纪80年代中期,英国著名宗教改革史家A. G. 狄更斯(A. G. Dickens)和澳大利亚学者J. M. 唐肯(John M. Tonkin)合作出版了《历史思想中的宗教改革》。该书以西方近现代历史思想领域的发展为大背景,从学术史角度,对几百年来史学界关于宗教改革的人物、事件与评价研究,系统展示了宗教改革史研究的重大成就①。狄更斯等人对宗教改革在近现代西方学术和社会发展中的作用有深入剖析,尤其是对其与近代政治、经济、社会等的复杂关系关注较多。该研究不但总结了宗教改革研究的一般历程及特点,而且深刻揭示了它在西方近现代历程中的重要作用。可以说,宗教改革在很大程度上成为解读近现代西方文明不可或缺的环节。宗教改革研究不但对于认识和把握现代西方的历史必不可少,而且有助于加深对欧洲中世纪的了解。在宗教改革的诸多问题中,公教与新教的关系及定性等是关键。在很大程度上,这是宗教改革的基本问题,不仅关系到对宗教改革的一般认识,也是其他研究的基础。对这个问题进行研究,具有重要的学术价值和积极的现实意义。

---

① A. G. Dickens and John M. Tonkin, *Reformation in Historical Thought*, Oxford: Basil Blackwell Ltd., 1985.

第二节 研究状况概述

经过几个世纪的积累，学术界对于宗教改革的研究可谓洋洋大观，在研究内容、研究方法和观点上都有众多的代表性成果。要在有限的篇幅内全面梳理关于宗教改革的研究状况，既不可能，也没必要。即便这方面最权威的狄更斯的著作，也非穷尽了所有问题。诚如该书作者所强调的，它主要以路德和德意志宗教改革为中心，对于其他人物和地区的情况则涉及较少。狄更斯的著作问世已经三十多年了，期间又有大量重要成果出现。国内外学术界对宗教改革的研究虽然很多，但直接从对比角度进行分析的则很少见。这里只结合本书的主要内容，对 20 世纪中期以来相关研究的特点做宏观的梳理，以便更好地理解书中涉及的相关问题。

整体而言，宗教改革研究领域呈现出以下几个特点：

第一，宗教改革概念的多样化。这主要体现在对传统主流观点的不断批判与修正，宗教改革的外延不断扩大，以及宗教改革概念的泛化等方面。

据研究，"宗教改革"（reformatio）一词在中世纪欧洲的文献中已经出现了，但并非一个专用术语，其含义也与近现代学术界的理解不同。[①] 随着宗教改革运动的出现和推进，这个术语逐渐与路德发动的活动联系起来。17 世纪末，德国人塞肯多夫（Veit Ludwig von Seckendorff）正式将"宗教改革"一词引入历史领域，并用来指代马丁·路德发动的新教运动。这个认识奠定了后来德国学术界的基

---

① Gerald Strauss, "Ideas of Reformatio and Renovatio from the Middle Ages to the Reformation", in Thomas A. Brady, Jr., Heiko A. Oberman, James D. Tracy, eds., *Handbook of European History 1400 – 1600: Late Middle Ages, Renaissance, and Reformation*, Vol. 2, Leiden: Brill, 1995, pp. 1 – 30.

础，马丁·路德便与这场运动紧密相连，甚至成为宗教改革的代名词①。18世纪，宗教改革的范围逐渐扩大，路德改革之外的其他改革活动也被纳入其中，它也被视为欧洲的一场宗教运动。19世纪上半期，德国著名史学家兰克（Leopold von Ranke，1795—1886）进一步将宗教改革定位为一个时代，赋予更丰富的内涵。不仅如此，兰克还创造了"反宗教改革"一词，给这个时期罗马教会的理论和实践定了性。20世纪下半叶以来，西方史学界不断批判与修正传统的主流宗教改革概念，并在此基础上形成新概念。西方学术界在过去大都认为宗教改革就是新教改革运动，也就是指反对公教旧神学及教会体制的福音基督教运动，它既包括马丁·路德的改革，也包括加尔文教派和英国的宗教改革，从地域上来说则有德意志、瑞士、法兰西、尼德兰、英格兰、苏格兰、西班牙、意大利、中欧国家和地区，但不包括这些国家和地区的其他派别——激进改革派。

这种将激进派的改革视为异类，排除在宗教改革阵营之外的做法引起许多学者的不满②。越来越多的研究表明，激进改革派是宗教改革时期的一支不可忽视的力量，在某些方面甚至超过传统的新教改革。很多学者认为，激进改革派是宗教改革的重要组成部分，理应被纳入新教的范畴，这种观点也逐渐为越来越多的人所接受。在此基础上，学者们还对宗教改革内部的派别进行了深入研究，如将激进改革派称为"左翼"，将路德、慈温利、加尔文等领导的宗教改革称为"权威的"或"主流的"宗教改革③，以示与激进派改革的区别④。

---

① C. Scott Dixon, *Contesting the Reformation*, Malden, MA: Wiley-Blackwell, 2012, pp. 9, 10.

② 狄更斯在《历史思想中的宗教改革》一书中专门梳理了学术界对激进改革的认识及定位的历史。A. G. Dickens and John M. Tonkin, *Reformation in Historical Thought*, pp. 213-233.

③ magister既有权威的意思，又有教师的意思，因此，一般认为"权威的宗教改革"有两种含义，一是宗教改革是在世俗政权的授意、支持或领导下进行的，认可世俗政权在宗教事务方面的权力；二是指改革是在个人的权威，如在路德、茨温利、加尔文等个人的理论指导下进行的。

④ Alister E. McGrath, *Reformation Though: An Introduction*, Second Edition, Malden, MA: Blackwell Publishers Ltd., 1997, p. 6.

将激进派的改革活动纳入宗教改革的阵营并积极予以肯定，无疑是概念上的重大突破。但是，许多学者仍然对这种概念提出批评，批评者不但有公教史学家，也有新教史学家。他们认为，宗教改革固然应该包括激进改革，但这仍不能算作完整意义上的宗教改革，公教会作为这个时期的重要内容被排除在外，显然与历史的实际不符。因此，完整意义上宗教改革不但包括新教的改革，还包括公教的改革。其实，早在20世纪初，英国著名教会史学家托马斯·林赛（Thomas M. Lindsay）就提出了宗教改革内涵的丰富多样性问题。他认为，完整意义上的宗教改革史不但应该包括新教改革，还应该包括激进改革派和公教会的反宗教改革，各派之间既独立又相互关联。① 第二次世界大战以后，随着研究的推进，传统的宗教改革的一元性认识逐渐受到质疑，多元宗教改革的说法出现。根据这种观点，16世纪的宗教改革是复数的，是多个宗教改革，而不是一个改革，各个宗教改革之间是相互作用的。这种观点在美国波士顿大学教授林德伯格（Carter Lindberg）的《欧洲的宗教改革》一书中有所体现。他在书的标题中就用复数的形式来表示这种多元性特点。他认为，"宗教改革是一个多元的改革运动时代"②，既包括传统意义上的新教正统派改革，如马丁·路德、慈温利、加尔文、英格兰、苏格兰、尼德兰、法兰西等，又包括激进派的改革，如普通人的革命（传统上的德意志农民战争）、再洗礼派、唯灵论派等，还包括公教的改革，如公教的宗教振兴运动、反宗教改革等。此外，各大派别中还有小的分支；公教的宗教改革不仅仅是对新教改革的一种被动反应，而是自成一体的改革活动。林德伯格的理论实际是宗教改革的多元化及其多起源化观点的总结。

---

① ［英］托马斯·林赛：《宗教改革史》（上卷），孔祥民等译，商务印书馆2016年版，第1页。

② Carter Lindberg, *The European Reformations*, Second Edition, Malden, MA: Wiley-Blackwell, 2010, p. xv.

宗教改革概念的多样化还表现在第二次宗教改革概念①及新教内部改革多样性等问题的提出上。如著名荷兰史学家 H. A. 奥伯曼（Heiko A. Oberman）就提出，与传统宗教改革相辅相成的还有其他改革，从1525年开始，有三次隐藏的改革，这三次改革既自成一体，又呈序列式发展。② 在这些观点中，1960年代荷兰学者盖尔德（Enno V. Gelder）提出的"大小宗教改革"的概念，为认识与评价宗教改革提供了新的视角。他通过研究人文主义者的宗教观，考察它对近现代西方文化的影响，并与宗教改革家的思想进行比较。盖尔德认为，与人文主义相比，传统上所谓的宗教改革对历史的影响实际上并没有那么大。恰恰相反，真正有影响的是人文主义，人文主义者，尤其是伊拉斯谟（Erasmus Rotterdam，1466—1536）、莫尔（Thomas More，1478—1535）、蒙田（Michel de Montaigne，1533—1592）、让·博丹（Jean Bodin，1530—1596）、莎士比亚（William Shakespeare，1564—1616）等人对近现代西方的作用更大。他们是与宗教改革及公教改革并列的第三种势力，他们的改革主张比马丁·路德及加尔文的改革更激进。基于此，他把这种第三势力称为"大宗教改革"（Major Reformation），而把以马丁·路德等为代表的

---

① Heinz Schilling, *Religion, Political Culture, and the Emergence of Early Modern Society: Essays in German and Dutch History*, Leiden: E. J. Brill, 1992, p. xii. 据研究，"第二次宗教改革"的概念最早由尔根·莫尔特曼在20世纪50年代末（1958年）研究加尔文派信徒克里斯托弗·派泽尔的著作中提出。奥格斯堡合约前后，路德派内部出现分裂，出现正统派和梅兰西顿派（菲利普派）的斗争。一些梅兰西顿派和加尔文派的信徒认为，需要一场新的改革，以便推进并维持路德的成果，是为"第二次宗教改革"。这场斗争的结果是加尔文派在神圣罗马帝国的一些地区获得胜利并成为官方宗教。这个概念与"认信化"理论密不可分，被用来分析奥格斯堡宗教合约之后到三十年战争期间的历史。有些学者倾向于将第二次宗教改革概念一般化，但大多数学者持保留意见，认为它只是在德意志和尼德兰地区的局部历史现象，不具有普遍性。Bodo Nischan, "The Second Reformation in Brandenburg: Aims and Goals", *The Sixteenth Century Journal*, Vol. 14, No. 2, Summer 1983, pp. 173 – 187; Kaspar Von Greyerz, *Religion and Culture in Early Modern Europe, 1500 – 1800*, trans., Thomas Dunlap, Oxford: Oxford University Press, 2008, pp. 69 – 77.

② Heiko A. Oberman, *Reformation: Roots and Ramifications*, London: T&T Clark Internationals, 2004, chap. 10.

宗教改革称为"小宗教改革"（Minor Reformation）。①

把宗教改革的概念扩大应用到其他时期的历史中去，是另一种重要表现，这种观点与文艺复兴研究关系密切。1927 年，美国著名中世纪史专家哈斯金斯（Charles Homer Haskins）出版了《十二世纪的文艺复兴》一书，对以布克哈特（Jacob Burckhardt，1818—1897）为代表的传统观点提出质疑，提出西欧的文艺复兴早在 12 世纪就已经出现的观点。在他的启发下，从 20 世纪五六十年代起，一些学者开始从宗教角度研究 12 世纪的变化，涉及效法使徒生活、修道运动、世俗教会、俗人虔敬行为的高涨、异端兴起、教会统一礼拜仪式等问题，认为它与 16 世纪的宗教改革有很大的相似之处，并仿照哈斯金斯提出了"12 世纪的宗教改革"甚至"中世纪的宗教改革"等观点，美国学者康斯特堡（Giles Constable）便是其中的代表。他指出，用"危机"或"混乱"来形容 12 世纪西欧在精神生活和宗教生活方面的变化并不确切，毋宁说它是"变革"，用"宗教改革"一词更能全面体现它在宗教态度和机构方面的变革及历史意义，因为"12 世纪宗教生活和情感领域的发展与世俗思想和文化领域的发展同样重要，而且它在许多方面为中世纪末期和早期现代（early modern）的教会史铺平了道路"②。还有学者提出"'12 世纪宗教改革'本身是从 1050 年到 1226 年更大范围的'中世纪宗教改革'的一部分"③，16 世纪的新教改革不过是"从 11 世纪到 18 世纪，震撼拉丁或西部基督教世界的一系列'宗教改革'的高峰"④。斯蒂文·奥兹门特（Steven Ozment）则从思想发展的角度，将 1250—1550 年的历史

---

① Enno V. Gelder, *The Two Reformations in the Sixteenth Century: A Study of the Religious Aspects and Consequences of Renaissance and Humanism*, Hague: Martinus Nijhoff, 1961, p. 8.

② Giles Constable, *The Reformation of Twelfth Century*, Cambridge: Cambridge University Press, 1996, p. 3.

③ Brenda Bolton, *The Medieval Reformation*, London: Edward Arnold (Publishers) Ltd., 1983, p. 11.

④ James D. Tracy, *Europe's Reformations, 1450 – 1650*, Lanham: Rowman & Littlefield, 1999, p. 3.

以"改革时代"为标题加以考察。①

随着宗教改革概念的多元化和泛化,宗教改革的确定性似乎在逐渐消失,以至于16世纪到底有没有宗教改革成为一个需要论证的问题②。

第二,利用新的范式对宗教改革进行重新认识,也是多样化的一种表现方式。

近现代以来,宗教改革尤其是新教改革,一直被视为资本主义革命的重要推动力。在这场革命中,新教被赋予了革命进步的角色,而公教则成为反动落后的代名词。在这种观点看来,现代西方社会制度的方方面面都与新教有着内在的必然联系。这种带有明显价值判断色彩的观点在马克思(Karl Marx,1818—1883)、恩格斯(Friedrich Engels,1820—1895)的著作中表现得非常明显。恩格斯将新教视为早期资产阶级的外衣,德意志宗教改革则是资产阶级革命的第一次尝试。③ 如果说马克思主义从经济基础决定上层建筑的角度肯定了这种判断,那么19世纪末20世纪初,马克斯·韦伯(Max

---

① Steven Ozment, *The Age of Reform 1250-1550, An Intellectual and Religious History of Late Medieval and Reformation Europe*, New Haven: Yale University Press, 1980.

② Hans J. Hillerbrand, "Was There a Reformation in the Sixteenth Century?" *Church History*, Vol. 72, No. 3, 2003, pp. 525-552.

③ 马克思主义关于宗教改革的看法主要体现在恩格斯的《德国农民战争》(1850)、《关于德国的札记》(1873—1874)、《关于"农民战争"》(1884)、《社会主义从空想到科学的发展》(英文版导言)(1892)等著作中。随着认识的加深,恩格斯把路德的改革称为"第一次资产阶级革命",是资产阶级反对封建制度的三次大决战的第一次。改革开放以来,中国学术界的宗教改革研究基本按照这个思路展开。主要论著有于可《关于马丁·路德评价的几个问题——纪念马丁·路德诞生五百周年》,《世界历史》1983年第6期;《加尔文的"预定论"与资产阶级——兼与马丁·路德"唯信称义"说比较》,《历史研究》1985年第1期;孔祥民:《德国宗教改革与农民战争》,北京师范大学出版社1992年版;李平晔:《人的发现:马丁·路德与宗教改革》,四川人民出版社1983年版;《宗教改革与西方近代社会思潮》,今日中国出版社1992年版;郭振铎主编:《宗教改革史纲》,河南大学出版社1989年版;蔡骐《英国宗教改革研究》,湖南师范大学出版社1992年版。20世纪90年代中期以来,受西方学术界新理论的影响,研究的重心逐渐发生转变,涉及政治、社会及思想等。主要专著有朱孝远《神法、公社和政府——德国农民战争的政治目标》,北京大学出版社1994年版;《宗教改革与德国近代化道路》,人民出版社2011年版;刘林海:《加尔文思想研究》,中国人民大学出版社2006年版;刘友古:《伊拉斯谟与路德的宗教改革思想比较研究》,上海人民出版社2009年版;林纯洁:《马丁·路德天职观研究》,人民出版社2013年版;周施廷:《信仰与生活:16世纪德国纽伦堡的改革》,北京大学出版社2015年版;李韦:《宗教改革与英国民族国家建构》,人民出版社2015年版,等等。

Weber，1864—1920）和特勒尔奇（Ernst Troeltsch）等人则从上层建筑对经济基础的反作用角度巩固了这种观念。韦伯的新教伦理与资本主义精神关系的命题成为正统的典型，在韦伯等人看来，宗教改革时期形成的以加尔文教派为代表的清教伦理与现代资本主义精神之间具有亲和性，前者抚育了后者成长。不仅如此，韦伯还认为，现代民主政治与科学等也与新教关系密切。①

韦伯的观点影响很大，也很受欢迎。但是，这种简单的优劣判断也引起了许多学者的不满。在20世纪五六十年代，德国学者E. W. 齐登（Ernst Walter Zeeden，1916—2011）等人率先提出"认信化"（Konfessionalisierung/confessionalization，一译"信仰告白化"）理论，用来解释16世纪德意志的宗教改革。这种理论经过海茵茨·谢林（Heinz Schilling）和沃尔夫冈·莱茵哈德（Wolfgang Reinhard）的努力，逐渐成为认识早期现代欧洲历史的一种范式。谢林主要从路德教派和加尔文教派的角度验证它，而莱茵哈德则以罗马公教会为分析对象。他们不是从传统的宗教角度进行分析，而是独辟蹊径，把宗教改革放在更广阔的视角内进行考察，并重点分析其对后世历史

---

① Max Weber, *The Protestant Ethic and the Spirit of Capitalism*, trans., Talcott Parsons, New York: Charles Scribner's Sons, 1950. 1905—1906年，马克斯·韦伯分期发表了《新教伦理与资本主义精神》一书，从而奠定了20世纪以来西方世界关于新教与资本主义关系的主流观点。1906年，韦伯的好友恩斯特·特勒尔奇出版了《新教与进步》一书，呼应韦伯的观点，进一步论证了新教在西方现代文明形成的过程中所扮演的重要角色；1912年，他在自己的代表作《基督教会的社会理论》一书中系统阐述了自己的观点。值得注意的是，韦伯等人创立的认识范式虽然影响深远，但他们对宗教改革本身的认识却并不高。他们所谓的"新教"指的是宗教改革后形成的新教派，尤其是加尔文派。韦伯只是从"天职观"和"选民"等问题入手立论，并没有讨论宗教改革自身、新教的历史变化，也没有区分宗教改革家本人思想与其教派信纲。特勒尔奇则明确将新教分为早期新教和现代新教，在他看来，对现代文明起决定性作用的新教更多的是17世纪末经过发展的以个人主义为核心的教派性的现代新教，与宗教改革时期的早期新教有本质的区别。宗教改革在整体上是中世纪的延续，是对公教的修正和调整，新教与公教具有相同的性质，均属于"教会文明"。只是到了现代新教时代，才由"教会文明"迈进"现代文明"。详见 Ernst Troeltsch, *Protestantism and Progress, A Historical Study of the Relation of the Protestantism to the Modern World*, New York: G. P. Putnan's Sons, 1912, chapters 1–3。

的影响。他们认为,这个时期欧洲在社会、宗教、政治、法律、行政等各领域的转变,是围绕着"认信化"这个主题展开的,"认信化"时代的欧洲(1560—1650)是"现代性的热身期"①。欧洲的教会,无论新教还是公教在这个时代里都与国家政权结盟,重新调整与世俗政权的关系,但结盟给国家政权带来的利益远大于给教会带来的利益。谢林指出,"认信化"代表着"社会的一个基本进程,它对欧洲社会的公共及个人私生活都产生了深远的影响。这个进程……在大多数地方,是与早期现代国家的兴起以及早期现代分属不同教派的臣民社会的形成齐头并进的。……从社会史角度来说,它在原则上是矛盾的,使国家与社会更紧密地融合在一起"②。"认信化"是建立在以下历史基础之上的,"前现代欧洲与中世纪及早期现代欧洲没有区别,宗教与社会、国家与教会在结构上是连在一起的,以至于在早期现代的特殊条件下,宗教与教会对社会的影响并非一种更广泛的现象的一些个别的部分,而是影响了整个社会制度,并成为国家与社会的轴心。这种联系在宗教改革及随后的信仰告白时代尤其密切"③。据此,"反宗教改革""路德正统派""第二次宗教改革"等术语就应改为"公教认信化""路德派认信化""归正宗或加尔文派认信化",以体现在这个时期三种势力并行的历史局面。莱茵哈德认为,16—17 世纪的宗教改革与反宗教改革之间并非对立关系,新教改革和公教改革有相同的起源,它们是同一历史变化过程——认信化过程的两种平行表现形式。在 1517—1525 年的福音运动后,新教与公教便开始了争夺主动权的斗争,通过教育、宣传以及书籍审查制度建立了更加严格的教义体系及服从制度。由于任何一方都无法独立实现自己的目标,因此,便与诸侯、官吏和国王结

---

① Heinz Schilling, "Confessional Europe", *Handbook of European History 1400 – 1600*: *Late Middle Ages*, *Renaissance and Reformation*, Vol. 2, pp. 641 – 681, cite 655.

② Heinz Schilling, *Religion*, *Political Culture*, *and the Emergence of Early Modern Society*: *Essays in German and Dutch History*, p. 209.

③ Ibid., p. 208.

盟，结果在实际上把教会变为政权的一部分。这是一场政治运动，是把普通信徒变成臣民的过程，对现代欧洲国家的成长起到了巨大作用。① 虽然学界对"认信化"范式的普遍性等问题还有争论，但它对探讨宗教改革时期的诸问题，对重新认识早期现代的欧洲历史都有积极的启发作用。②

"认信化"理论不太关注对公教和新教价值优劣的判断，而是倾向于把它们视为同一过程的两种表现形式，强调它们的结局是一样的。这种视角得到了社会史家的赞同和响应，他们也认为，宗教改革时期的公教和新教所面对的是同样的困境——应对严峻的社会和经济问题。改革成为各界的共识，实际上超越了教派的范畴，双方甚至共同努力，推动改革。在改革中，公教甚至是新教的先辈，二者没有本质的区别。③

与传统地将新教与资本主义乃至现代化等内在关联的做法不同，20世纪中期以来勃兴的经济社会史和认信化理论的视野显然更宽阔，相关研究也多在经济社会转型的大背景下，从单纯分析资产阶级的政治革命或宗教改革，转向关注新教和公教如何应对时代的变革，如何迈向现代化。在这种视阈中，两大教派的差异在于方式而非本质。改革开放以来，中国学术界有一些相关研究，如龙秀清的《西欧社会转型中的教廷财政》和朱孝远的《宗教改革与德国近代化道路》。前者探讨罗马教廷与资本主义的关系，肯定了二者之间的内在关联，指出"在西欧社会转型时期，它更多的是适应资本主义

---

① Wolfgang Reinhard, "Reformation, Counter-Reformation, and the Early Modern State: A Reassessment", in David M. Luebke ed., *The Counter-Reformation: The Essential Readings*, Cambridge, MA: Blackwell Publishers Ltd., 1999, pp. 105–128.

② Ute Lotz-Heumann, "The Concept of 'Confessionalization': a Historiographical Paradigm in Dispute", *Memoria y Civilización*, Vol. 4, 2001, pp. 93–114; Kaspar Von Greyerz, *Religion and Culture in Early Modern Europe, 1500–1800*, pp. 40–69.

③ 参见本书第五章。

兴起所带来的现代化这一普遍的历史趋势"。① 后者则在剖析过去几十年欧美代表性观点基础上，深入分析宗教改革与德国近代化道路的关系，将它"理解为承载特定时期社会结构转型使命的近代化运动"。②

范式的转变还体现在对宗教改革与中世纪传统的关系的认识上。近代以来，在宗教改革的评价问题上，主流范式是中断，强调二者间的对立。新教学者肯定宗教改革而否定中世纪传统，公教学者虽然视宗教改革为传统教会的分裂者，但他们同样认为宗教改革是一场显著的变革。20世纪下半叶，这种解释模式面临挑战，一些学者通过思想文化角度的研究，提出从历史发展的连续性角度认识宗教改革，斯蒂文·奥兹门特主编的《中世纪视角下的宗教改革》（1971）以及F. F. 切奇（F. F. Church）和T. 乔治（T. George）主编的《教会史中的连续与中断》（1979）反映了这种价值取向。奥兹门特说："从中世纪的角度观察宗教改革，体现了它既是中世纪思想与宗教史的顶峰又是对其超越的信念。"③ H. A. 奥伯曼是这种思想的重要奠基者及系统阐述者。奥伯曼研究的重点是15世纪的思想史领域，尤其是唯名论思想与宗教改革的关系。在他看来，中世纪的思想并非像有些学者所强调的那样以13世纪的托马斯主义为顶峰，此后走向衰落甚至解体；托马斯主义也未独霸整个思想领域，成为普遍认可的体系。实际上，15世纪的神学并非中世纪思想的衰落；恰恰相反，是它的丰收季节。唯名论在这个时期达到盛期，思想领域里还活跃着其他思潮，它们一起孕育了宗教改革，成为宗教改革的黎明。他的《中世纪神学的丰收：加布里埃尔·比埃尔与中世纪晚期的唯名论》（1963）、《宗教改革的先驱：

---

① 龙秀清：《西欧社会转型中的教廷财政》，济南出版社2001年版，第303页。
② 朱孝远：《宗教改革与德国近代化道路》，人民出版社2014年版，第14页。
③ Steven Ozment, *The Age of Reform 1250-1550: An Intellectual and Religious History of Late Medieval and Reformation Europe*, p. xi.

中世纪晚期神学之形态》(1966)、《宗教改革的黎明：中世纪晚期与早期宗教改革思想论文集》(1986) 等著作，逐步深化了这种观点，单从"丰收""先驱""黎明"等字眼，就可以看出他对这段历史的基本判断。他的目的就是要证明："把宗教改革运动置于其中世纪的背景下，消除中世纪晚期、文艺复兴以及宗教改革研究中存在的意识形态方面的隔阂，是必要的，也是有价值的。……它对抗了对路德的浪漫式的幻象，好像他是一颗寂寥的晨星，突然闪烁在天空：'黎明'一词提醒人们注意那个时代是预兆，需要进一步净化，那个时代的神秘主义、奥古斯丁主义、唯名论以及文艺复兴人文主义等相互冲突的主张，既阻碍又帮助了这位维登堡的宗教改革家，既充实了他，又激怒了他，既塑造了他又加重了他的痛苦。"① 根据他的思路出版的"中世纪与宗教改革思想研究"丛书至今已有近百种问世，其影响力可见一斑。

根据这种理解，对宗教改革以及重要的改革家的定位与评价也相应有所改变。奥兹门特指出，尽管它是宗教史上的一场史无前例的革命，但"它并没有改革整个教会，更未改革整个欧洲社会，而且到 16 世纪中期，它本身也亟待改革"②。奥伯曼认为，路德并非宗教改革的源头；相反，他只是当时由唯名论、人文主义、奥古斯丁主义三种思潮塑造成的宗教改革大潮中的一员，随着时间的推移，他的改革思想逐渐与其他派别分离。③ 表面看来，宗教改革家是反对中世纪的经院传统的，但实际上无论是马丁·路德，还是约翰·加尔文，他们的思想都与经院传统有着密切的关系。有关的研究也表

---

① Heiko Augustinus Oberman, *The Dawn of the Reformation: Essays in Late Medieval and Early Reformation Thought*, Edinburgh: T. & T. Clark Ltd., 1986, preface.

② Steven Ozment, *The Age of Reform 1250 – 1550: An Intellectual and Religious History of Late Medieval and Reformation Europe*, p. 434.

③ Heiko Augustinus Oberman, *The Dawn of the Reformation: Essays in Late Medieval and Early Reformation Thought*, pp. 39 – 83.

明了这一点。①

第三，激进改革越来越受到重视。严格说来，"激进改革"一词只是到20世纪60年代才成为一个广为接受的概念。长期以来，学术界不但将激进改革排斥在宗教改革之外，而且往往用"再洗礼派"作为它的代名词。激进改革派长期被排除在宗教改革之外，主要是由于他们的反正统主张，如政教分离、世俗权力不得介入宗教事务、取消政府、不纳税等无政府主义思想。他们由于追求一种完全个人的宗教并试图摆脱世俗权力的控制，遭到新教和公教的共同镇压。因此，西方史学界一直不重视对这个群体的研究，看法也很简单，并长期把他们的反社会倾向作为批判的重点。19世纪末，德国著名社会学家E.特勒尔奇揭开了对激进改革派研究的新篇章。他认为激进改革派不但是新教改革的一部分，而且比主流宗教改革更进步。②此外，他还对其进行了区分，认为它不仅仅包括再洗礼派，还包括以神秘主义为主要特征的唯灵论派，这一派既有神秘主义者，又有人文主义者，他们的主张与再洗礼派有很大不同。到20世纪，激进改革派的研究得到迅速发展。很多史学家认为，激进改革派追求自由精神与政教分离的主张对现代欧洲文明的作用巨大，有些人甚至将其视为与路德派、加尔文派以及安立甘教并列的第四大新教团体。③

20世纪五六十年代以来，对激进的宗教改革研究进一步加深，并形成系统的理论。美国著名的宗教改革史研究专家班顿提出再洗礼派是宗教改革的左翼，新教是右翼。与此同时，另一位美国学者里特尔（Franklin H. Littell）又对激进改革派进行了更细致的分类，并进一步指出，茨维考的先知与尼德兰明斯特城的再洗礼派思想有别于再洗礼派和唯灵论派，并认为再洗礼派是宗教改革时期的"第

---

① Willem J. van Asselt and Eef Dekker ed., *Reformation and Scholasticism: An Ecumenical Enterprise*, Grand Rapids: Baker Academic, 2001, pp. 50 – 51; pp. 91 – 155.

② Steven Ozment, *The Age of Reform 1250 – 1550: An Intellectual and Religious History of Late Medieval and Reformation Europe*, p. 341.

③ Ibid., p. 344.

三条道路"。① 1962 年，美国学者 G. H. 威廉姆斯（George Huntston Williams）的《激进宗教改革》一书问世。这本书是近一个世纪以来激进改革研究的集大成之作，也是"激进改革"这一概念最终形成的标志。威廉姆斯将激进改革定义为"一个松散的相互联系的宗教改革及复兴的混合体，除再洗礼派各派别外，还包括唯灵论者以及各种各样的有唯灵论倾向的人，以及主要起源于意大利的福音理性主义者"。"他们都不满意路德—慈温利—加尔文的法律称义模式以及所有的原罪和预定论理论，因为他们认为这些东西削弱了他们个人宗教经验的重要性。"② 威廉姆斯指出，将激进派列为左翼的说法是不正确的，他们其实并不是依附于主流新教的极端派别；相反，它本身就是一场积极的运动，有独立的起源，并且不同意主要宗教改革家的理论。激进改革派共分三大派，即再洗礼派、唯灵论派和福音理性主义者，每一派内部的主张并不相同。明斯特城的神权政治组织、南德的汉斯·登克、瑞士的兄弟会以及门诺派信徒属再洗礼派，茨维考的先知、卡尔施塔特（Andreas Carlstadt, 1486—1541）、闵采尔、塞巴斯蒂安·弗兰克等是唯灵论派，伊拉斯谟、塞维图斯、奥奇诺、卡斯特里奥、索齐尼等则属于福音理性派。其中福音理性派提倡宽容及常识，提倡自由意志，是理性基督教的先锋，是最激进的现代改革者及启蒙运动的先驱。③ 威廉姆斯对激进改革派别的划分与以往的研究有很大不同，尤其是将福音理性派归入激进改革派，这是一个重大突破，对重新认识一些人物如伊拉斯谟等具有重要意义。

---

① A. G. Dickens and John M. Tonkin, *Reformation in Historical Thought*, pp. 224 – 225.

② George Huntston Williams, *The Radical Reformation*, 3rd Edition, Kirksville: Truman State University Press, 1992, pp. xxix – xxx. 此书不断修订，从初版的 924 页扩充到 1992 年第三版的 1516 页。

③ George Huntston Williams, *The Radical Reformation*, pp. xxxi – xxxvi; Steven Ozment, *The Age of Reform 1250 – 1550: An Intellectual and Religious History of Late Medieval and Reformation Europe*, pp. 340 – 351.

威廉姆斯对激进改革的定义及评价得到了大多数学者的认可，不过，也有学者对此提出不同看法。有人认为，"激进改革"的提法不严谨，容易引起歧义，因为从公教会的立场来看，路德的改革显然是左翼，并在1520年以前呈现出浓厚的激进色彩。有些学者则认为，激进改革的说法未必成立。狄更斯指出，即便抛开其他宗教宗派主义者与唯灵论派运动不说，就再洗礼派本身来看，再洗礼派宗教改革的说法也是不能成立的。他们没有伟大的精神领袖，没有普遍认可的教义，没有中心指导机构，他们既没有引导政府，塑造社会，也未掌握政权。实际上他们并未像人们后来认为的那样具有一种宽容精神，而是同样认为，除他们以外的所有人都将灭亡。① 有学者认为，激进宗教改革的提法实际上夸大了16世纪的宗派运动的重要性，从规模上看，再洗礼派不过是16世纪德国社会的一个小小的插曲②。

有些学者则从微观的角度，对激进改革的多样性进行研究。詹姆斯·M. 斯第耶尔（James M. Stayer）及其学生从20世纪70年代起相继发表一系列研究成果，研究的范围涉及激进改革的各种问题，包括瑞士的兄弟会、托马斯·闵采尔、门诺·西蒙斯、大卫·约里斯等当时的历史人物，提出再洗礼派分为不同的派别。③

虽然学术界对激进改革运动的看法还有分歧，但越来越多的学者认识到，激进改革派对宗教改革来说不再是微不足道的边缘，而是越来越成为宗教改革不可或缺的一部分，并且在不断地向宗教改革的中心靠拢。④ 它不但对宗教改革，而且对现代基督教的发展也产生了重要影响，激进改革派所追求的自由独立精神对近现代欧洲文

---

① A. G. Dickens and John M. Tonkin, *Reformation in Historical Thought*, pp. 226 – 227.

② Steven Ozment, *The Age of Reform 1250 – 1550*: *An Intellectual and Religious History of Late Medieval and Reformation Europe*, pp. 347 – 348.

③ Werner O. Packull and Geoffrey L. Dipple eds., *Radical Reformation Studies*: *Essays Presented to James M. Stayer*, Brookfield: Ashgate, 1999.

④ A. G. Dickens and John M. Tonkin, *Reformation in Historical Thought*, p. 233.

明的发展至关重要。

　　第四，对公教认识的转变。在大多数新教史学家眼里，宗教改革时期的公教会一向是反动的象征，并用"反宗教改革"（Gegenreformation/Counter-Reformation）一词来表示。"反宗教改革"一词是由德国著名的史学大师兰克提出的，最初指1563—1630年公教针对新教的敌对活动，意在帝国境内恢复公教，并取得了局部的成功。① 不过，"反宗教改革"一词在后来的使用中有所变化，被上延到特伦特宗教公会议，甚至16世纪20年代就已开始的公教会内部的改革活动。作为一位新教徒，兰克使用"反宗教改革"的意图很明显，就是将公教定位为反动落后的势力，这种贬义的用法也一直遭到传统的公教史学家的批判。一方面，"反宗教改革"一词带有明显的主观色彩，容易误导人，使人产生新教比公教好，有好的代替坏的、反动的之意；另一方面，公教并不坚决反对改革。相反，公教内部的有识之士认识到，不改革，只有死路一条。他们的改革活动早在马丁·路德的改革之前就已开始，并一直持续到特伦特公会议。公教与新教在改革上的态度是一致的，双方的分歧在于如何改。公教会并没有意识到神学教义及教会制度改革的必要性，而是把个人的道德作为改革中心，试图通过整饬个人的道德达到纯洁教会的目的，反宗教改革只是其中的一部分活动。1555年，教皇保罗四世（Paul Ⅳ，1555—1559）上台，此后，公教的改革活动发生变化。保罗四世以禁书令和异端裁判所为重要工具，以特伦特公会议为阵地，在继续进行个人道德改革的同时，把公教的复兴活动变成针对新教的敌对运动。从这时起，公教的反宗教改革的说法才可以成立。因此，传统所谓的反宗教改革在更大程度上是中世纪末期教会改革努力的继续，是教会为了消弭14世纪出现的普通人的宗教虔诚与官方

---

① Leopard von Ranke, *The History of the Popes, Their Church and State, and Especially of Their Conflicts with Prostestantism in the Sixteenth & Seventeenth Centuries*, Vols. 3, E. Foster, trans. London: George Bell and Sons, 1891, pp. 409, 419.

宗教之间的冲突的一种继续努力。① 鉴于此，许多学者建议用"公教改革"（Catholic Reform）或"公教宗教改革"（Catholic Reformation）等术语代替"反宗教改革"一词。

在许多学者主张用"公教改革"或"公教宗教改革"代替"反宗教改革"一词的同时，德国学者耶登（Hubert Jedin）则认为，"反宗教改革"与"公教宗教改革"两个术语不应该舍此取彼，而应一起使用，因为二者的侧重点各不相同。反宗教改革指的是公教会恢复被新教夺取的信徒与地盘的活动与努力；而公教宗教改革则指的是在马丁·路德之前就已经开始的教会改革运动，特伦特公会议是这场改革运动的高潮，它同时也是反宗教改革的开端。因此，他认为"说公教宗教改革或反宗教改革是不可能的，而应该说，公教宗教改革和反宗教改革。这不是一个或此或彼的问题，而是一个二者都是的问题"，"公教改革指的是教会通过内在的更新过程对普世生活理想的重新定位，而反宗教改革则是教会在反对新教的斗争中的一种坚持己见"。②

不过，这种提法仍有推敲的余地。曾任美国公教历史学会主席的奥麦利（John W. O'Malley）指出，无论是"公教宗教改革"还是"反宗教改革"都不足以反映历史全貌，因为这种用法的背后有以下潜在的含义。首先，它强调的是与新教改革的关系，而这个时期公教的许多活动是与新教改革无任何关系的，如海外传教活动、新宗教团体的出现以及托马斯·阿奎那（Thomas Aquinas，1225—1274）思想的复兴等；其次，它意味着这个时期的公教比其他任何时期都亟须改革，而这是一个需要进一步研究的问题，事实上，公教并没有持续低落；最后，改革是一个技术字眼，指的是对教会法在生活、

---

① Steven Ozment, *The Age of Reform 1250 – 1550: An Intellectual and Religious History of Late Medieval and Reformation Europe*, pp. 397 – 398.

② Hubert Jedin, *Catholic Reformation or Counter – Reformation?* in David M. Luebke ed., *The Counter – Reformation: The Essential Readings*, Cambridge, MA: Blackwell Publishers Ltd., 1999, pp. 44 – 45.

宣道、独身等方面规定以及对特伦特公会议发布的一系列决议的实施，用它指代全部历史，显然不恰当。鉴于此，奥麦利提出："'早期现代公教'（early modern Catholicism）是一个更好的名称。它既暗示着变化与继续，又使年代问题具有开放性。它含蓄地包括了公教改革、反宗教改革甚至公教的恢复，使它们成为不可或缺的分析范畴，同时又可以避免过于明确的划分。"① 奥麦利的观点②得到了许多学者的赞同，并比较详尽地体现在比莱利（Robert Brieley）的研究中。比莱利认为，这个时期是公教派对早期现代社会及文化变化的积极回应，是其迈向现代的重新塑造过程。社会及文化的变化则主要有以下五方面：国家力量的增长、社会经济的变化、欧洲的对外扩张、文艺复兴和宗教改革。③ 但是，仍有一些学者不同意这种观点，如 E. 库赫兰（Eric W. Cochrane）提出用"特伦特公会议公教"（Tridentine Catholicism）④，林德伯格主张用"罗马公教"（Ro-

---

① John W. O'Malley, "Was Ignatius Loyola a Church Reformer? How to Look at Early Modern Catholicism?" in David M. Luebke ed., *The Counter - Reformation: The Essential Readings*, p. 81. 奥麦利还从学术史的角度梳理了现代西方知识界对公教会认识的变迁，同时指出了相关概念存在的问题。参见 John W. O'Malley, *Trent and All That: Renaming Catholicism in the Early Modern Era*, Cambridge: Harvard University Press, 2000。

② 奥麦利是通过研究罗耀拉得出此结论的。在他看来，耶稣会的建立不但与新教无关，而且与公教的改革无关，罗耀拉对教会的改革毫无兴趣，他关注的是"帮助灵魂"，这显然是游历于改革活动之外的另一历史内容。

③ Robert Brieley, *The Refashioning of Catholicism 1450 - 1700, A Reassessment of the Counter - Reformation*, New York: St. Martin's Press, 1999, pp. 8 - 24; "Early - Modern Catholicism as A Response to the Changing World of the Long Sixteenth Century", *The Catholic Historical Review*, Vol. 95, No. 2, 2009, pp. 219 - 239.

④ 他是在研究 16 世纪后半期意大利的改革家博罗梅奥（San Carlo Borromeo）时提出这个概念的。他认为，传统的反宗教改革负面意义过多，特伦特公会议公教则是一个中性词，更有助于学界用全新开放的眼光认识意大利及欧洲的公教。Eric W. Cochrane, "Counter - Reformation or Tridentine Reformation? Italy in the Age of Carlo Borromeo", in *San Carlo Borromeo: Catholic Reform and Ecclesiastical Politics in the Second Half of the Sixteenth Century*, John M. Headley, John B. Tomaro eds., Washington, D. C.: Folger Shakespeare Library, 1988, pp. 31 - 46. 转引自 *Handbook of European History 1400 - 1600*, Vol. 2, pp. 333 - 339; in David M. Luebke ed., *The Counter - Reformation: The Essential Readings*, p. 2。

man Catholicism)①，R. 夏伯加（R. Po – Chia Hsia）则认为用"更大标题的世界史"（the larger rubric of world history）② 更确切。

近几十年来，西方的宗教改革研究正经历着价值判断和方法论方面的转型。第二次世界大战以来，西方基督教的教会合一运动进入新阶段。第二次梵蒂冈公会议后，一向对新教发起的普世教会运动持敌对态度的公教会也参与其中，并加大了与新教及东正教对话与合作的力度，承认其他教派是"兄弟教会"，与其他教派共同举行活动，还就礼仪等问题与新教、东正教达成一些共识，签订了《利马圣礼仪程》。教派之间的敌对有所缓和，谅解精神有所增加。公教会在社会新形势的逼迫下实行改革，如给予个人宗教信仰和举行宗教仪式的自由，与世俗世界积极对话等。这种变化在学术研究上也有所反映。在双方分歧较大的宗教改革领域里，一些传统的观点逐渐得到调整与修正，在价值判断上有了相当的改观，如重新审视宗教改革的内涵，积极肯定激进派对西方社会的贡献。此外，新教对公教会的认识也渐趋客观，尤其是在转型时期公教与资本主义的关系上有所突破，许多学者也开始承认公教会也在积极顺应历史潮流，完成现代化的历程。第二次世界大战以来，西方社会在宗教信仰方面有了较大的变化，信仰更趋自由；随着新资料的发现，新的研究领域不断开辟，历史认识的准确性也在不断提高。这些也都对价值判断的转型起到了积极的促进作用。

第五，宗教改革研究还经历着研究内容和方法方面的转型，传统的格局正在发生变化。宗教改革研究领域一直是思想史学派的天下，从业者以教会史家和神学家为主，主要从思想角度探讨宗教改革，涉及教义神学、教派、传记、精神分析史学、政治意识形态以及普世教会运动理论等。他们认为，宗教改革是一场宗教斗争，并

---

① Carter Lindberg, *The European Reformations*, Second Edition, p. 11.

② R. Po – Chia Hsia, *The World of Catholic Renewal, 1540 – 1770*, Cambridge：Cambridge University Press, 1998.

由宗教斗争引发社会政治变革。20世纪初，随着经济社会史，尤其是法国年鉴学派的兴起，许多学者开始从经济社会史的角度研究宗教改革，并逐渐与思想史学派呈抗衡之势。20世纪60年代初，德国史学家B. 缪勒（Bernd Moeller）指出，传统的宗教改革史研究完全割裂了它与神学和教会史的关系，结果使人们离历史的真实的距离越来越远。他提出，"宗教改革运动作为一个整体"应该是研究的目标，"要通过深入观察并分析政治、经济—社会、思想及精神因素"，① 把宗教改革放到世俗历史的背景中进行考察，在当时的社会和政治环境中认识宗教改革的人与事。缪勒的研究对宗教改革的社会史研究转向产生了重要影响，其对神圣罗马帝国城市与宗教改革关系的研究则引发了城市宗教改革等的新热点。娜塔莉·Z. 戴维斯（Natalie Zemon Davis）及布莱恩·普兰（Brian Pullan）等人则开启了对社会救济等问题研究的新视角。② 随着社会科学历史学的兴起与发展，经济学、社会学、政治学、人类学等学科学者对宗教改革研究的关注也与日俱增。③ 社会史是20世纪后半期以来宗教改革研究领域的绝对主角。

新兴的社会史学派主要以社会史家和世俗史家为主，他们对宗教改革的神学等传统议题并不感兴趣，忽略或淡化其宗教特性，主要关注地方史、社会群体、经济史、城市史、权力关系、文化人类学、大众文化等。他们不同意思想史学派有关宗教改革引发社会政治变革的观点；相反，他们认为，宗教改革只是基督教顺应欧洲社

---

① Bernd Moeller, *Imperial Cities and the Reformation: Three Essays*, in H. C. Erik Midelfort, Mark U. Edwards, Jr., eds. and trans., North Carolina, Durham: The Labyrinth Press, 1982, p. 15.

② Natalie Zemon Davis, *Society and Culture in Early Modern France: Eight Essays*, Stanford: Stanford University Press, 1975; Brian Pullan, *Rich and Poor in Renaissance Venice: The Social Institutions of a Catholic State, to 1620*, Cambridge: Harvard University Press, 1971.

③ 高斯基关于世俗化争论的评述文章及其所列参考书集中展示了这方面的成果。Philip S. Gorski, "Historicizing the Secularization Debate: Church, State, and Society in Late Medieval and Early Modern Europe, ca. 1300 to 1700", *American Sociological Review*, Vol. 65, No. 1, Looking Forward, Looking Back: Continuity and Change at the Turn of the Millenium 1971, February 2000, pp. 138 – 167.

会进化的一种措施，是欧洲从中世纪向现代转型过程中各种矛盾的集中体现。社会史学派利用新理论，从新的角度研究与现实关系密切的诸问题，因此在与思想史派的对抗中占据了上风。奥兹门特在谈到转型问题时说："欧洲宗教改革的学术研究已经进入方法和主题上的一个实验时代，未来的几十年将是该运动的研究领域的转变时代。……宗教改革史的研究方法变得如此多样，以至于未来几代专家和学者可能会发现，他们只能以点代面，通过高度专业化的研究领域隐约地感觉到整个宗教改革运动。"①

社会史学派的兴起为认识宗教改革运动开辟了新途径，对丰富和深化该领域的研究有着重要意义，同时对中国国内的相关研究也有重要的借鉴与参考作用。但是，这种新格局也存在问题，两派的论战往往走向极端，对学术研究产生一些不利的影响，很多学者希望跳出狭隘的论争，找到一种更好诠释宗教改革的新方法。所以，奥兹门特又说："宗教改革研究仍在期待着一位摩西的出现，他能将它带出当前社会史学派与思想史学派论战的大海，走向一种既关注又能容忍各种塑造历史经验之势力的历史学。"②

第三节　本书的研究思路

综观宗教改革研究领域的变化可以看出，在现当代学术视野中，无论新教还是公教都与以往有了显著的不同。各种概念和新理论的出现表明，学术界的理解已经超越了宗教范畴，逐渐把宗教改革放置到当时的时代大背景中加以考察。在这个过程中，政治、经济、

---

① Steven Ozment, *The Age of Reform 1250 – 1550: An Intellectual and Religious History of Late Medieval and Reformation Europe*, p. xi.

② Steven Ozment, ed., *Religion and Culture in the Renaissance and Reformation*, Kirksville: Sixteenth Century Journal Publishers, 1989, p. 4.

社会、思想文化等因素成为关注的重点，并对宗教改革的评价产生了重要影响。这些多元化的发展当然是应该充分肯定的，但是，就目前的状况而言，也存在一些不足之处，需要进一步改进。

第一，教派因素仍然影响宗教改革的研究。教派因素一直是影响学术界研究宗教改革的重要因素之一，这在 20 世纪以前尤其明显。教派因素使得新教和公教在对待这个历史问题上往往不能保持客观，问题研究也容易变成教派斗争和相互攻讦的工具。19 世纪末兴起的基督教合一运动使得双方的关系有所缓和，也使得相互之间的评价趋于客观。但是，宗派的因素并没有彻底消除，有两点可以说明这个问题。一是传统研究的格局基本延续，即公教徒以公教活动为主要研究对象，新教徒则重点关注新教改革。二是在价值判断上仍然有教派的倾向，甚至存在矫枉过正的现象，如公教徒为了破除新教进步、公教落后的观点，着力强调公教是新教改革的先驱，甚至否定后者的价值；新教学者虽然不再简单否定公教的行为，但也很少怀疑自己的优越性。

第二，研究的碎化和意义的丧失。研究领域、理论和方法的多样化对于深化对宗教改革的认识自然是好的，但毋庸置疑，过于碎化的研究在很大程度上冲淡了宗教改革的意义，使得人们很难从总体上把握这场运动，易成障目之叶。不仅如此，随着后现代理论的兴起，作为宏大叙事的宗教改革的意义逐渐丧失。[①] 宗教改革研究丧失的不仅仅是作为历史事件的意义，而且还有它的核心——宗教。新一代的经济社会史研究虽然大都冠以宗教改革之名，但基本都将神学、教派等排除在外。在这些研究中，宗教改革也与其他历史事件没有任何分别，宗教的因素甚至被视为无关紧要的，这种看似历史的做法实际走上了自己的反面。对 16 世纪的欧洲而言，在宗教缺席的情况下谈论宗教改革，是不可能得出令人信服的结论的。

---

① Gerald Strauss, "The Dilemma of Popular History", *Past and Present*, No. 132, August 1991, pp. 130–149.

第三，传统的观念仍然根深蒂固。"认信化"等现代化理论的出现，对公教乃至激进改革派评价的变化等，对于破除宗教改革研究领域的偏见意义非凡。但不容否认的是，传统的观念仍然根深蒂固，仍有待于进一步破除。

在目前的多元化研究格局下，要更好地把握宗教改革，宏观的研究还是必不可少的，对于一些关键问题的梳理也是必需的。当然，这并非否定微观研究。恰恰相反，微观研究是支撑宏观认识的基础和重要途径。只有宏观和微观相结合，才能使研究建立在坚实的基础上，才能得出合理的结论。此外，还要持历史主义的态度，在具体的研究中既要注重时代的一般特征，又不能割裂历史，完全抛弃宗教在其中的角色和地位。而是要将二者结合起来，分析其内在的关系及其成因。只有如此，才能改正研究中的不足，进一步提高认识。

有鉴于此，本书试图摆脱宗教成见，从宏观上对宗教改革时期的新教和公教进行研究，尤其注重对比角度的研究，并尝试着对它们进行定位。宗教改革内容广泛，以笔者的浅学陋识，实在无法做全面的讨论，也不可能详细叙述改革的具体过程。学术界对于宗教改革的时限有不同的看法，本书采取的是一般意义上的做法，即以1517年马丁·路德发表《九十五条论纲》为开端，在下限上则不设严格的界限，从材料的取舍上一般以1600年前后为界。总体而言，本书研究的主要时间点在16世纪；地域上以欧洲大陆为主，部分内容涉及英格兰。为了有效地完成研究目标，本书采取从微观个案切入的方法，选取与主题相关的几个关键问题，如改革的原因、《圣经》、公教体制的转型、圣礼、社会济贫、信仰特征等进行分析。希望通过这些微观的个案比较研究，阐明宏观的研究宗旨，并得出一般的结论，以深入理解宗教改革。

需要说明的是，本书对宗教改革时期欧洲社会的认识采纳的是转型理论，这也是本书的出发点。转型理论是20世纪后半期西方史学界提出的理论，用来解释西方从古代到中世纪以及中世纪到现代过渡时期的历史。就宗教改革研究而言，这个理论的出现及被大多数学者所接受，可以说是研究不断深化的结果。在宗教改革研究的传统中，最早的定位是断裂，即是对中世纪的否定和现代的开端。20世纪中期前后，以奥伯曼等为代表的一些学者从思想角度提出，宗教改革实际是中世纪唯名论思想争论的延续甚至是其丰收季，并非是现代的开端。不过，越来越多的研究，尤其是经济—社会史角度的研究表明，宗教改革与中世纪及现代的关系要复杂得多，并不是简单的断裂或连续。作为欧洲历史上的一个关键时期，16世纪前后的欧洲处在由传统社会向现代社会转型的关键节点。一般说来，这个时期的欧洲与之前和之后历史阶段的关系，既非简单的断裂，也非无变化的连续，而是呈现出断续并存的复杂特点①。这个时期的欧洲还没有发生本质性的变化，这个过程要到工业革命时期才真正完成。一方面，新的制度和观念出现并得到发展，对传统的制度和观念提出挑战，二者之间确实呈现出矛盾斗争之势；另一方面，这些新的东西在许多方面还依托并延续传统的制度和观念，表现出与传统的一致性。宗教改革时期的欧洲，经济上是自然经济逐步瓦解，新兴的资本主义生产方式兴起并得到发展；政治制度上则是封建政治逐步瓦解，以统一王权为中心的民族国家逐渐形成，这些变化带来社会阶级结构的变化，对传统的社会运作方式和生活方式产生冲击；在思想领域里则是经院传统、人文主义与宗教改革并存的局面。新与旧的冲突集中体现在与社会各方面关系都非常密切的宗教领域，并以教会的腐败为契机展开。在这种冲突中，宗教观念扮演了至关重要的角色。在这个意义上，宗教改革是欧洲应对这些矛盾的方式。尽管各派的思路不尽相同，结果也不一致，但从问题的角度来说，是一致的，这一点对于本书的研究具有非常重要的意义。

虽然新的因素已经出现并在不断发展，但整体而言，这些因素的力量还是非常有限的，只是一些萌芽，应该说距离现代社会还有

---

① 刘林海：《加尔文思想研究》，第15—26页。

一定的距离。无论在经济、政治、社会领域，还是在思想、宗教领域，都与传统没有本质的区别，更无法与18世纪以后的情况相比。20世纪以来的研究表明，欧洲的经济发展与社会结构在工业革命之前没有本质的变化，真正的变化出现在工业革命以后。

宗教改革时期欧洲社会内部新旧因素断续并存的特点表明，虽然这个时期的教派斗争呈现出阶级斗争的萌芽，但很难上升到以教派作为划分阶级标准的程度。新教改革也不能简单等同于资产阶级革命，公教也并非完全就是封建阶级；在价值判断上也不能简单地用进步和落后来概括。实际上，决定教派归属的往往是现实政治环境。为了个人或国家的利益，新教可与公教联合，打击自己的新教对手；同样，公教也与新教联合，对抗自己的公教竞争者。这种现象不但见于16世纪的宗教改革时期，而且在后来的资产阶级革命中也存在。在这方面，以往研究中的社会学理论化倾向严重，在很大程度上遮蔽了活生生的历史过程和复杂性。本书研究的重点在于通过研究揭示历史的复杂性，以准确把握这个时期的新教和公教的特点。

此外，本书试图说明世俗政权在认识和理解宗教改革过程中的重要性，尤其是在其长期后果方面。19世纪之前，政治始终是历史研究的重心和主干。在宗教改革的研究中，政治也被纳入教义纷争和教派斗争中，是认识这段历史的重要内容。不过，20世纪以来，随着史学研究的发展，经济社会史逐渐取代政治史成为历史研究的主角，以上层人物和大事件为主要特征的传统政治史受到冷落。法国史学家布罗代尔的历史三时段理论把政治史视为大海中转瞬即逝的浪花，是历史的短时段——事件史。与中时段的趋势和长时段的地理环境相比，其对历史的影响微乎其微。在这种自下而上（bottom-up）的视角下，传统的政治在宗教改革研究中似乎无关紧要了。不过，随着学术界对政治含义理解的变化和城市宗教改革等问题研究的深入，政治的重要性再度浮现。缪勒（Bernd Moeller）对神圣罗马帝国城市宗教改革进程的梳理表明，城市的政治，尤其是掌握核心权力的阶层，与宗教改革的进退有直接关系。缪勒的研究还引发了西方学术界对政治与宗教改革关系的新思考，如美国社会学家 G. 斯旺森（Guy E. Swanson）提出，宗教改革之前的欧洲各国或地区的制度（regime）决定了最终的教派选择。虽然他的观点遭到很多历史学家的批判，但其问题的重要性并无人怀疑。①

无论从开始、进程还是结果来看，宗教改革所在地区的世俗政权都扮演了重要角色，甚至在很大程度上决定了改革的成败。政治传统、世俗政权的组织形式、君主的宗教信仰以及现实的政治利益等，都是造就宗教改革的因素。不仅如此，各种矛盾——罗马教廷与各世俗政权、各世俗政权之间、罗马教廷内部、世俗政权内部的冲突，与宗教改革纠缠在一起并体现在改革的过程中。离开了这些错综复杂的因素，就很难正确认识宗教改革。

第四节 关键术语的界定

在目前的西方史学界，"宗教改革"的概念呈现多元化特点，本书采取的是广义上的用法，即认为宗教改革不仅包括新教，也包括传统的罗马公教会及激进改革派等在内的活动等。

过去几十年内，学术界对于用什么样的概念来表示宗教改革时期及其以后的罗马教会有过争论。就前者而言，有传统的反宗教改革（Counter-Reformation），也有公教改革（Catholic Reformation）、公教革新（Catholic reform）、公教更新（Catholic Renewal）等；后者则主要有公教主义（Catholicism）、现代公教（Modern Ca-

---

① 1967 年，斯旺森出版了《宗教与制度：宗教改革的社会学探讨》（Guy E. Swanson, *Religion and Regime: A Sociological Account of the Reformation*, Ann Arbor: University of Michigan Press, 1967），用统计分析的方法提出了自己的观点，他的观点引发了争论。集体中的讨论见 *The Journal of Interdisciplinary History*（Vol. 1, No. 3, Spring 1971）专题，包括他本人在内的几位学者参与了讨论。

tholicism)、早期现代公教（或近代公教，Early Modern Catholicism）、罗马教会（Roman Catholicism）、特伦特公教会（Tridentine Catholicism）等。每一个术语的侧重点不同，隐含的价值判断也不一样。根据本书研究的整体思路，统一将 Catholicism 一词翻译成"公教"，以替代中国知识界通用的"天主教"。其主要理由为：作为翻译过来的译名，"天主教"是中国文化的产物，用来表示从罗马教会传到中国的那种基督教是可以的，但如果用它来指代它在欧洲的组织则不太恰当。罗马教会一直以普世的大公教会（Catholic Church）自居，并形成了独特的体制，用中国式的概念去概括它并不合适。此外，中国的天主教虽然与梵蒂冈教廷有关系，但新中国成立后，已经断绝了与它的政治联系，成为独立自主的教会。中国的天主教与罗马教会无论在神学、教会体制乃至礼仪等方面都有一定的差异。基于以上考虑，本书就取其本意，用"罗马公教"或者"公教"，而非"天主教"。在具体的行文中则用"公教会改革"指代罗马教会在这个时期的改革活动，宗教改革之前的教会则用"拉丁教会"（Latin Church）统称。

对于与公教相对的另一个重要术语"新教"，则按约定俗成的原则，仍加以采用。这么做不是因为这个术语最确切，而是因为目前作者还没琢磨出一个更好的替代词。中文里现在所使用的"新教"（Protestantism），其本义为"抗议者"，源于 1529 年神圣罗马帝国的斯拜耶尔会议，指的是那些抗议帝国议会决议的路德派人士。这个词本来是一个中性词，与"新"没有任何关系。不过近代以来，随着所谓新教国家在世界主导地位的确立，这个词逐渐被赋予了自由、进步等内涵，与公教相对。从翻译的角度来说，这个词最早出现在汉语文献中是在 19 世纪新教传教士来华后。这之前多采用音译，也有译为"抗罗宗"的，其中意译的还是据本义而成。从第一次鸦片战争前后开始，公教与新教围绕这个称呼有过争论，双方都以正统自居，指责对方标新立异，并希望把这种理念传给中国人，"抗罗宗"一词也则逐渐停用。在这种语境下,"旧教"代表着古老纯正的正统,而"新教"则是标新立异、离经叛道的异端,"新教"是双方都避之不及的标签。不过,到"戊戌变法"前后,情况开始变化。一些新教传教士如丁韪良开始主动把自己的宗派定位为"新教",把它标榜为与时代相向而行的自由进步组织,而斥责公教保守落后、反动,背道而驰。中国学术界最初对他们的正统及新旧之争根本不感兴趣,只是到了"戊戌变法"前后,根据中国革新的需求,才接纳了新教传教士的解释,把它作为中国革新的他山之玉。自此以后,"新教"这个词就逐渐成了一个专称。此外,近代新教在华各派在20世纪逐渐联合,最后形成跨宗派的合一组织,并以"基督教"冠名。而这个名称还被用来泛指西方所有基督教的派别。如果用这个词代替"新教",也不太合适。一方面,西方新教各派仍存,且都自成一体,虽有 Protestantsim 一词,但多为书面的统称,现实中并没有一个像中国"基督教"那样的组织;另一方面,"基督教"作为一个专称,套在欧美的"新教"上,同样会导致语境和历史的错乱。在这个意义上,"新教"虽然有价值判断上的瑕疵,但显然好些,毕竟在现当代中文里面最常用。

"早期现代"(early modern)欧洲是二战后逐渐兴起的说法,最早出现在德国和英美学术界,德语多为 frühe Neuzeit。20世纪60年代起,这个概念逐渐流行,并为学界广泛为使用,甚至成为历史学高等教育的一个专门方向。这个概念无疑是在传统的古代、中世纪、现代三分法的基础上出现的,是对现代部分的细分。三分法源于文艺复兴时期,经过了几百年的发展,现代的内涵已经有了很大变化。第二次世界大战后,随着历史研究的深化和研究领域的经济社会史转向,历史的连续性特点也受到重视。越来越多的研究表明,传统欧洲中世纪到现代断裂的认识模式过于简单,以往被认为是现代的16世纪实际与19世纪的现代还有很大差距,其与所谓的中世纪也有着千丝万缕的联系,是一个转型时期,真正的质变出现在19世纪。在这种情况下,一些学者开始尝试把这个时期独立出来,作为一个历史阶段加以认识，于是就出现了 early modern 这个词。欧洲各国学界对这个阶段的起点界定各不相同，但大致说来，基本在 15 世纪末前后，对于其下限，则比较一致，就是 1789 年的法国大革命，1789 年后的历史就称为 modern 了。法国史学界传统上把这段历史称为现代（historie moderne），而将法国大革命以来的历史称为当代（histoire contemporaine，20 世纪后期，又多用它指代将第二次世界大战以来的历史），德语中则多用 neueste Zeit 指代 1800 年后的历史。在西文语境中，这种在 modern 前面加上一个修饰词的用法并不会引起太大问题，但一到汉语环境中就不同了。中华人民共和国成立以后的世界史体系里，习惯分为"近代"和"现代"，这种用法也用于中国的历史分期和教学研究，在此基础上延伸出近代化、现代化及现代性等概念。不过，无论近代还是现代，在西文中实际都是 modern 一个词。改革开放以来，淡化近代与现代分别又逐渐成为趋势，笼统化处理的比较多，或者叫近代，或者叫现代，或者近现代，并没有一致的认识，尤其是在内涵上。就 early modern 来说，翻译也是多种多样，"近代早期""早期近代""早期现代""现代早期"都有。从字面上来看，这些译法都没有问题，但仔细分析，却可能带来一些疑惑。如果译为"近代早期"或"早期近代"，从时序上来说，后面的 modern 就应该是"近代晚期"或"晚期近代"为好，但实际上原文中并没有 late，似乎不是很妥当。如果译成"早期现代"或"现代早期"，后面接着"现代"，相对好些。但按中国的习惯，少了个"近代"，似乎也有点别扭。笔者认为，西方的 early modern 和 modern，在中文的语境中大致可以视为"近代"和"现代"，所以，early modern 译为"近代"可能更好些，但那样一来又会因 modern 近现代不分的特点带来新的问题。历史分期本来是人为裁剪的结果，有很大的局限性，也未必完全准确，因此受到很多史家的诟病。之所以保留分期，主要是为了研究的方便。出于这些考虑，本书的 early modern 统一译为"早期现代"，侧重早期或初期，强调这个时期的浓厚传统色彩的转型特征。相对而言，"现代早期"

更侧重于现代,所以不用。1789年以后的欧洲历史就作为"现代"。

此外,本书引用的《圣经》文句部分采用中国天主教思高本译本,部分采用香港《圣经》公会版新标点和合本。"God"(Deus)的译名用"神",不用"天主"和"上帝",这也是从具体历史和文化语境差异角度取舍的结果。

第 一 章
通往改革之路

16世纪前后,拉丁基督教世界面临着一系列内外矛盾,其中教会的腐败是焦点。在探索解决腐败问题的过程中,彻底的改革成为共识。在社会各界的讨论和实践中,改革成为一个最流行的字眼。改革不但有助于消除教会的腐败,恢复教会应有的纯洁,而且利于实现拉丁基督教世界内部的团结,甚至可谓是对抗穆斯林入侵的必要条件。

拉丁教会的腐败实际上是整个社会问题的体现和缩影。虽然社会各界对于教会的改革没有异议,但是在如何以及由谁来主导改革上,却存在巨大的分歧。宗教改革前后,各种势力从不同的角度进行了尝试,从而拉开了改革的序幕。但是,在各种因素的影响下,这些探索都没有取得令人满意的结果,唯一有希望的教会内部自上而下的改革在内部分歧和政治因素的影响下,也以失败告终。马丁·路德引发的宗教改革则是自下而上的尝试。

宗教改革就是在这种情况下出现的。在很大程度上,新教和公教的改革都是对这些老问题的回答。他们一方面延续了原来的传统,另一方面又有所改变。在路德改革的影响下,原来分散的非教廷系统的改革力量逐渐集中,形成了与教廷抗衡的局面。这些改革势力由原来的内部分歧演变为几大势力的对立,与以往的自下而上的改革不同的是，路德的改革迅速得到一些世俗政权的支持。在改革过程中，世俗政权扮演了非常重要的角色，成为决定成败的关键。

第一节　拉丁基督教会的腐败

15世纪末前后，欧洲范围内，尤其是拉丁基督教世界弥漫着一股焦虑不安的气息。这种不安表现在多个方面。从外部来看，穆斯林的威胁不时盘旋在基督教世界的上空。1453年，土耳其人占领了拜占庭帝国的最后一个堡垒——君士坦丁堡，并以此为阵地，向欧洲腹地进军，多次进攻意大利半岛。16世纪上半叶，塞利姆一世（Salim I，1512—1520）和苏莱曼二世（Suleiman the Magnificent，1520—1566）在位期间，土耳其人先后占领埃及及东地中海部分地区，并进攻匈牙利。1521年，土耳其人攻陷了贝尔格莱德，接着又占领了匈牙利南部和中部。1526年的莫哈奇（Mohács）战役后，奥斯曼土耳其帝国确立了在这些地区的统治。为了进一步扩张，苏莱曼二世在1529年和1532年两次进攻维也纳。土耳其人的进攻直接威胁到掌握神圣罗马帝国权力的哈布斯堡家族的利益，他们是这些地区的主人；同样感到惊恐的还有教会人士，他们担心基督教在穆斯林的扩张中覆灭。这种对穆斯林的恐惧情绪遍布社会的各个阶层，也是宗教改革时期知识界讨论的重要话题之一。

从内部来说，则是矛盾林立，冲突不断。矛盾表现多个方面。

第一，拉丁基督教世界内部世俗政权之间的冲突不断，成为基督教的大患。神圣罗马帝国和法国之间的斗争，成为欧洲大陆不安定的重要因素。在这个斗争中，教皇也不甘示弱，时而与前者结盟对抗后者，时而与后者联合反对前者。

第二，教俗冲突激烈。拉丁教会在发展的过程中，逐渐形成了以罗马教会为中心的跨地区的教阶制。作为教会最高首领的罗马主教——教皇，不但拥有最高的精神权力，而且将它置于世俗权力之上,形成集权统治。这种状况在教皇英诺森三世(Innocent III, 1298—1316)在位时期达到顶峰。其后教廷权威虽有所下降,但其权势仍然强大,教会触角深入各地,形成庞大的势力。教廷控制了各地教会的税收、教会管理、司法裁判、高级神职人员的任命等事务,将教会驻地的世俗权力排除在外。这种做法不但侵害了世俗君主的主权,而且使各地背上了沉重的经济负担。教廷利用税收和司法裁判权肆意掠夺各国人民,将大量的金银运送到罗马,这引起了世俗政权和人民的反对。

教俗矛盾的尖锐和高涨可以从法国的《布鲁日国事诏书》和德意志的《陈情书》看出来。1438年7月,法国国王查理七世(Charles VII, 1403—1461)在布鲁日召开了全国会议,并发布了有23条内容的《布鲁日国事诏书》。该诏书列举了罗马教廷巧立名目,对法国进行剥削的情况,如保留权(教皇垄断空缺圣俸或重要职位的任命权,通过这种方式敛钱)和圣俸预定权(grace expectative,指在职位还没有空缺的时候,交钱预定职位)泛滥;大量的圣俸沦落到信徒不认识的人手中,而他们又不履行居住的规定,不履行看护信徒灵魂的职责,只知道逐利;对基督的崇拜衰落、信仰衰弱,教会的法律受到玷污,教会的房子毁坏;教会神职人员晋升无望,不再钻研神学;一个人持有多份圣俸,为圣俸你争我夺;买卖圣职司空见惯,高级神长的权力和教牧工作遭到侵夺,庇护权被践踏;法国教会的财产流失到外国人手里,严重损害了教士的利益。[①]

无独有偶,神圣罗马帝国也以类似的方式向罗马表示了不满。1456年,在法兰克福举行的帝国选帝侯议会上,德意志诸侯们就曾经递交了陈情书,抗议教廷对德意志的剥削和压榨。1511年皇帝马

---

① The Pragmatic Sanction of Bourges (1438), in Milton Viorst ed., *The Great Documents of Western Civilization*, New York: Bantam Books, 1967, pp. 77 – 78.(下载地址:Sourcebooks.fordham.edu/source/1438Pragmatic.asp。)

克西米利安在位期间，德意志各界就曾经向教廷提出了10条的《陈情书》，以表达他们的不满，要求教皇解除压在他们身上的沉重负担。该《陈情书》的主要内容有：教皇不遵守并随意更改法令，教会选举的教长（prelates）及修院院长（priories）经常被宣布无效；重要的圣俸和职位都留给了枢机和大书记员（protonotaries），随意许诺圣俸预定，甚至一俸多许，从而引发大量的诉讼纠纷，造成财力人力的浪费。当时的谚语说："谁要是从城市里（指罗马——译者注）获得了一份圣俸预定，就让他把100—200金币和预定一起放到自己的钱箱里，因为他需要这些东西去打官司。"无情地收取首年捐，随意增加[1]；任用无能的人管理教会；为了敛财，不但发行新赎罪券，同时废除旧的；以对土耳其人战争的名义征收什一税，但从来没有实际行动；将本来可以在德意志境内审结的案件提到教廷法庭审理，借此渔利。[2] 这些负担最终又都转嫁给了普通信徒。马丁·路德发动了反对赎罪券的运动后，德意志各界对于教廷的盘剥越发反感。1522年，德意志诸侯在纽伦堡召开帝国议会，进一步就教廷对德意志的沉重剥削提出抗议。在这次会议上，与会的公教徒在10条《陈情书》的基础上，形成100条意见，系统阐述了教廷对德意志的各种剥削，要求教皇取消赤裸裸的搜刮，改革教廷，恢复宗教的纯洁，以消除德意志内部不断蔓延的不满情绪和不断高涨的新教运动，恢复德意志宗教和政治的和平与统一。

即便在受盘剥相对较轻的英格兰，教廷的经济压榨也令人触目惊心。萨尔斯堡主教约翰·约威尔（John Jewel）在批判教廷的剥削时指出，英国主教们在任期开始向教皇缴纳首年捐，如坎特伯雷大主教要交10000弗罗林[3]，要获得礼批（pall）及使用权，还要另交

---

[1] Charles Hastings Collette ed., *One Hundred Grievances*, London: S. W. Partridge and Co., 1869, pp. 95 – 97.

[2] Ibid., p. 93.

[3] 按当时的货币换算：1弗罗林等于4先令6便士；1先令等于12便士，约为20分之一英镑。

5000 弗罗林。其他地方主教的首年捐少则 1000 多，多则上万。据不完全统计，仅 1538 年，教皇的首年捐收入就达 2，000，000，460，843 弗罗林。除首年捐外，英格兰教会还要每年向教皇缴纳名目繁多的津贴。教皇的诏书、玉玺、签名要缴费，吃肉、蛋、白肉要缴费，教士纳妾要缴费，等等。不算津贴，以这些名目缴纳的每年就达 900，000 弗罗林。还有烟囱税（五旬节游行时所交税种）和圣座献金（全国每年每人一便士）等[1]。约翰·约威尔不但列出了教皇对英国教俗进行剥削的名目和数目，还从历史的角度梳理了教俗人士对于教廷经济压榨的不满，可谓英国版的《陈情书》。

除了罗马教廷与各国的矛盾外，教俗冲突还普遍存在于各世俗政权内部。从德意志的《陈情书》中可以看出，教士阶层超越于世俗的特权地位已经引起了社会各界的不满，尤其是世俗君主们。一方面，教会财产及势力过大，他们通过继承、强迫、欺诈等手段将世俗的财产等变为教会控制。按照《陈情书》所说，俗人的资产只占整个资产的三分之一到四分之一[2]。这不但造成社会财富分配的不公，而且严重妨碍了社会的正常运转，使社会的正义与和平受到损害。另一方面，教会人士不受世俗司法权的管辖，一些高级教长们又获得了免于教会法处罚的特权。这使得这些人处于法律的监管之上，可以为所欲为，而不受法律的制裁。即便是违反了必须独身的教规，也会安然无恙。不仅如此，教会人士还设法侵占世俗的司法权，将大量的民事案件划归教会法庭审理，并从中渔利。所以，德意志各界提出，要取消教会人士的各种特权，实现教会人士和世俗人士在法律上的平等，接受帝国普通法的管辖[3]。同时，还要求教会人士与世俗人士一样接受所在地世俗政府的管辖，要在共同体的公共事务方面贡献财力和物力。

---

[1] John Jewel, *The Works of John Jewel*, Vol. 6, Oxford: Oxford University Press, 1848, p. 514 ff.
[2] Charles Hastings Collette ed., *One Hundred Grievances*, p. 221.
[3] Ibid., p. 227.

第三，教会内部同样矛盾重重。首先是教廷内部的权力斗争。13世纪以来，教皇的权力急剧上升，形成教皇的绝对权威，在神学教义和教会管理等方面形成专权局面。教皇权力的上升及专断引起内部一些人士的反对，他们试图用公会议的权威取代教皇的权威，限制教皇的权力。"阿维农之囚"结束之后，罗马教廷内部陷于分裂（1378—1417），出现了三个教皇并立的局面。教会的分裂不但损害了教会的形象，而且给基督教世界造成伤害。在这种情况下，教廷内部的一些人士在世俗政权的支持下，发起了公会议运动，一方面试图结束教会分裂的局面；另一方面趁机削弱并限制教皇的权力，实行改革。

经过几十年的斗争，在1414年至1418年的康斯坦斯公会议上，在公会议派的主持下，教会的分裂局面结束，公会议权威至上原则确立，并迫使新当选的教皇马丁五世（Martin V，1417—1431）同意定期召开公会议。不过，公会议派主宰教廷的设想并没有实现，马丁五世并无意遵守公会议的决定。虽然在1431年召开了巴塞尔公会议，但教会内部很快就发生了分裂，一部分人坚持公会议至上，在会议于1538年转到费拉拉后，继续开会，并选出了自己的教皇。教会内部又形成了两个教皇并立的局面，直到1449年。转移到费拉拉的与会者在1439年1月又转到佛罗伦萨，会议不但宣布巴塞尔会议无效，而且将公会议至上派定为异端，并绝罚了他们。在教皇的分化瓦解下，1441年，公会议肯定了教皇的至上地位。此后，公会议派在与教皇派的斗争中逐渐处于下风。1512—1517年的第五次拉特兰公会议上，教皇派重申了对巴塞尔派及其残余势力的处罚，彻底击败了公会议派，教皇的绝对权威再次得到确认。虽然此后教廷内部对教皇专权表示异议的人仍然存在，但公会议派已经无法东山再起，其作为教廷内部的一个政治派系也不复存在。宗教改革时期，教廷内部的矛盾逐渐转变为以教皇为首的保守派和以部分枢机主教为代表的教会改革派之间的斗争。在整个过程中，占据主导地位的也是保守派。

教会内部上层与下层之间也存在矛盾。教会上层利用权力，对下层进行盘剥。主教们为了敛财，对世俗人士设立的圣俸职位，无论大小都要行确认礼仪，迫使捐赠者和接受者缴费。主教在授予圣俸等职位时，要向接受职位的人收取费用，一般是圣俸一到两年的全部收益。此外，还利用自己的各种权力，肆意盘剥下属教士，使得教士们几乎无法生存下去。① 在选任司铎人员时，则收受贿赂，使得一大批无德无能之人混进教士队伍。主持各种圣礼的特权也成为他们谋利的工具，教职人员的晋职也需要交钱。

　　在内外矛盾的交织中，这个时期的欧洲还面临着较多的天灾人祸，各种瘟疫和传染病不时威胁人们的生命。与此相应的是拉丁基督教世界社会各阶层的宗教热情空前高涨。基督徒一边将这一切归结为神对人的惩罚，一边将目光投向教会，试图从这里得到答案和支持。但是教会持久的腐败使得这种愿望逐渐的破灭，与之相伴的是中世纪晚期以来兴起的整个社会范围的反教士思潮（Anticlericalism）②。拉丁教会的腐败可以从以下几个方面反映出来：

　　第一，教会内部的任人唯亲。教会领导人为了自己或家族的利益，把教会变成了牟利的工具。这种现象遍布教会的各个层面，一直是中世纪拉丁教会的顽疾，即便在宗教改革时期也仍然没有减弱。③ 这可以从宗教改革前后在位的教皇那里得到体现。教皇亚历山大六世（Alexander VI, 1492—1503）在他的舅父教皇卡里克斯图斯三世（Calixtus III, 1455—1458）的提拔下，25岁就当上了枢机，26岁执掌教廷，但直到37岁才举行晋铎礼。他生活腐化，声名狼藉，有多位情人和四个私生子。他通过贿选当上教皇后，大肆买卖圣职，将自己的孩子安插到教会里，并把大量地产掠归自己所在的

---

① Charles Hastings Collette ed., *One Hundred Grievances*, pp. 241, 281.
② Peter A. Dykema, Heiko A. Oberman eds., *Anticlericalism in Late Medieval and Early Modern Europe*, Leiden: E. J. Brill, 1994.
③ 关于15世纪中后期教皇任人唯亲的情况，参见 Hubert Jedin, *A History of the Council of Trent*, Edinburgh: Thomas Nelson and Son's Ltd., 1957, Vol. 1, pp. 86–92。

波尔贾家族所有。① 利奥十世（Leo X, 1503—1513）乔万尼·洛伦佐·德·美第奇（Giovanni di Lorenzo de' Medici）上台后，任命自己的堂兄弟为佛罗伦萨大主教和教廷枢机，掌管教廷政治。他还将枢机团扩大到 31 人，他们中的大部分是他的亲戚，其中他的堂兄弟和侄子各有三位。教皇保罗三世（Paul III, 1534—1549）在位期间，不但任命自己的儿子为帕尔玛和皮亚琴察公爵，而且将这些地区从教皇国分割出来，变成家族的财产。他还将两个 15 岁的孙子封为枢机，他们广占圣俸，成为教廷最富有的人士。庇护四世（Pius IV, 1559—1565）在位时期，一方面打击异己，处死了教皇保罗四世的两个侄子；另一方面提拔自己的亲信，将自己 21 岁的外甥火速擢升为枢机。任人唯亲的现象不但出现在反对教会改革的教皇中，就连曾经的改革派在当上教皇后也是如此。教皇尤里乌斯三世（Julius III, 1550—1555）乔万尼·玛利亚·西奥奇·德尔·芒特（Giovanni Maria Ciocchi del Monte），他曾经是教廷改革的中坚力量，也是特伦特宗教公会议的三位主席之一，这位力主改革的教皇上台后，也大肆赏赐自己的亲戚，还任命自己 17 岁的侄子为枢机。保罗四世卡拉法（Gian Pietro Carafa）早年因对腐败不满离开教廷，在自己的辖区内发起改革。但是，在他就职后，一面打击亲哈布斯堡家族的教廷人士，一面重用自己的两个侄子，将教廷把持在家族的手中。

第二，教会人员在道德方面的腐败。按照教会的规定，教士和修士一律禁欲独身，不得结婚。不仅如此，教士还要遵守教会的戒律，修士则要严格遵守修会的会规。但是，这个规定在拉丁教会里面并没有得到真正的执行。从教皇到普通神职人员，生活腐败堕落，

---

① 教皇卡里克斯图斯三世（1378—1458）出生在今西班牙萨拉戈萨的博尔贾城。他的父亲阿方索·德·波尔贾是当时瓦伦西亚王国的贵族，也是亚历山大六世的外祖父。亚历山大六世原名罗德里格·兰瑟尔（Rodrigo Lanzol, 1431—1503），其父也出自波尔贾，与阿方索家族是远房亲戚。1455 年，卡里克斯图斯三世当上教皇后，他改姓母姓，名为罗德里格·德·波尔贾（Rodrigo de Borja）。

娶妻纳妾司空见惯；有些教皇不但有自己的家庭，而且有情人乃至私生子；很多人不按照规定住在修院里，而是混迹于俗界；很多教士、司祭、修士及其他教会人员生活奢侈，流连于旅店、酒馆、舞厅；有些衣着奢华，甚至带着武器，与普通信徒打架斗殴，欺压百姓，违法乱纪；有些甚至开酒馆、赌场、放高利贷等。一些主教和教会人员为了敛财，不但允许教士找情妇姘居，让他们通过缴纳罚款合法化，而且强迫那些洁身自好的修士缴纳姘居补偿，只要交了钱，就可以自己决定是否找。只要交了钱，不但可以姘居，还可以娶妻生子。① 文艺复兴和宗教改革时期，教会人员道德的腐化已经成为众矢之的。他们的愚昧、贪婪与无耻成为文学作品里最常见的内容，在薄伽丘、伊拉斯谟等人的笔下得到最好的展示。

第三，教会人员在经济上的腐败。教会占有大量的财产，尤其是地产。教会内部的圣职、圣俸买卖严重。获得职位和圣俸者不是按照学识、品德和能力，而是金钱和关系。教会的职位明码标价，在圣俸上设置了各种名目，如圣俸的预留、预定、抽头、转租、继承等，造成层层盘剥。教会人士为了谋取更多的利益，还同时兼领一份以上的圣俸。按照规定，大多数圣俸是带有宗教义务要求的，领受者必须具备履行相应宗教职责的资格，且要在圣俸所在地履行职责。一个人同时领受多份圣俸的现象使得这些职能无法实现，信徒得不到照顾。大多数教士只关注金钱和收益，长期不到教区去，有些甚至根本不认识自己牧区的信徒。为了应付差事，有些人委托别人去做，有些人干脆将它转租出去，从中渔利。这就造成了很多地方的教牧人员素质低下，无法满足信徒的精神需求。教廷打着收复圣地、对土耳其人战争等名号不断发行赎罪券，征收什一税。教会在第五次拉特兰公会议上还宣布继续征收什一税，信誓旦旦地要将它作为对穆斯林复仇的资金，但始终没有付诸行动。针对教皇的伪善与贪婪，马丁·路德曾经在《桌边谈话》中讽刺说："国王和

---

① Charles Hastings Collette ed., *One Hundred Grievances*, pp. 269, 283, 285.

诸侯们只用金属铸币，但教皇却用一切东西来铸币——赎罪券、仪式、豁免、宽恕。"①

第四，教士阶层的权力腐败。在教皇制下，拉丁教会自上而下形成一套等级制度，教皇及各地的主教掌握着教会的权力。教皇以圣彼得的继承人自居，高高在上，不但拥有最高精神权力，而且自称拥有最高世俗权力。各地主教虽从属于教皇，但由于缺少有效的监督体制，实际上就是自己辖区的教皇，垄断了教会所有的事务。这势必造成权力的腐败和滥用。除了利用权力买卖职位和圣俸外，教皇还设立了各种特权和保留权，对各种宗教问题乃至司法问题进行裁决，并乘机收取费用。不仅如此，教士阶层还滥用权力谋利。教士阶层独享对人的赦罪、赦免、禁罚、绝罚、确认、实施圣礼等权力，这些也成为他们剥削信徒的工具。有些甚至采取株连的方式，将各种惩罚扩大化，致使一人遭罚，十邻遭殃。教会对这些所谓的精神处罚明码标价，信徒只要交了钱就平安无事了。被诬告者需要向教会官吏或者法官缴费以换取清白证明；就连妇女吵架，也要为证明自己的无辜向教会缴费。②

在教会的普遍腐败中，作为信徒精神守护者的教士阶层疏于职守，没有尽到救赎人的灵魂的责任，这势必引起信徒的不满和批评。特伦特公会议对这种司空见惯的现象提出了批评，指出主教们"甚至忘记了他们自己的救赎，追逐世俗的事情甚于天国的事情，把人的事务放在神的事务之上，穿梭于各式宫廷，或者抛弃了他们的信徒，忽视了赋予他们的照看羊群的职责，整天沉溺于世俗事务"③。

表面看来，教会的腐败主要限于教会内部，是社会的局部现象。

---

① Willam Hazlitt trans. and ed., *The Table Talk of Martin Luther*, London: H. G. Bohn, 1857, p. 198.

② Charles Hastings Collette ed., *One Hundred Grievances*, p. 261, 263.

③ James Waterworth trans., The *Canons and Decrees of the Sacred and œcumenical Council of Trent*, London: C. Dolman, 1848, p. 50.

但实际上,教会的腐败并非孤立的,而是全局性的,是欧洲转型时期各种矛盾的集中体现。对于 16 世纪的基督教世界来说,宗教是人生活的中心,教会组织深入到社会的方方面面。首先,从个人的角度来说,人从出生到死亡,每一个关口都有宗教的影子,日常生活也处处与宗教相连。救赎是每个人追求的目标,所有的人都在为此而努力。其次,从集体的层面来看,教会的功能更加强大。16 世纪前后,虽然王权和国家机构渐趋强大,但欧洲社会的基本结构还没有发生本质的变化,教堂仍然是社会生活的中心,是联通共同体内部成员以及外部成员的重要工具。教堂不但担负了经济交换、人际交往、信息沟通、社会服务的职能,而且是地方的重要政治和司法中心。在许多地方,教会和世俗政权的权力通常掌握在一个人手里。最后,从国家层面来看,教会组织与世俗政权纠缠在一起,形成错综复杂的关系,既有冲突,又有一致。作为世俗政权代表的国王或君主也负有保卫正确信仰的义务。按照教会的理解,世俗政权与教权一样是神设立的权力,它们共同为神服务。

16 世纪转型时期欧洲社会的特点决定了宗教问题实际就是社会问题,对宗教的批判也就是对社会的批判。长期以来,教士阶层是信徒的宗教和道德楷模,他们被视为离神最近的人,是神在人间的代理,但教会的实践却严重地损毁了这种形象。反教士思潮的兴起和发展为社会各界的批判提供了理论基础,使人们对教士阶层的合理性产生了怀疑。在很大程度上,教会的腐败正是教会理论与实践上的矛盾的体现。面对困境,社会各界纷纷行动起来,试图通过改革来化解危机。

第二节 各阶层的改革

应该说,拉丁基督教世界内部对于教会的腐败及其危害是有着清醒的认识的。教会的腐败也并非是 16 世纪前后的特殊现象,而一直是中世纪教会的重要问题之一。对于腐败的批评和改革的呼吁也一直持续不断，就连教皇在内的教廷人士也都承认教会的腐败及其危害的严重性，认为如果不改革，就只有死路一条，改革的必要性和决心可以从 12 世纪以来的多次公会议的议程和决议看出来。为了消除腐败，恢复教会的良好形象，公会议曾经多次试图就教会体制、管理、神职人员的行为准则、教会的权限等进行自上而下的改革。教会甚至在康斯坦斯公会议上提出了实行"首脑和成员"[①]（reformatione membrorum et capitis）改革的口号，希望彻底解决困扰教会的顽疾。虽然改革始终是公会议的一个重要议题，但整体而言，并没有太大的效果。相反，随着时光的流转，教会的腐败有增无已，教会的改革也始终没有取得令人满意的成果。

造成这种局面的原因很多，教廷内部的分歧和世俗政权的影响是不容忽视的重要原因。它们在很大程度上左右了最终的结果。

面对困境，教会内部对采取自上而下的改革并没有异议，但在如何改革，由谁来主导改革等问题上，却存在巨大的分歧，并形成公会议派和教皇派两大阵营。在教廷分裂时期兴起的公会议派认为，教会的腐败在很大程度上是由教廷的集权，尤其是教皇的专权造成的。教皇不断强调自己普世领袖的身份，将自己置于权力的最高端，同时还强调自己作为圣彼得继承人永无谬误（infallibility）。教皇为了控制教会，还设立专属于他本人的特权，如免除权[②]、保留权、高级赦罪权、豁免权、各类上诉案件的审理权等，这些特权或者使教会内部的个人或者团体免于地方主教的管辖，或者使犯罪者免受主

[①] "pro unione et reformation dictae ecclesiae in capite et in membris fienda." 从第三次会议开始，"首脑和成员的改革"就成为公会议发布决议时的常用词。Norman P. Tanner ed., *Decrees of the Ecumenical Councils*, Vol. 1, Washington, DC: Sheed & Ward and Georgetown University Press, 1990, p. 407.

[②] 康斯坦斯公会议第 43 次会议公布的教会改革措施中对免除权的乱象进行治理，取消了教皇格里高利十一世之后的绝大多数免除权，从中可以看到教会司法权方面的腐败。Norman P. Tanner ed., *Decrees of the Ecumenical Councils*, Vol. 1, p. 447.

教法庭的审判或处罚。这些特权成为教皇和教廷谋取利益的工具。在教皇的专权体制下,教廷成了为他们本人乃至家族服务的工具。教皇为了更好地控制教廷,则任人唯亲,并赋予他们很大的权力、特权和经济利益。这些教会的特权阶层不但妨碍了地方主教的司法权限,引起了教会管理的混乱,而且造就了特权阶层的腐败,他们依仗特权,凌驾于法律之上。公会议派认为,要解决教会的腐败问题,首先要从限制教皇的权力,从取消各种特权入手,尤其要解决教廷的腐败问题。首脑的问题解决了,各种特权取消了,成员的改革才有可能,腐败问题自然也就消除了。

按照这个思路,公会议派认为,教会改革首先从限制教皇的权力入手,主宰权应该在公会议,而非教皇。他们认为,教皇至上原则既不见于《圣经》,也非古代教会的传统。从历史上来看,在教会重大的问题上,公会议一直是最高的权威,公会议的决议是所有教会的准则。教皇作为拉丁基督教会的最高领袖,其特殊地位不容否认。但是,这并不意味着他至高无上,也不意味着他永无谬误。相反,教皇要从属于公会议,定期召开公会议,以解决教会的腐败问题。公会议是教会的最高权力及决策机关,教皇是公会议命令的执行者。公会议不但有权决定神学、礼仪、教规、教会管理等事务,还有审判乃至废黜教皇的权力。

公会议派的改革自然遭到了教皇派的反对。这些人以教皇为代表,主要是教廷内部的既得利益者。他们不愿意放弃权力和利益,相反却希望借改革的名义强化自己的权力。教皇认为,罗马主教是圣彼得的合法继承人,理应有至尊的地位,这也是古代公会议赋予的。他可以自主召开公会议,不必获得许可或同意。教皇在教会的所有事务上有决定权,公会议执行教皇的命令。教会的改革也只能由教皇主持,以他的名义发布。对教皇派而言,改革的关键不在于取消各种所谓的特权,而是在于严肃教会的纪律,加大执行的力度,强调个人的自律,以便杜绝各种腐败。

在宗教改革前的一个多世纪中,教会内部的改革就是在这两种力量的交锋中缓慢前进的，改革的力度和成效也随着双方势力的变化而波动。

公会议派最初占据了上风。在康斯坦斯公会议上，由于三个教皇并立，加上教俗人士欲联合结束教廷的分裂，各派教皇自然无力与公会议派抗衡。从这次会议的过程和决议可以看出，公会议的改革设想基本变成了决议。公会议至上的原则在第五次会议的决议中体现出来，教皇要在信仰、结束分裂以及彻底改革教会方面完全听命于公会议。不仅如此，公会议还将教廷机构的运作及其官吏的任免置于自己的监控之下。一旦违反了规定，教皇还要面临公会议的惩罚。[①] 公会议对教皇及教廷权力的限制还在第四十次会议列举的改革议题上反映出来。在 18 条改革议题中，绝大多数针对的是教皇及教廷的特权，如枢机的选任、教皇的保留权、免除权、确认权、豁免权等特权以及各种经济税收权力，其中第 13 条则直接提出了对教皇的审判或废黜问题[②]。教皇及教廷的各种特权被大大削弱。

康斯坦斯公会议确立的公会议至上和教皇必须定期召开会议的原则成为后来双方斗争的焦点。出于无奈同意会议决议的教皇马丁五世实际上并不愿意遵守这个规定，并试图采取各种手段瓦解公会议派的成果。教皇派的势力在巴塞尔—费拉拉—佛罗伦萨公会议上占据了上风。随着公会议派内部的分裂，教皇尤金四世通过转移会址（先转到费拉拉，再转到佛罗伦萨，最后干脆到了罗马教廷的拉特兰宫）、转移议题（以军事援助为条件与东部教会和谈）的方式，摆脱公会议派的控制。同时采取妥协让步等措施满足教会改革的要求，如废除首年捐和圣俸预定权，大大缩减教皇的各种特权等。最终，他成功地将巴塞尔派定为异端，同时确立了

---

① Norman P. Tanner, ed., *Decrees of the Ecumenical Councils*, Vol. 1, pp. 409–410.

② Council of Constance Under Pope John XXIII, session 40, session 43. Norman P. Tanner, ed., *Decrees of the Ecumenical Councils*, Vol. 1, pp. 444–446.

教皇至上的原则。①

教皇派与公会议派的较量在第五次拉特兰公会议上有了最终结果。在这次会议上，不但巴塞尔派及其余部势力再次被定为异端，而且教皇及教廷被剥夺的权力又重新得到恢复。教皇在第八次会议上发布了改革诏书，并组成了由教廷枢机、教长组成的委员会，倾听各地对教廷的意见，并形成改革方案。这个方案始终没有经过代表的投票表决，最终不了了之。其他的严格教会人员任命、规范教职人员的个人道德、规范圣俸占有等措施，也都是老生常谈，既没有新意，更缺乏操作性。不仅如此，从这次会议上的改革规定可以看出，教廷的根本目的不在于改革，而是借改革之名强化教廷的权力，维护教廷统治集团尤其是教皇、枢机和教廷书记员等官僚的既得利益。改革决议规定，枢机们是教会里面级别最高的等级，仅次于教皇，他们在政治经济等方面享有最高的待遇。关于免除权的规定最能体现教廷维护既得利益集团的目的。由于免除权的泛滥，使得很多人肆意妄为，给教会的名誉造成很大伤害。针对这种情况，教皇不是废除这些不平等的特权，而是采取所谓加强管理的措施，责成专门的人员对享有免除权的人进行审查，对确实犯罪的予以惩罚。同时责成地方主教团对管理者进行监督，对不认真履行职责者或枉法者进行劝诫甚至启动审判程序。不仅如此，教廷还进一步明确了享有免除权的人，调查和记录圣徒行为的宗座书记员（notaries，指穿官服的大书记员）以及教廷的其他官员和宗座的官员，当他们实际履行职责时，无论在民事还是刑事方面都免受主教团的司法管辖。其他低级的书记员，以及享有免除权的人在非履行职责时，都要接受教区和主教团在民事和刑事方面的司法管辖，但超过25金杜卡特的民事案件除外，在这种情况下，他们享有完全的免除权。享有免除权的还有为教廷枢机服务的人员，包括家庭成员、常驻人员及受派遣外出替枢机办理个人事务的。教皇派还重申自己的法权，

---

① Norman P. Tanner, ed., *Decrees of the Ecumenical Councils*, Vol. 1, p. 494–501.

以维护和平为名义，进一步侵占世俗权力。①

公会议派与教皇派虽然存在矛盾，但主要分歧在于权力的分配上。前者希望削弱教廷的势力，扩大地方主教的权力和利益。他们并不希望取消各种不合理的特权，只是希望把这些权力掌握在自己的手里面。因此，从本质上讲，二者的改革并没有太大的差别，大都是为了捍卫并扩大自己或集团的利益。此外，公会议派和教皇派并非固定的，而是呈现出很大的变动性。很多坚定的公会议派成员后来成为教皇派，为教廷的利益辩护。曾经的公会议派成员一旦成为教皇，则无一例外地捍卫自己的利益，想方设法对付前者。

第五次拉特兰公会议的改革决议标志着公会议派彻底失败，公教会内部自上而下的改革也宣告失败。它不但没有解决教会内部的腐败问题，反而进一步强化了教廷的权力。教廷对各地教会尤其是德意志的压榨政策仍在，教会与世俗政权的矛盾也进一步激化。

在教会内部上层自上而下改革的同时，社会的其他阶层也在自发探索改革基督教社会的路子。② 这些群体的人员组成差异较大，既有教会内部的中下层人士，也有普通信徒组成的非教会团体；既有各修会的神学家，也有大学里的知识分子；既有地方主教和修士，也有普通信徒乃至世俗官吏。有些采取实际的行动，更多的人则从理论的角度进行讨论，呼吁改革。这些群体的规模不等，改革的思路和主张也不完全一样。

一般说来，教会内部中下层人士多采取从自身和所在的共同体改革的思路。公会议的式微和教会的腐败引起教廷内部有识之士的担忧，他们深深认识到教廷及神职人员已经严重背离了本质的使命，成为反面典型。由于通过公会议改革的希望无法实现，很多主教在

---

① Norman P. Tanner ed., *Decrees of the Ecumenical Councils*, Vol. 1, 1990, pp. 606 – 608, 609 – 633, 645 – 655.

② Hubert Jedin, *A History of the Council of Trent*, Vol. 1, pp. 139 – 165.

地方进行了自发的改革，也出现了一些新兴的民间宗教团体。如后来成为教皇的基耶蒂主教卡拉法（因对教廷失望而去职）和提耶尼（Gaetano da Thiene，1480—1547，也就是圣卡杰坦 saint Cajetan）等人建立的基耶蒂修会（Theatines），维罗纳（Verona）主教吉尔伯蒂（Gian Matteo Giberti，1495—1543，也从教廷去职）设立的教区管理制度（Gibertalis Disciplina）①，由方济各会守规派修士巴西奥（Matteo da Bascio，1495—1552）创立的卡普琴会，罗耀拉（Ignatius Loyola，1491—1556）的耶稣会等②。这些组织并无意改革整个教会，只是以理想的修会（如方济各会守规派）或宗教理念为标准，遵守会规或教规，独善其身，做一个合格的基督徒，在一定的范围内实现消除腐败的目标。

与此相对的是知识分子群体。这些人或者是大学的教师，或者是教会的神学家。他们的改革探索大都从理论探讨入手，其中部分人付诸了实践。知识分子的改革是放眼整个教会乃至社会的，其立足点多在社会道德的改革。他们希望通过首脑和成员个人道德的改革，消除腐败。知识分子群体的改革探索为宗教改革奠定了基础，马丁·路德、慈温利、加尔文等新教改革家就是从这个阵营中走出来的。

在众多的改革势力中，还有所谓的再洗礼派或其他激进改革派。他们的主要成员来自部分市民和社会下层的农民，但其领导人一般则是教会的神职人员或知识分子。激进改革派与上述各派无论在神学、礼仪还是教会组织上都有显著的不同。作为受到剥削最严重的社会底层成员，他们不但要取消教会组织，消除压迫，而且要废除世俗政权，甚至要实行无政府主义。

应该说，拉丁基督教世界对教会改革的探索从 15 世纪就开始

---

① Michael A. Mullett, *The Catholic Reformation*, London: Routledge, pp. 133–137.
② 关于上述组织的会规或者主张，参见 John C. Olin, *The Catholic Reformation: Savonarola to Ignatius Loyola*, New York: Fordham University Press, 1992。

了，并在 16 世纪前后达到高潮。这些团体有些在路德的改革之前就已经存在了，有些在路德的改革之后出现，成为宗教改革的组成部分，充分展示了宗教改革的多样性和复杂性。这些势力的思路并不相同，其中大多数改革是在认可现存体制的前提下展开的，如教会自上而下的改革、各地教会、修会的改革以及以伊拉斯谟等为代表的人文主义改革。他们无意否定教皇乃至教阶制度，也无意改革神学，个体或群体的道德改革是关注重点。与此相对的是新教改革。新教改革家虽然同样关注道德问题，但在他们看来，这并非问题的根本。教会腐败的根本在于制度，而制度的问题又在于其理论基础——神学。要彻底解决问题，就要从神学改革入手，做到正本清源，恢复教会的本来面目。在这种思路下，部分神学问题被重新阐述，教皇制普遍被否定，教会的体制也发生了很大的变化。游离于公教和新教之外的激进派别则走得更远，既否定教会体制和正统的神学，有些甚至否定了世俗政府。

当然，这些势力的历史命运并不相同，有些存留并发展起来，另一些则没能够延续下来。很多势力在变革大潮中发生了分化甚至整合，并逐渐形成了新教、公教和激进改革派三足鼎立的局面。与此同时，各派内部也呈现出一定的差异性，新教里面形成了路德派、加尔文派和英国国教；公教里面也有以教廷中心的主流派与以部分人文主义者为代表的非主流；激进改革派内部则更加复杂，按照威廉姆斯的研究，既包括了再洗礼派，也包括反三位一体的索西尼派，更包括部分人文主义者在内的温和派等，可谓形形色色。决定这些群体命运的除了改革的思路和主张外，更重要的在于政治，尤其是世俗政权。

第三节　世俗政权与宗教改革

近现代以来，学术界在讨论宗教改革时，往往将公教和新教的矛盾界定为新旧两个阶级的冲突，并将宗教纷争解释为阶级利益的斗争。马克思主义诞生以来，这种从阶级和社会冲突角度解读宗教改革的视角异军突起，并在史学界产生了持久的影响，宗教改革也被视为原始或早期资产阶级革命的典范。这种解释有一定的道理，触及了深层次的问题，尤其是隐藏在宗教改革背后的集团利益和阶级利益等问题。但是，仔细分析，就会发现这种解释过于简单，还需要细化，因为还有一些现象是这个理论所不能解释通的。在新教和公教阵营冲突之外，还存在各自阵营内部的矛盾或冲突，甚至出现新教和公教势力结盟的现象。例如，法国国王虽然是坚定的公教信仰者，但仍然和德意志的新教诸侯乃至土耳其人联合，对付同样是公教徒的神圣罗马帝国皇帝查理五世（Charles V，1500—1558）。查理五世虽然是虔诚的公教徒，但与教皇的矛盾同样尖锐，并长期容忍新教的存在和发展。这些事实表明，宗教信仰与政治选择之间并非互为充分必要条件，至少在转型初期是这样。在现实的历史进程中，真正起决定作用的往往还是当事各方的实际政治利益。从这个角度来说，宗教改革就是各种政治势力博弈的过程，多教派鼎立局面的形成则是博弈的结果。在这个过程中，宗教自身的重要性虽然没有完全失去，但并非最主要的；教会的改革则在很大程度上成为各派政治斗争的工具。这一点可以从法王与教皇的关系以及查理五世对新教的态度上得到说明。

在中世纪的历史上，教俗权力的矛盾一直是拉丁基督教世界的重要问题。13世纪以来，随着世俗权力的不断增加，教俗矛盾逐渐激化。教廷在各地的组织损害了世俗政权的政治、经济和司法权益，必然引起后者的反对。为了遏制教会权力的扩张，世俗政权不但在理论上，而且在实践上对教会的侵权行为予以反击。与此同时，各个世俗政权之间也存在利益冲突，从而使宗教和政治斗争交织在一起。

教廷的分裂及公会议运动的兴起为世俗权力对教会权力的斗争增添了新的砝码。公会议的改革措施和限制教皇权力的做法得到了各国君主，尤其是法国国王和神圣罗马帝国皇帝的支持。巴塞尔会议分裂后，法国和德意志虽然名义上表示中立，但实际上支持巴塞尔派对抗教皇派。两国分别在1438和1439年发布了国事诏书，进一步扩大世俗对教会的权力，肯定了公会议高于教皇的原则。法国的《布鲁日国事诏书》主要有三方面的内容。第一，确立了公会议高于教皇的原则，规定定期召开公会议，主要有：限制教皇的保留权和收入，限制教皇审理上诉案件的权限（只有经过各级法庭审理后的案件才能上诉到罗马审理），教皇无权预留委任的圣俸（collation benefices），在圣俸没有空缺之前，不得赠予别人；凡是教皇根据空缺圣俸法则授予的，一律无效，违者受到世俗政权的惩罚。第二，规定了法国国王与教会的关系，将法国教会置于王权的监控之下。法国的教会职位由选举产生，教皇不得干预，同时国王和君主有权向守规教士团①和修道院推荐候选人。国王和君主有权任命合适的候选人，任命合格的人持有圣俸，保留普通司法主权，不受公会议程序的影响。第三，对教会进行改革，严禁教士人员娶妻纳妾，取消首年捐、保留权等。②

《布鲁日国事诏书》不但使法王摆脱了教廷的控制，将教会的主宰权掌握在自己的手中，而且成为要挟教皇的工具。虽然教皇在后来的会议中都获得了胜利，但是法国始终以康斯坦斯公会议决议为理由，否定教皇行为的合法性。1481年，帖撒利的卡拉尼亚大主教

---

① Chapters 的本义是"章"，用来指代基督教会的一种组织。它最初指遵奉某种修规的神职人员（教士），他们集体居住生活，但不发贫困誓愿，可以拥有财产，以维持生存。他们定期集会宣读修规，每次一章。这类聚会就被称为 chapter，聚会的地方则被称为 chapter house。后来这类组织得到教会官方的许可，成为有特权的专门组织，成员称 canon（本义为规矩）。因为基督教最古老的修规为奥古斯丁所作，也多为这些人遵奉，因此又称他们为 Augustinian Canon。Chapter 多附属于教堂或主教座堂，主要负责唱诗班业务。主教座堂的 chapter 则主要协助主教管理教务，与主教一起组成教务委员会。中文多译为"法政牧师"，并不准确。Chapter 多为公教会的组织，而牧师在中文语境中多指新教的 pastor，他们也不负责法务。本书暂译为"守规教士团"。

② *The Pragmatic Sanction of Bourges*, pp. 77 – 78.（下载地址：Sourcebooks.fordham.edu/source/1438Pragmatic.asp。）

多明我会修士扎莫买提奇（Andrew Zamometic，1420—1484）因为批评教皇及教廷的腐败遭到教皇的囚禁。第二年3月，他在巴塞尔号召重启会议，以限制教皇的权力，对教会实行全面的改革。1511年10月，教廷枢机主教团的部分成员与法王路易十二（Louis XII of France，1498—1515）联合，在比萨召开公会议，并得到了皇帝马克西米利安一世（Maximilian I，1508—1519）的支持。法王之所以改变立场，主要的原因在于教皇此时决定与宿敌威尼斯结盟，欲将法德势力赶出意大利。会议以巴塞尔决议为依据，命令教皇到会。这次会议对教皇的权威构成了严重的威胁，一方面是因为发起者和组织者的中间力量来自教廷内部，另一方面更重要的是得到了皇帝和法国国王的支持。

对教皇来说，《布鲁日国事诏书》是一个对其权威的现实威胁。它不但将公会议置于教皇之上，而且将法国教会置于法王之手，赋予其自由处置的权力。对教会而言，这不仅是政治和经济上的损失，也是法权上的重大损失，因为这可能为其他国家教会的自主提供借口。所以，自出台之日起，这个损害教会"权威、自由和尊严"的诏书就遭到教廷的明确反对。对于教皇尤里乌斯二世和继任者利奥十世而言，第五次拉特兰公会议召开的首要目的就是应对法国支持的公会议派，彻底消除对教皇至高权威的挑战。为此，会议一开始，教皇尤里乌斯二世就软硬兼施，命令法国境内所有支持该诏书的教会及世俗人士限期到会，接受询问，同时宣布该诏书无效。① 但是，在会议的初期阶段，这些措施并没有得到法国教俗人士的响应，他们坚持诏书有效。利奥十世上台之后，教廷与法王弗朗西斯一世（François I，1494—1547）在博洛尼亚就这个问题进行谈判。教廷认为，《布鲁日国事诏书》是在巴塞尔公会议上提出，经布鲁日会议确认的。巴塞尔会议并非一个公会议，自从其迁址后，就已经不再具

---

① The Fifth Lateran Council, session 2 to session 4, Norman P. Tanner ed., *Decrees of the Ecumenical Councils*, Vol. 1, pp. 595–600.

备公会议的资格，其决议是无效的。因为根据传统，公会议变更地址需要经过教皇的批准，否则就是无效的。不仅如此，没有罗马主教的允许或批准，公会议也是无效的。双方最后在第十一次会议上达成一致，宣布废除该诏书，签订了《博洛尼亚和平协定》。[①] 该协定规定，教皇有权征收公教会在法国的所有收入，法国国王则有权对教士征收什一税，有权限制到罗马的上诉案件；法国国王有权任命大主教、主教、修道院长和修会会长等神职人员及圣俸，但教皇在法律上保留赋予这些职位的就职权，也可以否决不合格的人选；教廷财政院（camera）有权征收首年捐。教廷废除了选举主教和修道院长的条款，法王则承认教皇高于公会议。

《博洛尼亚和平协定》满足了法国国王实际控制法国教会的目的，作为交换，教皇扫清了自己至上地位的理论障碍。在自己的利益得到满足后，法王毫不犹豫地抛弃了公会议派，由公会议的支持者变为教皇的盟友，也一直以各种借口阻挠甚至反对特伦特公会议的召开。双方结成新的利益同盟，共同牵制神圣罗马帝国。失去了法国的支持，公会议派也就烟消云散了。

如果说法王的政治利益和抉择直接导致了公会议的失败的话，那么皇帝查理五世在位期间的处境和政治策略，则在很大程度上成全了新教。

查理五世于 1500 年 2 月 24 日生于尼德兰的根特，他是哈布斯堡家族尼德兰领主美男子菲利普（Philip the Fair）的长子，他母亲则是由阿拉贡和卡斯蒂尔联合新组建的西班牙王国的公主乔安娜（Joanna）。1506 年，查理五世的父亲去世，他成为尼德兰的领主。由于西班牙绝嗣，他母亲成为西班牙王位的继承人，查理因此受益。1516 年，在国王阿拉贡的费迪南德去世后，查理五世成为西班牙的实际控制者，与其有病的母亲一起统治西班牙。1519 年初，查理五

---

① The Fifth Lateran Council, session 11, Norman P. Tannered. , *Decrees of the Ecumenical Councils*, Vol. 1, pp. 638–645.

世的祖父也就是神圣罗马帝国皇帝马克西米利安一世去世，查理依靠福格尔家族的财力支持，在王位竞争中击败了萨克森选帝侯弗里德里克三世（Frederick III, Elector of Saxony, 1463—1525）、英王亨利八世（Henry VIII, 1509—1547）和法国国王弗朗西斯一世，成为神圣罗马帝国皇帝。这样，他就将尼德兰、西班牙和哈布斯堡家族传统的领地奥地利和德意志连为一体。1526年，他又通过联姻的方式将波西米亚和匈牙利纳入帝国版图，再加上西班牙的海外殖民地，从而使哈布斯堡王朝的势力臻于鼎盛。

查理五世虽然掌握着一个庞大的帝国，但是也面临着重重矛盾。除了外部不断增加的土耳其人的威胁外①，他还必须面对以下几个对手：

首先是与法国的矛盾。从查理五世的祖父马克西米利安一世开始，哈布斯堡家族就与法国国王发生了冲突，长达40多年。双方先是在通过马克西米利安联姻获得的勃艮第（尼德兰，马克西米利安娶了勃艮第的玛丽），后来则是在意大利北部展开角逐。法国希望占据这些地区，作为进一步对抗哈布斯堡家族的前沿阵地。1515年，法王弗朗西斯一世占领了米兰和那不勒斯。1521年，弗朗西斯进攻伦巴第，再次对圣神罗马帝国开战。这次战争不但使法国失去了原先占领的土地，而且致使弗朗西斯一世在1525年2月24日的帕维亚之战中被俘。此后，查理五世的军队先后攻陷了罗马并收复了米兰，并在1529年迫使弗朗西斯一世签订了《康布雷和约》，迫使后者放弃意大利。1535年，查理五世将自己的儿子立为米兰大公，双方爆发了第三次战争。弗朗西斯一世与土耳其人联合，最后双方在1538年签订了尼斯（Nice）条约。但是，双方之间的和平是暂时

---

① 奥斯曼土耳其帝国灭掉了拜占庭帝国以后，乘胜西进，使西部的世俗政权和拉丁教会陷于恐慌之中。土耳其人的威胁也成为欧洲挥之不去的梦魇。教廷多次以对抗土耳其人的名义敛财，欧洲的世俗君主也在讨论联合抗敌的可能性。有研究者指出，土耳其人的压力分散了神圣罗马帝国皇帝查理五世的精力，客观上为路德派的胜利创造了有利条件。

的。1542年，弗朗西斯联合土耳其和部分德意志新教诸侯，对查理五世开战，查理五世则与英王亨利八世联合并最终击败了法国。1555年，法国再次向帝国宣战，法王亨利二世进攻洛林（Lorraine），占领了梅斯（Metz），但在意大利战场上失败，最后在1559年签订了《卡托—康布雷条约》(Cateau - Cambresis)。虽然法国保留了北部的帝国城市，但退出了意大利半岛。

法国国王与查理五世之间的战争对于16世纪上半期欧洲的政治形势和宗教格局产生了很大的影响，在很大程度上促成了新教的发展与最后的合法化。查理五世为了保持帝国的正常运转，需要把大量的精力放在战争上。对于德意志内部的宗教纷争，则采取妥协的态度，以保证其稳定及新教诸侯对他外部战争的支持。1521年，当沃姆斯会议还没有结束的时候，弗朗西斯一世对查理五世宣战，他不得不匆忙结束会议，转而将精力投入到战争中。[1] 1532年，当他在雷根斯堡召开会议以解决宗教纷争时，土耳其人入侵维也纳附近，他也不得不搁置宗教争端，联合德意志各派势力抗击土耳其人。[2]

其次是与教皇的矛盾。自11世纪以来，教皇与神圣罗马帝国皇帝之间的矛盾就不时爆发。神圣罗马帝国的许多领土在意大利半岛，并长期领有那不勒斯，对中部的教皇国造成威胁。教皇一直设法将帝国的势力排挤出去，为此甚至不惜与宿敌威尼斯结盟。第五次拉特兰公会议以后，教廷解除了法国的威胁，与后者联合对付查理五世。宗教改革爆发后，教皇与查理五世的矛盾更加尖锐。皇帝要求教皇尽快召开教会的公会议讨论争端，通过改革消除新教的不满，以实现新教的回归并保证德意志的稳定。教皇则要求皇帝采取武力措施镇压新教。为了要挟教皇早日开会，查理五世多次召集帝国会议，欲将宗教问题置于自己的控制之下，这又遭到了教皇的抗议和

---

[1] *The Autobiography of Emperor Charles V*, trans., Leonard Francis Simpson, London: Longman, 1862, p. 9.

[2] Ibid., p. 22.

反对,双方甚至兵戎相见。教皇为了防止神圣罗马帝国势力过大,甚至默许法国与土耳其人结盟对付查理五世。可以说,查理五世面临的内外环境对改革走向产生了重要影响,使得他为了整体利益,总体上把妥协性谈判而非使用武力作为解决争端的首选。

最后是与德意志诸侯的矛盾。由于国内政治上的不统一和地方君主的势力过大,七大选帝侯又控制了帝国皇帝的选举,造成王权弱小,无法有效控制局面。这种局面与当时已经初步统一的英格兰、法兰西等形成鲜明对比。王权的积弱还使得教廷势力在德意志的独大,教会繁重的赋税和盘剥给人民带来沉重的负担,而弥漫着的教会腐败则更进一步激起了社会各界的愤慨。查理五世虽然被选为神圣罗马帝国的皇帝,但由于德意志各诸侯的势力强大,所以并没有得到他们真正的支持,离心力在德意志本土始终存在。德意志诸侯虽然在名义上效忠于查理五世,但实际上并不愿意自己的势力受到侵害,尤其不愿意接受一位非德意志人做皇帝。[①] 此外,查理五世上任之初,将大部分的精力放在镇压自己的领地尼德兰的叛乱和对法国的战争上,无暇顾及德意志,直到1521年的沃姆斯帝国议会才第一次到德国。[②] 1521—1529年,他更是没有到过德国。1531年以后,随着他弟弟费迪南德被选为未来的皇帝,德意志的事务则大多由后者处理,查理五世本人则长期居住在西班牙。当然,查理五世也试图在德意志采取加强王权的措施,并在1523年的纽伦堡帝国议会上有所尝试,但这遭到了德意志世俗诸侯的一致反对。为了确保自己的核心利益,及与法王和教皇的斗争,查理五世最终选择了维持德意志既有政治格局的策略。

德意志内部的部分诸侯并不愿意查理五世干预他们的事务,萨克森选侯弗里德里克三世是其中的代表。按照《金玺诏书》的规定,

---

① Henry J. Cohn, "Did Bribes Induce the German Electors to Choose Charles V as Emperor in 1519?" *German History*, Vol. 19, No. 1, 2001, pp. 1–27.

② *The Autobiography of Emperor Charles V*, trans., Leonard Francis Simpson, p. 8.

萨克森选侯是皇帝在帝国的代理，曾经与查理五世一起竞争皇位①。路德向教会发难后，立即得到了他的支持和庇护。尽管他本人是一个虔诚的公教徒，坚信圣徒和圣物崇拜，也不赞同路德的观点②，但是，他从法律的角度要求给予自己的臣民以安全通行权。在他的带领下，立即形成了一个支持新教的世俗集团。新教诸侯一方面以此反抗教廷的剥削和压榨，并趁机控制辖区内教会的主宰权；另一方面以此向查理五世施压，借以申明捍卫自己权力的姿态。为了保证帝国内部的稳定，查理五世在相当长的时期内对新教采取了实际的容忍政策，下令在公会议没有讨论新教和公教的分歧之前，双方要维持现状，不得有敌对的行动。由于他无法长期亲自控制德意志，因此，即便是在打败了新教的施马尔卡尔登同盟以后，他也没有采取完全的镇压措施，而是采取和解的政策，用新教信仰的合法化换取新教诸侯对他和帝国的政治上的效忠，尽管他本人是一个虔诚的公教徒。

上述例子表明，世俗政权在宗教改革的过程中扮演了非常关键的角色，在很大程度上决定了最终结局。这并非个例，而是普遍的现象。激进改革派虽然受到公教和新教的一致反对和迫害，但在波兰王权的庇护下也存在下来了。公教会在特伦特公会议上的改革则更是各方斗争的结果。宗教改革时期的历史表明，没有世俗政权的支持或者帮助，改革成功的可能性是很小的。这从另一个角度说明，在分析和认识这段历史时，政治的因素还是非常重要的，而且是必不可少的。

---

① 按照一些学者的说法，德国诸侯在选举查理五世之前，已经秘密选举弗里德里克为皇帝，在后者拒绝后才又重新选出了查理五世。也有观点认为，教皇利奥十世先是支持弗里德里克，但后来转而支持查理五世。Henry J. Cohn, "Did Bribes Induce the German Electors to Choose Charles V as Emperor in 1519?" *German History*, Vol. 19, No. 1, 2001, pp. 25 – 27.

② Thomas M. Lindsay, *A History of the Reformation*, Vol. 1, New York: Charles Scribner's Sons, 1910, pp. 258 – 260; Heiko A. Oberman, *Luther: Man Between God and the Devil*, New Haven: Yale University Press, 1989, pp. 13 – 35.

小　结

16 世纪前后，拉丁基督教会面临着严重的腐败问题。教会的腐败是欧洲由传统向现代转型时期各种矛盾的缩影。在内忧外患交织下，教会的腐败问题比以往任何时候都更加突出。教会组织渗透到社会和个人生活的方方面面，因此腐败引发的矛盾是多方面的。教廷的剥削和压迫引发了教俗之间的尖锐对立，遭到世俗政权和各地百姓的反对。教会内部也矛盾重重，既有教廷上层内部的斗争，也有教廷与地方教会的矛盾等。教会的腐败是全方位的，不但给社会各界带来了沉重的负担，也严重损害了教会和教士阶层的形象，使得其宗教和道德楷模的理论与实践之间出现矛盾，也动摇了其灵魂救赎者的地位。

严重的腐败使得"首脑和成员"的彻底改革成为唯一的选择。社会各界也在探索解决问题的办法。因此，从根本上来说，16 世纪各派的改革活动就是对腐败造成的危机的一种反应。围绕着改革问题，教廷内部出现了公会议派和教皇派之间的长达一个多世纪的斗争。这场斗争以教皇派彻底胜利而告终，但同时宣告了教廷自上而下改革的失败。与此同时，教会内部的中下层以及平信徒也开展了自发的改革探索。这些自下而上的改革在教廷内部改革陷于停顿后，成为主力，新教改革就是从中兴起的一支力量。各派的改革活动经过整合，逐渐形成新教、公教和激进改革派并存的局面。

世俗政权始终在宗教改革中扮演着重要角色。教廷与世俗政权之间、世俗政权之间的复杂矛盾极大地影响了宗教改革的进程和结果。世俗政权的支持也成为决定宗教改革结果的关键因素，在很大程度上甚至超过了宗教本身。

第 二 章
《圣经》与宗教改革

在16世纪的欧洲宗教改革中，《圣经》扮演了重要的角色。作为基督教的经典，《圣经》不但是基督教信仰的依据，也是基督徒群体和个体生活的准则。它在很大程度上成为新教变革的动力和源泉，成为对抗罗马教会的最有力武器。新教的《圣经》权威取代教皇权威的做法在"唯有《圣经》"（sola scriptura）的口号中得到集中体现。作为当时社会"新学"的组成部分，新教的《圣经》研究不但关乎学术，而且关系到神学乃至社会改革，对于认识和理解宗教改革时期的欧洲具有重要意义。宗教改革前后，拉丁基督教世界的《圣经》研究发生转变，这种转变不但引发了对《圣经》认识的改变，而且成为宗教改革的思想来源和重要理论基础。新教和公教的教义理论和改革措施，都与《圣经》直接相关。双方对《圣经》的不同理解，在很大程度上决定了双方选择道路的差异。国外学术界在这个方面的研究较多，如宗教改革家与人文主义，尤其是《圣经》人文主义的关系、新教的《圣经》注释、《圣经》与新教神学等，但没有一致的看法。相比之下，对"唯有《圣经》"理念的研究较少。国内学术界的研究相对较少，多集中在人文主义对传统经院学术的扬弃方面，专论人文主义与新教改革的不多，鲜有涉及"唯有《圣经》"者。

第一节 《圣经》研究的转变

在中世纪的拉丁教会里，在《圣经》版本的使用上有固定的传统——通行本拉丁文《圣经》(Vulgate)。通行本拉丁文《圣经》是著名的教父哲罗姆(Saint Jerome)在4世纪末受罗马主教达马苏斯一世的委托翻译的。哲罗姆先对当时流行的古拉丁本《新约》进行校订，然后以希伯来原文本为底本翻译《旧约》，同时参考了希腊文版的"七十士本"(Septuagint)，最终在405年完成全部的翻译工作，这就是所谓的通行本拉丁文《圣经》。七十士本《圣经》是最早、最权威的《旧约》希腊文译本。一般认为，它大约成书于公元前3世纪至公元前1世纪之间。"七十士本"在希腊罗马世界的影响非常大，它不但受到犹太知识分子的重视，而且成为《新约》及使徒时期教父们引用的对象。4世纪中期以前，"七十士本"一直是教会的通用本，至今仍是东正教会的标准本。不仅如此，它还是早期基督教会各种译本的底本，如古拉丁(Vetus Latina)、科普特、古叙利亚、亚美尼亚、哥特、斯拉夫等。哲罗姆的译本出现之前，虽然新旧约的绝大多数篇目已经基本确定，但教会内部并没有统一的新旧约合本。他的译本出现后，逐渐取代各种古拉丁译本和"七十士本"，成为拉丁语世界的通用本。虽然哲罗姆的译本一直是教会的通行本，但教会并没有明确的法律规定，在实践中也没有遇到过质疑与挑战，直到宗教改革时期。① 12世纪中期以后，随着新兴宗教团体的出现，教廷为了确保教会的团结和稳定，打击异端，逐渐加强了对《圣经》的规定，如：只允许使用通俗拉丁文本，严禁用方言翻译《圣经》，禁止在礼拜仪式中使用方言《圣经》。1229年的图卢

---

① 关于通行本拉丁文《圣经》在中世纪的情况，参见 G. W. H. Lampe ed., *The Cambridge History of the Bible*, Vol. 2, Cambridge: Cambridge University Press, 1969, pp. 102-154。

兹宗教会议禁止平信徒拥有《圣经》，只能为宗教崇拜的目的拥有《诗篇》（psalter）和《日课经》（Breviary or Hours of the Blessed Mary）等，且严禁翻译成方言。①

除了官方许可的版本外，中世纪的拉丁教会还逐渐形成了一套固定的《圣经》研究和解释方法。《圣经》虽然是神的启示，但在很多地方并不是非常清楚，需要相应的解释，因此教会内部很早就出现了对《圣经》的注释和研究，在如何解释上也形成了定则，从而使《圣经》解释学成为中世纪神学研究的重要分支之一。基督教《圣经》解释学的先驱是犹太人斐洛（Philo，公元前20—公元40年），经教父奥利金（Origen Adamantius，约185—254）、奥古斯丁（Augustine of Hippo，354—430）、大格里高利（Gregory the Great，540—604）等进一步完善，逐渐形成比喻释读法（allegory，或译隐喻）。这种方法强调，理解《圣经》不能仅仅停留在其字面的意思，还要透过其字面意义，领会其隐含的寓意，尤其是与人的救赎等有关的宗教内涵。到中世纪，教会在实践中发展出一套固定解经模式，即从文字（letter）、比喻（allegory）、道德教化（moral teaching）和神秘的精神解释（anagogy）四个方面理解。文字指字面意思，其他三种指精神含义，分别指教会和基督（ecclesiology and Christology）、个人的得救（soteriology）和来世生活（eschatology）。②

《圣经》研究是基督教会内部的重要活动之一。从教父时代开始，就对《圣经》的文本进行研究，尤其是注释。这种学术方法充分利用古典七艺教育中的语法、修辞，注重从语言和历史的角度对《圣经》进行考辨，并阐释其神学蕴意，希波主教圣奥古斯丁是著名

---

① 学术界对于中世纪拉丁教会是否禁止平信徒拥有《圣经》有争论。传统观点，尤其是很多新教学者认为，教会禁止平信徒拥有包括通俗拉丁本在内的一切《圣经》；另一些学者，尤其是公教学者则认为，教会禁止的只是方言《圣经》，通俗拉丁文本不在之列。可以肯定的是，公教会严格控制平信徒拥有方言《圣经》以及解释《圣经》的权利。

② Steven Ozment, *The Age of Reform 1250 – 1550: An Intellectual and Religious History of Late Medieval and Reformation Europe*, pp. 63 – 69.

的代表。这种传统在后教父时代一直延续下来,现代学术界有些学者称之为"中世纪人文主义",以强调其在方法上与后来文艺复兴时期的人文主义的一致性。[①] 11 世纪末以后,随着经院传统[②]的兴起,《圣经》在教会生活中的地位逐渐下降,人文主义研究法逐渐被边缘化。《圣经》研究不受重视,神职人员也不再阅读《圣经》,很多人甚至根本不懂《圣经》,《圣经》教育停滞。受古希腊哲学,尤其是亚里士多德哲学的影响,经院传统的主要目的在于建构神学,形成完整的体系,其方法则在于思辨,通过逻辑推论阐述神学议题。神学家们关注更多的是知识本身,而非《圣经》对人的教益,更不关注《圣经》的整体性及文本产生的具体历史环境。在这种传统的主导下,《圣经》变成了神学论证的材料和注脚,远离了信徒的生活。真正对教会生活产生决定作用的是经院神学家们的著作和教条、教会的法令及注释等。《圣经》注释与研究者的地位也远在经院神学家之下,数量和质量都不高。[③]

---

① Martin R. P. McGuire, "Mediaeval Humanism", *The Catholic Historical Review*, Vol. 38, No. 4, 1953, pp. 397 – 409.

② 学术界一般将 scholasticism 译为经院哲学或经院神学,与文艺复兴时期的人文主义相对。传统上经院神学和人文主义是针锋相对的两种价值观体系,这种认识带有强烈的价值判断色彩。过去几十年的相关研究表明,二者的关系是非常复杂的。虽然不能完全否认这两个概念所具有的价值观色彩,但总体而言,这两个概念的方法论内涵更突出些,更便于分类。因为文艺复兴时期,有些人文主义者仍然采用经院的方法;而宗教改革后期,新教各派也出现了所谓新教经院化的趋势,其主要的特征就是在方法上采用传统的经院学术的那一套,但在观点上与原来是格格不入的。宗教改革前后,以伊拉斯谟为代表的《圣经》人文主义与经院传统之间发生了一系列论战,从具体内容来看,分歧主要在《圣经》的研究方法方面。作为一种学术研究的新方法,其对传统神学及教会权威等的潜在冲击是不言而喻的。本书主要从学术方法体系的角度使用经院学术和人文主义概念。参见 Charles G. Nauert, Jr., "The Clash of Humanists and Scholastics: An Approach to Pre – Reformation Controversies", *The Sixteenth Century Journal*, Vol. 4, No. 1, April 1973, pp. 1 – 18; "Humanism as Method: Roots of Conflict with the Scholastics", *The Sixteenth Century Journal*, Vol. 29, No. 2, Summer 1998, pp. 427—438;刘林海:《加尔文思想研究》,第 15—26 页。

③ G. W. H. Lapme ed., *The Cambridge History of the Bible*, Vol. 2, pp. 189 – 230; William J. Courtenay, "The Bible in the Fourteenth Century: Some Observations", *Church History*, Vol. 54, No. 2, June 1985, pp. 176 – 187.

《圣经》研究、《圣经》教育及其在基督教生活中低下的地位引起了很多教会人士的不满。为了扭转这种局面，中世纪的拉丁教会在多次公会议上都专门对《圣经》的教学与研究做出规定，要求各地教会加强学校的《圣经》教育，配备专业的教师。在《圣经》的解释上，也出现了不同的声音。13 世纪前后，传统的四重释读法逐渐受到批判。犹太学者马蒙尼德（Maimonides，1135—1204）等人提倡字面意义上的释读法。基督教的一些神学家受其影响，也主张从字面意义理解《圣经》，托马斯·阿奎那（Thomas Aquinas）是主要代表。他认为，对《圣经》的解释首先要以字面意思为基础，把它放在一定的历史环境中，在此基础上考虑其他含义，而不是忽略其基础①。14 世纪方济各会修士莱拉（Nicholas of Lyra，1270—1349）则进一步主张文字意义的重要性。他主张"双重字面意义"，即文字—历史意义，成为极端文字派的代表。莱拉的观点被一些人文主义者接受，成为他们《圣经》研究的指南。但是，也有很多人并不赞成。他们认为虽然在解释时字面的意思是首要的，但其精神性的启示还是不容否定的。到 16 世纪前后，以戴塔普尔（Jacques Lefèvre d'Étaples，1455—1536）为首的极端精神含义派逐渐兴起。他批判莱拉是犹太分子，强调"字面—精神"理解法。戴塔普尔的观点在北方的基督教人文主义圈子里更受欢迎。② 伊拉斯谟也基本上持这种观点。

　　但是，由于教会内部的腐败严重，这些规定并没有得到真正的落实，《圣经》研究仍在不断衰落。随着改革教会消除腐败呼声的日益高涨，知识界也开始对传统的《圣经》研究提出新的主张。意大利人文主义的兴起为《圣经》研究的变革提供了有利契机。人文主

---

① Thomas Aquinas, *The Summa Theologica*, trans., Laurence Shapcote, Chicago: Encyclopedia Britannica, Inc., 2007, Part I, Q. 1, ART 10.

② Steven Ozment, *The Age of Reform 1250 – 1550: An Intellectual and Religious History of Late Medieval and Reformation Europe*, pp. 69 – 72.

义者批判经院传统的研究方法和思路①，提出在学习古典语言的基础上，用语言、文献、历史的方法研究古典的学问。在这个学术思潮的影响下，《圣经》等基督教经典的研究也受到重视，其中洛伦佐·瓦拉（Lorenzo Valla，1407—1457）和伊拉斯谟（Erasmus Rotterdam，1467—1536）是杰出代表。瓦拉不但运用新方法撰写了《论君士坦丁的赠礼》，指出该文献属伪造制作，而且是意大利人文主义者中少数关注《圣经》和基督教神学问题的学者。他撰写了《新约汇校》（*Collatio Novi Testamenti*，1447年问世），从语言学的角度，用四个希腊文古本对校四个版本的通行本。不仅如此，他还就《新约》做了大量的批注（Adnotationes in Novum Testamentum），指出了通行本《圣经》存在抄写、篡改和翻译方面的错误。②他还对经院传统的神学研究提出批判，奠定了《圣经》人文主义的基础。伊拉斯谟在继承意大利人文主义学术思路基础上形成的《圣经》人文主义③，不但极大地改变了《圣经》研究的局面，而且为宗教改革的理论突破奠定了基础。

伊拉斯谟自幼就在共同生活兄弟会主办的学校中接受教育，学

---

① Charles G. Nauert, "Humanism as Method: Roots of Conflict with the Scholastics", *The Sixteenth Century Journal*, Vol. 29, No. 2, 1998, pp. 427 – 438.

② John Monfasani, "Criticism of Biblical Humanists in Quattrocento Italy", in Erika Rummel ed., *Biblical Humanism and Scholasticism in the Age of Erasmus*, Leiden: Brill, 2008, pp. 15 – 30; Jerry H. Bentley, "Biblical Philology and Christian Humanism: Lorenzo Valla and Erasmus as Scholars of the Gospels", *The Sixteenth Century Journal*, Vol. 8, No. 2.

③ 学术界过去多将伊拉斯谟为代表的北方人文主义称为"基督教人文主义"。与意大利的人文主义者相比，他们在进行学术研究的同时还普遍重视教会的改革，并为此积极努力。总体说来，他们的改革计划与以教廷为代表的公教会和新教改革派都不同，因而受到这两派的非难。也有学者称之为"《圣经》人文主义"。笔者认为，"《圣经》人文主义"更贴切些。关于人文主义宗教改革参见：Enno V. Gelder, *The Two Reformations in the Sixteenth Century: A Study of the Religious Aspects and Consequences of Renaissance and Humanism*. 关于伊拉斯谟的《圣经》人文主义参见：C. A. L. Jarrott, "Erasmus' Biblical Humanism", *Studies in the Renaissance*, Vol. 17, 1970, pp. 119 – 152; N. Scott Amos, "New Learning, Old Theology: Renaissance Biblical Humanism, Scripture, and the Question of Theological Method", *Renaissance Studies*, Vol. 17, No. 1, 2003, pp. 39 – 54。

习希腊文、拉丁文和希伯来文等，打下了坚实的语言基础。1495年，伊拉斯谟进入巴黎大学学习，在这里与意大利人文主义者安德雷利尼德（Publio Fausto Andrelinide，1462—1518）成为好友，并深受意大利人文主义的影响。1499年，他到英格兰，并结识了著名的人文主义者约翰·科勒特（John Colet，1467—1516）和托马斯·莫尔（St. Thomas More，1478—1535）等。伊拉斯谟非常佩服科勒特非经院式的研究和教授《圣经》的方式，也触动了他进一步学习希腊文并翻译《圣经》的想法。1504年，他在卢汶的一个修道院里发现了瓦拉未完成的《新约批注》稿本，并在第二年将它出版。瓦拉的批注进一步激励了伊拉斯谟研究《圣经》的热情[1]。伊拉斯谟对《圣经》的研究既包括对《圣经》文本的翻译与整理，还包括方法论；他的研究还涉及对古代教父著作和各种《圣经》注释。[2]

伊拉斯谟的《圣经》研究首先就是他翻译整理的《新约圣经》。伊拉斯谟的《圣经》研究工作受到托马斯·莫尔和科勒特的影响，在他的英格兰之行期间就已经开始了。1516年2月底，该书由巴塞尔的弗洛本出版。伊拉斯谟不但编订了希腊文本的《新约》，而且撰写了前言，重新翻译成拉丁文，并做了注释，以拉丁文和希腊文对照的形式呈现给读者。伊拉斯谟的《新约圣经》译本非常受欢迎，他在后来也不断对它进行修订，到他去世时，共出版过5版。在自己翻译《圣经》的同时，他还整理出版了哲罗姆、西普里安（Cyprian）、奥古斯丁、奥利金、克里索斯托姆（John Chrysostom）、伊利奈乌（Irenaeus）、安布罗斯（Ambrose）、巴西尔（Basil）等人的著作。他还亲自注释了《罗马书》、四福音书和《诗篇》。

伊拉斯谟的《圣经》研究不是简单的整理翻译，而是有着明确的研究方法，正是这种方法使他成为宗教改革前后《圣经》乃至学

---

[1] Albert Rabil, Jr., *Erasmus and the New Testament: The Mind of a Christian Humanist*, University Press of America, Maryland: Lanham, 1993, p. 58 ff. .

[2] G. W. H. Lampe ed., *The Cambridge History of the Bible*, Vol. 2, pp. 492–505.

术研究的领军人物。他所提倡的研究方法——"到源头"（ad fontes）① 成为一种新的学术理念，对传统的经院式方法形成强有力的挑战。伊拉斯谟指出，经院学者们抛弃了《圣经》文本，以各种注释和摘抄为主，用辩证法和逻辑推理的方法，脱离了语境，断章取义，肢解了《圣经》的完整性。不仅如此，他们的研究陷于玄想，远离现实，对于信徒的宗教和道德生活没有任何益处。② 大多数经院学者不关注《圣经》原文，又不懂希腊文和希伯来文，致使在文本和理解方面存在错误。要真正研究《圣经》，使之在宗教上对人有帮助，首先要掌握与它有关的语言——希伯来文、希腊文和拉丁文，然后从分析原始文本入手研究《圣经》。伊拉斯谟认为，当时拉丁世界通行的《圣经》译本——通行拉丁文本存在很大的问题。就《新约》而言，如果不懂希腊文，就连基本的字面意思都不能正确理解，更遑论改正错误了；只有建立在正确文本之上的《圣经》才能真正对信徒乃至社会道德的更新提供正确的基础。对《圣经》的利用与解释不能断章取义，不能离开具体文本的语境、作者的一般思想和《圣经》的整体思想。所有《圣经》的文字都要放到具体的时空以及作者的写作目的中来认识，要在具体的历史环境中加以理解，既要注重单篇的思想，也要在总体上进行把握。在他看来，希伯来文、

---

① 这个原则是1511年伊拉斯谟在《论研习方法》（De ratione studii）中提出来的（Sed in primis ad fontes ipsos properandum, id est graecos et antiquos）。他提出，文字是获取真理的前提，要学习希腊文拉丁文，不能死学文法，而是要应用与模仿，阅读经典作家的经典范文。学者们在选择教材时，"首先并且最主要的选择应当是到源头本身，也就是希腊人和古代人"。在他看来，各门学问与知识都要以古代的名家经典为范本。就神学而言，《圣经》是第一位的，其次是古代教父们的著作。Ad fontes 语出《诗篇》（41）42章，原文为"Quemadmodum desiderat cervus ad fontes aquarum ita desiderat anima mea ad te Deus"，被认为与创世纪的"ab initio（起初）"相对。和合本译文为"上帝啊，我的心切慕你，如鹿切慕溪水"（思高本略同）。Craig R. Thompson ed., *Collected Works of Erasmus*, Vol. 24, University of Toronto Press, Toronto, 1978, p. 673.

② 伊拉斯谟在通信中经常用"斯各脱"（邓斯·斯各脱，1266—1368）和托马斯（托马斯·阿奎那）来指代经院传统，并呼吁将他们赶出大学校园。*Collected Works of Erasmus*, Vol. 7, p. 36.

希腊文和拉丁文等知识对理解《圣经》至关重要，那些号称神学家的人如果不懂这些语言，简直荒唐。①

对于伊拉斯谟来说，《圣经》研究并不是书斋里的学问，与现实没有干系。恰恰相反，《圣经》研究具有重要的现实意义，是他的教会改革的理论支撑。有些学者认为，伊拉斯谟与宗教改革家们不同，他不是把《圣经》作为宗教信仰的依据，而是将它作为个人生活的指南，而这是《圣经》人文主义的一般特点②。这种看法是不准确的。在他眼里，《圣经》研究的根本目的还是从中获得精神的启发，"恢复基督的哲学"，这无论对个人还是共同体的宗教生活来说，都是至关重要的。他认为，改变需要从《圣经》神学的更新开始，而后者的基础在于通过语言学、文献学角度的对新约文本的研究。《圣经》研究的最终目的在于基督教社会的道德更新，在于恢复古代纯正的神学，《圣经》是基督教内在自我更新的中心和基础。不仅如此，阅读和研究《圣经》不是书斋里的学者的专利，任何一位基督徒如果有能力，都应当阅读《圣经》，以便从中接受启示和教义。为了达到这个目的，就要将《圣经》译成方言，以方便不懂拉丁文的读者。他不同意那些反对没有学识的人读通行本《圣经》的观点，他认为，基督的奥秘不掌握在少数神学家手里，基督希望它尽可能地公之于众。伊拉斯谟说道："我愿意即便是最卑微的妇女也要读福音书和保罗书信。我还愿意将它们翻译成各种语言，以便不但苏格兰人和爱尔兰人，而且土耳其人和撒拉森人也可以阅读并理解之……结果是，农夫边犁地边高歌其中的一些片段，织工随着梭子

---

① The *Correspondence of Erasmus*: *Letters 142 to 297*, Vol. 2, Toronto: University of Toronto Press, 1975, 149; Johan Huizinga, *Erasmus and the Age of Reformation with a selection from the letters of Erasmus*, New Jersey: Princeton University Press, 1984, pp. 202 – 204; "Letter to Martin Dorp, May 1515", in John C. Olin ed., *Christian Humanism and the Reformation. Selected Writings of Erasmus*, New York: Fordham University Press, pp. 68 – 96.

② Enno V. Gelder, *The Two Reformations in the Sixteenth Century: A Study of the Religious Aspects and Consequences of Renaissance and Humanism*.

的运动哼着其中的一些篇章,旅行者则用这类故事排解旅途寂寥,那该多好!""让每个人都尽力理解之,让每个人尽力表达之。"认识与研究基督的哲学是所有人的事,决定一个人是否是神学家的不是故弄玄虚的三段论论证,而是在圣灵的激励下以虔敬的心灵去生活和实践,按照基督的教导追求永生。他指出,基督徒首先要知道基督的教导,然后身体力行。"纯真的基督哲学的最丰富源泉莫过于福音书和使徒书信。""要在心灵自身和全部生活中,而不是只在仪式中和三段论命题中来恢复基督的哲学。"①

伊拉斯谟的《圣经》研究不但具有学术意义,而且对拉丁教会的权威提出了挑战。《圣经》的研究和出版不仅仅是一个学术问题,而且是关乎宗教信仰的大问题。通过研究,他不但发现了拉丁文《圣经》与希腊文《圣经》之间的差异,而且发现了拉丁文《圣经》的错误等乃至神学信条方面与《圣经》不一致之处。他发现,拉丁通行本的《约翰一书》第五章第七节的内容为"在天上作证的,有圣父、圣言和圣神,并且这三位是一致的。原来作证的有三个,就是圣神、水及血,而这三个是一致的"。而在希腊文本中,则只有后面的一句,没有前面一句,而前一句恰恰是教会三位一体理论的直接证据。伊拉斯谟认为,这一句不但没有出现在希腊文的《圣经》中,也不见于古拉丁文本中和初期教父的著作中,因此必须去掉②。不仅如此,伊拉斯谟还认为,《约翰福音》中的 Logos 译为布道(sermo)而非道(verbum)更好。在希腊文里,logos 既有宇宙内在

---

① 伊拉斯谟的理念和方法比较集中地体现在他于1515年写给马丁·多普(Martin Dorp, 1485—1525)的信和1516年第一版新约《圣经》的代前言《劝告》(*Paraclesis*)中。John C. Olin ed., *Christian Humanism and the Reformation. Selected Writings of Erasmus*, pp. 68 – 96,97 – 108.

② 此处经文引文用公教思高本。除通行本拉丁文本外,目前的各种译本基本略去了前面的一句,或者在注释中列出原文予以说明。在目前中文版《圣经》中,公教思高本和中国基督教协会本采取注释说明的形式,香港《圣经》公会新版标点和合本和环球《圣经》公会新译本(庄稼版)则完全略去。分见各本第1937页注释①;《新约全书》第399页注释u;《新约全书》第424页;第1005页。

的理性的意思，又有投射在话语中的理性的意思。耶稣作为神投射在神的话语（Word）中的理性，其本义为神的雄辩（divine eloquence/eloquentia vera theologica），基督就是神的"布道"，这种理解更符合早期教父们的看法。他还将《马太福音》第四章17节中的"天国近了，你们应当悔改"中的"悔改"（metanoeite）一词的译法做了改变。按照通俗本，"悔改"为 poenitentiam agite（do penance），伊拉斯谟先是将它译为 poeniteat vos（be penitent），后来则干脆译为 resipiscite（change your mind），强调罪人认识到罪之后的主观悔改，注重思想转变而非行为，以切断它与悔罪礼的关系。① 在关于 petram 的解释上，也与正统不同。按照罗马教会的官方解释，《马太福音》（16：18）的 upon this rock（petram）是指教会以彼得为基础，彼得是教会的创始人和首脑，而罗马主教（教皇）则是彼得的继承人。但是，伊拉斯谟认为，所谓的 petram 是指信仰，即以信仰，而不是以彼得为基础建立教会。②

这种从希腊文和希伯来文直接翻译的做法引发了激烈的争论，尤其遭到公教内部保守派的攻击。他们认为，只有通行本《圣经》才是唯一正确的，任何改变的企图不但对《圣经》本身，而且对信仰等都构成严重的威胁。批评者指出他背离冒犯了教会的传统，用希腊文《圣经》代替拉丁文《圣经》，擅自改动经文，动摇了教会的权威。伊拉斯谟本人也因为发现希腊文本《约翰一书》中关于三位一体教义的论述与通行本的不同，而被指责犯了阿利乌派的错误。③ 鲁汶大学的神学家雅克·马松（Jacques Masson, 1475—1544）和当时在那里学习希腊语的爱德华·李（Edward Lee, 1482—1544）

---

① Roland H. Bainton, *Erasmus of Christendom*, New York: Charles Scribner's Sons, 1967, pp. 174 – 176.

② C. A. L. Jarrott, "Erasmus' Biblical Humanism", *Studies in the Renaissance*, Vol. 17, 1970, pp. 135 – 140.

③ Roland H. Bainton, *Erasmus of Christendom*, pp. 166 – 176; C. A. L. Jarrott, "Erasmus' Biblical Humanism", *Studies in the Renaissance*, Vol. 17, 1970, pp. 125 – 128.

等人与伊拉斯谟进行了论战。马松等撰文捍卫传统经院方法,并反对伊拉斯谟提倡的语言学习和"到源头"的人文主义学术理念。①一些人文主义者如鲁汶的神学家多普和因戈尔施塔特的神学家约翰·厄克（John Eck, 1486—1543,也就是路德莱比锡论战的对手）,虽然与伊拉斯谟是朋友,但对他对教会的嘲讽和对《圣经》的处理方式提出批判,担心他动摇教廷的权威。

伊拉斯谟提倡的《圣经》研究方法对当时的知识界产生了重要的影响。他所宣扬的"到源头"的学术理念强有力地冲击了传统的经院式学术研究,引发了《圣经》研究的热潮,同时推动新学术的发展。他主张的人人阅读《圣经》、方言《圣经》等则对于民智的启迪和知识的传播提供了理论基础,有力地促进了新教的改革事业的发展。他的新约《圣经》的研究成果在理论上则对教会的正统信仰和权威提出了挑战,它不但表明被教会长期奉为正统的拉丁文本《圣经》存在错误,而且在关键问题的解释上也与《圣经》的本意相左。

伊拉斯谟的《圣经》研究在宗教上的影响是巨大的。他的观点是继瓦拉之后,再次潜在地对教会既定的传统和权威提出了挑战。伊拉斯谟《圣经》研究领域的革命是宗教改革理论革命的基础,他在《圣经》研究中表现出的怀疑精神为新教改革家破除教皇的权威奠定了认知基础。

---

① 伊拉斯谟与《新约》论战有关的文献收录在其全集的第 71—73 卷。关于论战的详细情况参见：Alejandro Coroleu, "Anti-Erasmianism in Spain", Cecilia Asso, "Martin Dorp and Edward Lee", Marcel Gielis, "Leuven Theologians as Opponents of Erasmus and of Humanistic Theology"; Paolo Sartori, "Frans Titelmans, the Congregation of Montaigu, and Biblical Scholarship", Ronald K. Delph, "Emending and Defending the Vulgate Old Testament: Agostino Steuco's Quarrel with Erasmus", in Erika Rummel ed., *Biblical Humanism and Scholasticism in the Age of Erasmus*。

第二节 《圣经》与公教会

伊拉斯谟开创的《圣经》研究新局面不但对新教影响巨大，也对改革时期公教会内部关于《圣经》的研究等产生了影响。长期以来，受价值观念的影响，学术界部分学者把人文主义视为公教会的反对者。与此相对应的是，人文主义者所宣扬的一些反对经院式学术的理念也被视为他们的专利，与公教会格格不入。经院学者则被视为保守的传统观念的维护者。实际上，这种观点是不正确的。一方面，人文主义者除一部分转变到新教改革行列外，其他人仍然留在传统的教会中。他们批判教会的腐败并呼吁改革，但是在神学观点上与教会保持一致，不否定教皇，也不同意这么做。另一方面，从公教会内部来说，虽然经院传统占据了绝对的地位，但人文主义也不乏支持者，伊拉斯谟等人的新学主张甚至得到了教廷的认可。① 对于当时教会内部的人士来说，经院传统与人文主义更多的是两种学术方法的差异，并不意味着信仰的不同，双方争辩的关键在于《圣经》的解释权问题，即谁更有资格解释《圣经》。② 虽然公教会神学家在很多神学问题上也存在分歧，但造成分歧的并非方法，很多神学分歧恰恰源自经院内部，经院神学家在神学观点上也始终不是一元的。实际上，宗教改革时期公教会内部也面临着对《圣经》研究和定位的改变，其动力主要来自教会内部《圣经》研究及教育不断衰落的现状。此外，新教的挑战和压力也是重要原因。在这个改变的过程中，出于对经院传统的不满和失望，《圣经》人文主义方法被教会内部的有识之士视为解决问题的替代性法宝。

---

① Erika Rummel ed., *Biblical Humanism and Scholasticism in the Age of Erasmus*, pp. 12 – 13.
② N. Scott Amos, "New Learning, Old Theology: Renaissance Biblical Humanism, Scripture, and the Question of Theological Method", *Renaissance Studies*, Vol. 17, No. 1, 2003, pp. 39 – 54.

在特伦特公会议第四次会议上,《圣经》作为首要问题引发了与会者的激烈争论。① 会议出台的一系列决议,也成为公教会的准则。

《圣经》是特伦特公会议正式讨论的第一个问题,因为它是所有教义的基础和依据,也是解决其他神学和教会问题的前提。《圣经》问题实际上是一个非常复杂的历史问题。从 2 世纪开始,随着福音书和使徒书信的出现,教会内部就围绕着哪些著作可以列为正典展开了讨论。由于早期教会并没有形成统一的中心和体制,各地教会相对平等,可以独立处理教会事务,在具体的实践中正典的篇目也不完全一样。整体而言,随着教会的发展,统一篇目实际是大势所趋。到 2 世纪末,已经有了各地教会大致公认的篇目。虽然还有小的分歧,但到 4 世纪末,西部教会在《圣经》的定典问题上有了较为一致的看法,新旧约的篇目也相对固定下来。在 397 年的迦太基会议上,与会者通过了《圣经》正典的篇目。哲罗姆校译的《圣经》问世后,西方拉丁教会在篇目上和版本上基本固定下来,成为官方认可的唯一用本。但也存在一些问题,如"七十士本"中《旧约》没有见于希伯来原文的部分(也就是所谓的次经或伪经问题),被列为正典的《新约》的一些篇目的合理性,一些关键经文的解释等,在教会内部始终都是有争论的。与《圣经》有关的问题也经常成为公会议的议题。此外,虽然哲罗姆的版本作为事实上的权威在西部流传了一千多年,但拉丁教会并未就正典的篇目及版本有明确的规定。文艺复兴时期,随着新学的出现和研究的转向,基督教会内部关于《圣经》问题的诸多争论重新高涨,成为各界讨论的热点。可以说,公教会内部在特伦特宗教会议上与《圣经》有关的讨论与决议就是在这种背景下展开的。它既是过去遗留问题的继续与深化,也是公教在新教的现实压力下做出的正式的自我界定。

公教会内部对于《圣经》问题的争论很多,涉及篇目、解释、

---

① Hubert Jedin, *A History of the Council of Trent*, Vol. 2, London: Thomas Nelson and Sons Ld., 1961, pp. 52 – 98.

版本等。如对于旧约里面部分文本的权威性以及新约部分篇目的真伪，枢机主教卡杰坦就明确认为，《希伯来书》并非保罗的著作，不应该列入正典。此外，会议内部还在是否可以用方言《圣经》上存在争论，特伦特主教马德鲁索（Cristoforo Madruzzo，1512—1578）枢机持肯定态度，耶恩（Jaen）主教佩克考（Pedro Pacheco de Villena，1488—1560）枢机则持否定态度。① 会议还讨论了到底该提供什么样的《圣经》。一些人提出，会议有责任提供一部正确的《圣经》，不但在版本上，而且在具体的内容和印刷上都应该正确无误。但是，也有人提出，这样一来，就意味着教会长期使用的《圣经》是错误的，其信仰的正确性也值得怀疑，新教对教会的批判与分裂是正确的，这势必使教会陷于被动。从这个角度考虑，以教皇使节为代表的大多数与会者确定了延续传统的原则，承认哲罗姆的通行本拉丁文《圣经》权威，认为罗马教会长期以来用的《圣经》最为安全，尽管它与希伯来文本和希腊文本的有所差异，但从来没有异端的嫌疑。为了强调公教会的正确与正统，避免新教的攻击，会议对于当时各种通行本拉丁《圣经》的技术错误略而不提。虽然如此，会议建议教皇应该组织力量对既存的《圣经》里面的印刷等错误进行系统修订，以便为维护正确的信仰提供永久保障。② 由于代表们对于是否应该将《圣经》翻译成方言存在很大的分歧，经大会讨论，决议里面没有涉及这个问题③。为了避免分歧，会议最后采取了简单表决而非讨论的方式，重申了佛罗伦萨公会议上关于《圣经》篇目的规定，同时确认了使徒传统在信仰中与《圣经》的同等地位。

经过与会代表的表决，特伦特宗教会议最终达成了关于《圣经》的决议。公会议规定，教会《圣经》篇目以传统的哲罗姆本也就是

---

① Joseph Mendham, *Memoirs of the Council of Trent, Principally Derived from Manuscripts and Unpublished Records, Namely, Histories, Diaries, Letters, and other Documents, of the Leading Actors in That Assembly*, London: James Ducan, 1834, pp. 57–58.

② Ibid., pp. 64–67.

③ Hubert Jedin, *A History of the Council of Trent*, Vol. 2, pp. 67–72.

通行拉丁文本为标准。《圣经》共有 76 篇，其中《旧约》46 篇，《新约》27 篇，次经 3 篇。包括摩西五经（《创世纪》《出埃及记》《利未记》《民数记》《申命记》）、《约书亚记》《士师记》《路得记》《列王纪》（四篇）[《列王纪》（上下）、《历代志》（上下）]、《以斯拉记》（以斯拉一书）、《尼西米记》《多比传》《尤迪传》《以斯帖记》《约伯记》《诗篇》（150 篇）、《箴言》《传道书》《雅歌》《智慧书》（wisdom）、《德训篇》（ecclesiastics）、《以赛亚书》《耶利米书》《巴路书》《以西结书》《但以理书》（附《三童歌》《苏珊娜》《贝尔和大龙》）、《十二小先知书》《马卡比一书》《二书》；《新约》的篇目为：《四福音书》《使徒行传》、14 篇保罗书信、彼得书信 2 封、约翰书信 3 封、雅各书信 1 封、犹大书信 1 封、《启示录》。虽然自教会初期起就有人反对把《希伯来书》归入保罗的书信，但会议仍然按传统将它列入。

　　会议还对《圣经》的解释和制作等做出了规定。在教皇专权的体制下，教皇将《圣经》的解释权掌握在自己的手中。这种做法引起了教廷内部公会议派的不满，也遭到了路德的批判。路德《在致德意志贵族的公开书》中把教皇的这种特权称为"要推倒的第二堵墙"，指出这在《圣经》里面没有任何依据。在新教和公会议派的压力下，这次会议实际否定了教皇的这项特权，将它归于公教会。根据决议，以中世纪拉丁文本通行本为标准的《圣经》是真的，任何人不得以任何借口予以否定，这些篇目是公开讲座、辩论、布道和解释的依据。为了保证信仰的纯正，公会议还规定，只有公教会有权判断并解释《圣经》的正确意义，任何人在关于信仰以及与基督教教义教育有关的道德方面，不得擅自解释，也不得与公教会的解释和教父们一致的意见相反，违者将受到教会法律的惩罚。公会议还规定，对《圣经》的印刷与销售实行资格审查和许可制度。任何个人和团体，在没有经过专门机构的审查和许可之前，都不得印刷或销售《圣经》。任何人不得化名、托名或匿名出版《圣经》，印刷的质量要保证，只有经过审查合格的产品，才允许销售。拥有和阅读匿名出版的《圣经》的，即视为该书的印制者，将受到严厉的惩罚。①

从表面上看，公会议在这一点上剥夺了教皇的权力，但实际上并没有改变这个现实。这只是公会议的一种策略，在理论上，无论是限制教皇权力派还是提升教皇权力派都没有得到这个权力，避免了矛盾冲突，也为后来的灵活操作提供了空间。教会的概念是很空泛的，到底谁能够代表它，这在很大程度上取决于教廷的主宰权在教皇还是公会议派。而在特伦特公会议上，教皇的权威没有受到动摇，公会议中限制教皇权力的一派也没能改变这个现实。加尔文对此评论说，这种表述实际上还是要大家听命于那些僧侣，最终还是把决定权给了教皇。② 总体而言，教会官方对《圣经》的解释垄断仍然没有消除，个人解释仍然受到禁止。1559 年，庇护四世（Pius IV, 1559—1565）发布禁书令，规定以通俗拉丁文本为底稿翻译的方言《圣经》可以存在，但要经过主教的检查并只能供有学识且虔诚的人使用。这些译本目的在于帮助理解《圣经》，不能作为圣典使用。《新约》的译本则不得使用在禁书单上的人的译本。平信徒阅读方言《圣经》需要得到公教会主教和宗教裁判官的审查和书面授权，其目的仅仅在于增进信仰和虔敬。

公会议还对于当时《圣经》研究和教育中的问题进行了讨论和反思，并以决议的形式出台了一系列政策。在很多与会者看来，教会内部之所以存在各种错误，其中的一个重要原因在于许多教士包括神学家在内，在研读《圣经》时注重的是注释，而非《圣经》的文本自身。在解释上注重经院神学式的逻辑分析，而非把握《圣经》的本意。这样的知识就不是直接的，容易造成对《圣经》文本的误

---

① James Waterworth trans., *The Canons and Decrees of the Sacred and Oecumenical Council of Trent*, pp. 19 – 20.

② Henry Beveridge, Jules Bonnet eds., *Selected Works of John Calvin*, Vol. 3, Albany, OR: Ages Software, 1997, p. 65.

解或曲解。卡瓦（Cava）主教桑菲利斯（Giovanni Tommoso de Sanfelice，1520—1550年在任）在讨论神学院建设问题时指出，修道院内重视那些研读托马斯·阿奎那、司各脱、格里高利等经院学者著作的人，授予他们最高的学位，而认为那些研读《圣经》的学者低一等，致使对《圣经》的认识与理解存在严重的不足。要提高对《圣经》的认识与教育水平，就应该将顺序倒过来，把《圣经》的研究放在首位，将对经院博士们的研究放在次要位置。[①] 作为会议主席之一的塞尔维尼（Marcello Cervini，1501—1555，即后来的教皇马塞卢斯二世 Pope Marcellus II）和与会的奥古斯丁修会会长塞利潘多（Girolamo Seripando，1493—1563）（公会议第三阶段的教皇使节）对此深有同感。在他们看来，这种舍本求末的做法显然无法获得关于《圣经》的正确知识。没有正确的知识，所传授的也只能是以讹传讹，不能带来正确的实践，从而危害教会。[②] 为此，与会的很多神学家和主教们提出，在《圣经》的教学与研究中，要抛弃传统的经院式思辨方法，而采取回到《圣经》原文的做法，从本源入手研究《圣经》，重点把握《圣经》对人生命救赎的意义。这种思路是文艺复兴时期人文主义者的典型思路，也是伊拉斯谟等极力倡导的。由此可以看出，无论新教还是公教，在研究《圣经》的指导思想上具有一定的一致性。

要确保《圣经》讲解与教学的正确性，首先就要保证教会内部有专门的人员从事《圣经》的教学，传授正确的知识和信仰。为此，会议规定，那些已经设立有偿教授《圣经》职位的教会，其主教、大主教、高级教长（primate）或其他教区首长们，必须命令那些有能力的人亲自讲解阐释《圣经》，或者寻找胜任的人承担这个任务。将来只有那些有能力、能胜任的人才能被授予这种专门的职位，否

---

① Joseph Mendham, *Memoirs of the Council of Trent*, pp. 64 – 67, 271.
② Louis B. Pascoe, "The Council of Trent and Bible Study: Humanism and Scripture", *The Catholic Historical Review*, Vol. 52, No. 1, 1966, pp. 18 – 38.

则这些任命一律无效。在那些没有设立专门经费职位的著名城市的大主教区教堂（metropolitan）、主教座堂或者大城镇的协同教会，只要是教会人员很多，就必须将第一个空缺出来的教牧薪俸（Prebend）作为专门的经费报酬；没有足够教牧薪俸的，主教要通过划拨一些简单圣俸的收益或者城市和教区奉献等方式，设立专门的《圣经》讲座职位。对于那些年收入少、教士和教徒人数也少，不足以维持固定的神学讲座职位的，主教要在守规教士团的建议下，选择一位教师（master），由他教授教士们和其他学者文法，以便日后他们能研习《圣经》。主教要确保提供固定的资金支持。各修道院也要同样确保设立稳定的《圣经》讲座职位。如果院长疏于职守，则当地的主教必须以教皇代表的身份，强令院长改正。各种由君主和政府建立的公共学院（public college）也要设立《圣经》讲座职位，没有设立的要设立，曾经设立又陷于停顿的，要恢复。除修道院（convents）的讲师外，所有的任职者都要经过主教的考查和许可。公共学校的任职者以及在那些学校学习的学者，只要正常履行职责，就完全享有普通法规定的特权，同时享有教牧薪俸和圣俸收益。①

从公会议的规定来看，公会议对《圣经》教学和研究存在的问题有了一定重视，也有了一定的制度保证，这些对于改善和提高神职人员的素质和信仰都有一定的积极意义。但是，这些规定落实的程度如何，是不容易判断的。此外，这些规定还较为宏观，也存在一些实际的问题，其中最主要的是公会议内部在《圣经》的教学与研究上存在较大的分歧。与会的人文主义方法的支持者和传统经院方法的坚持者之间发生了争论，主要表现在以下几个方面：

第一，新方法及其分歧。实际上，公会议内部大多数与会者对于《圣经》研究与教育的现状并不满意。所以，专题委员会在讨论中，试图改变传统经院方式的研究模式，采用人文主义到源头的研

---

① James Waterworth trans., *The Canons and Decrees of the Sacred and Oecumenical Council of Trent*, pp. 24 – 27.

究法，加强《圣经》教学讲座等，这些原则很快就得到支持。不过，这项将《圣经》研究和教学列为首位的意见也遭到与会的教会法学家们的反对，他们担心自己在教会内部的优势地位会受到影响。

第二，课程设置和教师级别设定问题。根据小组委员会的设想，年轻的学生在获得学士学位后，继续攻读博士学位，同时以《圣经》教员（biblici）的身份做神学教员。他们开设关于新旧约方面的阅读课程，重点在于文本的文字解读，作为引导学生接触《圣经》的入门课。等他们有了一定的经验后，就可以晋升到承担更重要的课程的职位，教授彼得·伦巴得（Peter Lombard，1100—1160）的《教令集》注释。等拿到硕士或博士学位后，就可以晋升到经院注释家和经院神学家的更高级的职位。但是，这种思路遭到以时任贝尔蒂诺罗（Bertinoro）主教的卡塞利（Tommaso Caselli，1511—1572）为代表的一些人的反对。他们认为，这种课程和职位设置模式实际上是对《圣经》研究的轻视，有害无益，不能达到真正提高的目的。《圣经》教员的职位应该固定，由深谙用人文主义方法研究《圣经》的经验丰富的教授担任。对学生来说，这个阶段的《圣经》学习对于未来至关重要，其重要性超过注释《教令集》和经院式的对《圣经》的研究。[1]

第三，课程开设的范围及其地位。从12世纪以来，教会内部就形成了以各修会（传统的修道院和新兴的托钵修会）为主体的经院式的《圣经》研究方法。这种研究方法主要是从逻辑思辨的角度阐释神学问题，不注重甚至不研究《圣经》，尤其是《圣经》文本。虽然从第四次拉特兰公会议起就规定在主教座堂等设立专职教师，但并没有触及修会系统。经院式的玄想与思辨脱离实际，对于信徒的信仰和生活帮助甚少。此外，修道院的文化水平也在不断下降，很多修士甚至不识字。在很多主教眼里，修道院是宗教生活衰退的

---

[1] Louis B. Pascoe, "The Council of Trent and Bible Study: Humanism and Scripture", *The Catholic Historical Review*, Vol. 52, No. 1, 1966, pp. 18–38.

重要根源。为此,部分与会代表提议会议规定所有的修会都必须开设《圣经》研究课程。不仅如此,这些修道院要将《圣经》研究放在第一位,将经院式的神学研究放在次要地位。改革者的这些建议得到了绝大多数与会者支持。

但是,这些以人文主义研究法为导向的改革建议也遭到了少部分人的反对,尤其是多明我会的索托(Domingo de Soto,1494—1560)。他们不但反对强制在所有的修会推行《圣经》教育,更反对将《圣经》教育与研究置于经院式的神学研究之上。他们提出,经院式的研究是与修会的思辨原则一致的,强制推行会与有些修会的会规相左(如有些修会会规规定修士不得开口说话,要是设立《圣经》课程,大声朗读就违反了规定)。是否开设,如何开设,应该由各修会自己视情况决定,而不应该由公会议决定。在他们看来,经院式的神学是最能捍卫基督教信仰的,因此其地位不能削弱,更不能置于《圣经》研究之后。一旦其地位被削弱,这不但正中了新教改革者的下怀,而且会导致教会的灾难。与会的主教们虽然最后通过了强制各修会开设《圣经》研究课程的决议,但出于对新教的忌惮和自身实际利益的考虑,最终还是去掉了将《圣经》置于优先地位的条款。由于大家在方法论(methodus)的具体内容上分歧太多,最终这个条款和以《圣经》为导向的教义问答都没有出现在最终决议中。

公会议在《圣经》问题上的决议虽然意在振兴《圣经》教育,但其实际效果并不乐观。除了上述争论外,很多规定都是宏观性的,可操作性不强。由于经院式神学的主导地位没有改变,各修会内部对于《圣经》研究的积极性不高。加上并没有实质性的监督惩罚措施,这些改革措施大都流于形式。不仅如此,经费也是一个大问题,很多教区或者修院缺少有效的支持手段。实际上,经费问题一直是最大的障碍。自第四次拉特兰公会议上,教会就规定了要加强教育,规定每个都主教区教堂要设一名神学家,同时保证提供稳定的薪水。① 在这一点上，很多决议都流于形式，没有得到落实。

总体而言，与以往相比，公教会在特伦特宗教公会议上关于《圣经》问题的决议，除了加强《圣经》教育外，在版本、篇目、解释、流通等方面都没有实质变化，仍然保留了其一元化的垄断特征。在很大程度上，这是一个正式确认或再次重申而非改革的过程，它也遭到了新教方面的激烈批判。②

第三节 《圣经》与新教

新教改革是与《圣经》密切相关的。在很大程度上，新教的改革理论是以对《圣经》的研究和认识革命为前提的，这一点可以从马丁·路德的改革思想的形成过程反映出来。马丁·路德最初是按照传统的要求修行的，修会里面不鼓励阅读《圣经》，认为《圣经》只能给人带来不安，修士们只读教会神学家的著作就可以了。③ 随着路德思想矛盾的加剧，他在院长斯陶皮茨（Johann von Staupitz, 1460—1524）的指引下，开始阅读并研究《圣经》。他本人也在埃尔福特大学讲授《罗马书》的过程中逐渐形成了"唯信称义"的思想，这成为宗教改革的旗帜。他对赎罪券、善功、教皇权威等的否定也是建立在对《圣经》仔细研究的基础上的。在他看来，这些理论在《圣经》里面没有直接的证据支持，而是后来教会发展过程中

---

① The Fourth Lateran Council, art. 11, Norman P. Tanner ed., *Decrees of the Ecumenical Councils*, Vol. 1, p. 240.

② Henry Beveridge, Jules Bonnet eds., *Selected Works of John Calvin*, Vol. 3, pp. 58 – 66; Theodore W. Casteel, "Calvin and Trent: Calvin's Reaction to the Council of Trent in the Context of His Conciliar Thought", *The Harvard Theological Review*, Vol. 63, No. 1, 1970, pp. 91 – 117.

③ Bernard M. G. Reardon, *Religious Thought in the Reformation*, London: Longman, 1981, p. 67.

人为确立起来的。从信仰和救赎的角度说，这些都是错误的。① 在这种思想的支撑下，路德表现出大无畏的勇气，即便面对强大的压力，也坚持说除非《圣经》上的证据证明自己错了，否则永远不放弃自己的观点。路德将传统置于《圣经》之下，提出在信仰问题上一切都要经过《圣经》检验，这成为新教改革的一面旗帜，对于新教的事业产生了重要影响。

《圣经》在新教改革中的理论指导地位不是凭空建立的，而是与改革家们对《圣经》的研究相表里的。

新教改革家都是《圣经》研究的专家。路德在读书阶段就以《圣经》为方向，毕业后一直在维登堡大学讲授《圣经》。路德的著作中有大部分是对《圣经》的注释、演讲或布道，在美国版的55卷《路德文集》中，其中前30卷是这类著作。路德不但研究《圣经》，而且首次将它翻译成德文，其中1522年出版《新约》，1534年出版《旧约》，用实际行动阐述用方言阅读和研究《圣经》的理念。他是《圣经》德译的先驱及杰出代表。路德最重要的助手梅兰希通（Philip Melanchthon, 1497—1560）是希腊语教授，长期讲授并研究《圣经》。加尔文在《圣经》的研究上也是如此，以至于他自认为是一位《圣经》学者而非改革家，他曾经注释了绝大部分的《旧约》和《新约》，长期讲解《圣经》并就相关主题进行布道。他的继任者贝扎（Theodre Beza, 1519—1605）则是当时最著名的语言学和《圣经》学者之一，他编辑的《圣经》（*Codex Bezae*）不但是现存的《圣经》的重要范本之一，而且对英文版《圣经》——日内瓦《圣经》和詹姆斯本《圣经》产生了重要的影响。在加尔文和贝扎的带领下，日内瓦也成为当时欧洲《圣经》研究的重镇，成为拉丁文、希腊文、法文《圣经》的出版地。英格兰的新教流亡者也在这里开

---

① 见路德在1518年5月30日写给斯陶皮茨的信。*Luther's Correspondence and Other Contemporary Letters*, Vol. 1, trans., Preserved Smith, Philadelphia: The Lutheran Publication Society, 1913, pp. 91–93.

始了《圣经》翻译工作，并在1560年出版了新旧约全本的日内瓦《圣经》。

新教改革家在《圣经》研究的基本理论和方法上与伊拉斯谟倡导的方法一致。虽然宗教改革家们在神学上与伊拉斯谟的观点不尽相同，但对他的《圣经》研究方法是认同的。① 他的《圣经》研究激起了很多宗教改革家研究《圣经》的兴趣，他的希腊文《圣经》则成为路德、慈温利、加尔文等人的用书。他对《圣经》经文及教会的质疑也成为路德阐述宗教改革思想的重要证据，对路德理论的巩固发挥了积极作用。新教改革家们赞同伊拉斯谟重视语言学习的主张。路德非常重视语言的学习，他批判那些主张只要懂德语就可以，不必学习拉丁文、希腊文和希伯来文的观点。他提出，艺术和语言对于理解《圣经》具有重要的作用，语言是"神精美而高贵的礼物"，是认识神的福音及戳穿敌基督者（Antichrist）的重要工具。因为《圣经》就是分别用希伯来文和希腊文写成的，没有语言就无法长久保存福音。如果语言不存在了，福音也将最终消亡。不仅如此，路德还认为，语言学习的兴衰与宗教崇拜的纯正与否有着密切的关系。使徒时代之后，随着语言的停滞，福音、信仰和整个教会就衰落了，并在教皇统治期间跌入谷底。相反，路德自己时代的语言的恢复也使得使徒时代的纯正福音重见天日。语言与正确的信仰关系密切，也是教会必不可少的。信徒不应该通过教父的注释和解

---

① 路德很早就关注伊拉斯谟的著作。他曾在1516年10月19日给他的朋友乔治·斯帕拉丁（本名Georg Burkhardt，1484—1545）的信中谈到了他对伊拉斯谟《新约》译本的看法。因为在这个时候，路德的思想实际已经转变，故不同意伊拉斯谟"善功称义"的解释和对原罪的看法，他还认为，在《圣经》的解释上，奥古斯丁要比哲罗姆更有权威。1517年3月1日，他又在给埃尔福特的约翰·朗（John Lang）的信中赞赏了伊拉斯谟对教士和教会的嘲讽及批判，但进一步表达了对他的观点的不满。1518年1月18日，他在给斯帕拉丁的信中再次重申了自己的观点。*Luther's Correspondence and Other Contemporary Letters*, Vol. 1, pp. 42 – 44, 54 – 55, 68 – 70. 关于伊拉斯谟在这方面对加尔文的影响参见：Riemer A. Faber, "The Influence of Erasmus' 'Annotationes' on Calvin's Galatians Commentary", *Nederlands archief voor kerkgeschiedenis / Dutch Review of Church History*, Vol. 84, 2004, pp. 268 – 283。

释等理解《圣经》,而是要通过学习语言自己阅读并作出判断。① 他的《圣经》翻译也是从原文直接翻译的,其中《新约》用的是伊拉斯谟的第二版希腊文本,《旧约》则用希伯来文的马索拉本为底本,并参考了"七十士本"、哲罗姆的通行拉丁文本、多明我会修士桑切斯·帕格尼尼本和方济各会修士赛巴斯蒂安·明斯特本。他还参考了大量的古代教父的著作,甚至咨询了犹太教的拉比们。为了把《圣经》翻译好,路德还组织了一个《圣经》俱乐部,与梅兰希通、伯根哈根等改革家和学者一起定期研读经文,共同翻译。②

慈温利在转向人文主义后,于1513年开始学习希腊文,阅读并抄写希腊文《新约》。他后来认识了伊拉斯谟,更加熟悉其理论。1518年他到苏黎世任牧师,讲授《新约》。为了进一步研究《圣经》,他又开始学习希伯来文。他在文章中专门阐述了希腊文和希伯来文对《圣经》学习研究的重要性。在他看来,《圣经》学习不但是获得正确的信仰的基础,使人正确认识神、世界、福音、耶稣基督、救赎等,它还是养成个人良好心智的最佳途径,"没有比日日夜夜的钻研神之道"更能达到这个目的的了。如果精通了希伯来文和希腊文,就更好了,它们是正确研读《圣经》获得正确信仰的工具。拉丁学者们从一开始在基督的教义的表述和宣讲上就不如希腊学者们纯正。拉丁文虽然在清楚理解《圣经》方面比希腊文和希伯来稍差一些,但同样不容忽视,因为它是学术界的日常语言。③

加尔文对《圣经》的研究堪称宗教改革家的典范。他在注释或讲解《旧约》时,用"七十士本"、希伯来文本和拉丁文相对照;在《新约》的注释中则综合伊拉斯谟的希腊文、拉丁文的各种版本。

---

① Martin Luther, "To the Councilmen of All Cities in Germany That They Establish and Maintain Christian Schools", *Works of Martin Luther*, Vol. 4, Philadelphia: A. J. Holman, 1931, pp. 112 – 117.

② Philip Schaff, *History of the Christian Church*, Vol. 6, New York: Charles Scribner's Sons, 1910, pp. 340 – 368.

③ Ulrich Zwingli, *The Christian Education of the Youth*, Collegeville, PA: Thompson Brothers, 1899, pp. 69 – 72.

他总是参考相关注释，在给出原文的基础上，亲自翻译成拉丁文。在关键的术语上，则仔细考辨各种文字术语的义项，参考包括伊拉斯谟等人在内的研究成果，根据文本的语境，选择合适的义项。他的注释非常详细，从字词的考证，到句子的分析，再到篇章的理解，都一丝不苟。他继承了阿奎那以来的字面意义解释法，主张首先必须正确理解《圣经》的文字，探究它的真正原始含义，要最大限度地忠实于原意，既不能望文生义，也不能机械死板。[1]

新教改革家们不但重视从原文入手研究《圣经》，而且普遍反对经院式的比喻解经法。路德曾经对经院学者进行严厉批判。在他们看来，要获得正确的信仰，首先要正确理解《圣经》的经文。而要正确理解经文，则要从经文的字面意思开始。要从文本的语境和具体的历史环境入手，准确把握文字原始含义，把握作者的真实意图。比喻式的解经法不顾文本的本义，按照设定的意思引用经文，不是解释而是比附或附会，是对《圣经》的曲解，自然对正确的信仰造成伤害。路德认为，"神之道不容侵犯，无论是人还是天使；要尽可能地保持它们的最淳朴（simplest）的含义，除非上下文明确禁止，就要按照其文法和字面意思进行理解"[2]。

此外，在《圣经》的注释与理解方面，新教改革家们还表现出客观的历史态度。如加尔文认为，《圣经》是神对人的启示，神是作者，这是毋庸置疑的。但应该看到，它是借人之手书录而成的。它的成书没有统一的体例，成书年代亦各不相同，各个作者的文化程度亦不同，由于人性的败坏，人们的认识水平大大降低，有时甚至到了不辨真神与假神的地步。人们理解力的差异决定了表达内容的清晰程度不同。因为神总是用人可以理解的方式显示自己，某些段

---

[1] Joseph Haroutunian ed. and trans., *Calvin: Commentaries*, Philadelphia: The Westminster Press, 1958, pp. 15–35; T. H. L. Parker, *John Calvin: A Biography*, Louisville: Westminster John Knox Press, 2007, pp. 99–103, 132–136, 160–161.

[2] Martin Luther, "The Babylonian Captivity of the Church", *Works of Martin Luther*, Vol. 2, Philadelphia: A. J. Holman, 1915, pp. 189–190.

落的模糊是正常的。此外，在漫长的流传过程中，各种传抄错误也是难以避免的。各个时代的具体环境也会对具体表现方式产生影响。要借助清晰段落去理解不清晰的段落，应借助于历史，尤其是年代久远的先知书。由于先知针对的是他们同时代的人，因此，"没有相应的历史知识，就无从得知先知的话题"①。路德则认为，各种历史对于认识和控制世界的历程，尤其是观察神的神奇做工有重要的价值。②

宗教改革家们虽然反对比喻的解经方式，强调文本原意和历史的态度的重要性，但他们并不反对从《圣经》的经文中获得精神性的内容。恰恰相反，对他们来说，学习和研究《圣经》的根本目的在于宗教信仰和个人的道德生活，对信徒而言从中获得精神启示是必不可少的，甚至是最重要的。理解《圣经》的字面含义固然重要，但这只是第一步，不能只停留在这个阶段。在此基础上，还要领会其精神含义，这才是完整的认识。路德认为，文字只能传递律法和神的愤怒，而精神则隐藏在文字后面，体现着福音。③加尔文认为，从神的角度来说，《圣经》的最终目的是彰显神的智慧；从人的角度来说，它是人借以认识神的最直接的工具，以此领会他的启示并进而理解神的智慧。④《圣经》也不是象牙塔里的死学问，学术研究的最终目的还在于宗教教育，要服务于大众。《圣经》注释者有义务把最好的解释挑选出来，"为那些自己还不能作出判断的人指出最佳的解释，免除他们为作判断所受的痛苦"⑤。这样既可以引导大众的正确信仰，又能够防止错误理论的传播。《圣经》注释应以"促进教

---

① Joseph Haroutunian ed. and trans., *Calvin: Commentaries*, p. 21.
② Martin Luther, "To the Councilmen of All Cities in Germany That They Establish and Maintain Christian Schools", *Works of Martin Luther*, Vol. 4, pp. 128 – 129.
③ Bernard M. G. Reardon, *Religious Thought in the Reformation*, p. 68.
④ John Calvin, *Commentary on the Prophet Zechariah*, Albany, OR: Ages Software, 1997, 11: 7.
⑤ John Calvin, "Epistle to Simmon Grynaeus on the Commentary on Romans", *Commentary on the Epistle to the Romans*, Albany, OR: Ages Software, 1997, p. 18.

会的公共利益"① 为唯一目的。与经院式的解经相比，以伊拉斯谟为代表的新学在这方面是殊途同归。所不同的是，他们认为，由于中世纪教会在文本和基本理解上就错了，所以不可能得出正确的结论，也无法形成纯正的信仰。只有正本清源，在基本问题上得出正确的认识，才有可能得到正确精神性的启示，形成正确的信仰，恢复基督教本来的面目。

新教改革家们不但重视《圣经》研究，而且非常关注与《圣经》有关的教育。在他们看来，培养合格的信徒和公民，养成纯正的信仰，最重要也是最主要的工具就是教育。公教会内部教士的腐败与无知，在很大程度上是由于忽视了教育。他们普遍主张在原有的教会和修会学校体制之外设立新的教育体制，通过遴选具有纯正信仰的教师教育学生，以传播正确的福音。在这种理念的主导下，新教的改革家们大都具有另外一个身份——教师，他们也成为教育改革的宣传者和实践者。路德曾经长期从事教育工作，也曾呼吁各地的诸侯们开办学校，并专门就儿童的学校教育进行布道。他还编写了两本教义问答，作为学生宗教教育的教材。慈温利是宗教改革家，但他的大部分职业是教师，做过小学、中学和大学教师，在苏黎世的神学学校教授《圣经》，同时还在 1523 年撰写了第一篇新教教育专文《论青年基督徒的教育》。加尔文是日内瓦新式学校的创立者，他不但亲自遴选教师，参与课程的设置和教学等，还专门撰写了教义问答，作为宗教教育的基础读本。他创立的日内瓦学院也成为新教教育改革的典范。在宗教改革家看来，《圣经》是确保正确信仰的基础和关键。因此，《圣经》研究和教育也成为新教教育的重点。

新教的《圣经》研究还体现在对于《圣经》篇目的重新定位上，这是新教与公教在《圣经》问题上最大的差别。新教对于《圣经》文本的批判与公教乃至伊拉斯谟等有所不同。在他们看来，公

---

① John Calvin, "Epistle to Simmon Grynaeus on the Commentary on Romans", p. 18.

教的通行拉丁文本《圣经》不但存在着解释上的错误，而且在篇章内容上也很成问题。随着希腊文"七十士本"和希伯来文《旧约》逐渐为知识界所熟悉，它们与通俗本拉丁文在篇目上的不同也成为一个问题。在这种情况下，古代遗留下来的《圣经》篇目问题①再次浮现。对于伊拉斯谟等人来说，这些篇目虽然不见于希伯来文，但在整体上可以保留在经典之内，可以单列，放在最后以与其他部

---

① 在近现代学术界，《旧约圣经》中有争议的篇目问题有着固定的称呼，称为次经或经外书，新教、公教和正教分别称为：apocrypha、deuterocanonical 和 anagignoskomena，本义为"隐藏的"。主要有：《多比传》(Tobit)、《尤迪传》(Judith)、《所罗门智慧》(Wisdom of Solomon)、《便西拉智慧》(Wisdom of Jesus Sirach)、《巴路书》(Baruch)、《耶利米书信》(Epistle of Jeremy，通俗拉丁本《巴路书》第六章)、《但以理书续篇》(《阿扎利亚祷言》《三童歌》《苏珊娜》《贝尔和大龙》) (The Prayer of Azarias, the Song of the Three Children, Sosanna and Bel and the Dragon)、《以斯帖续篇》(Additions to Esther)、《马卡比一书》(1 Maccabees)、《马卡比二书》(2 Maccabees)、《马卡比三书》(3 Maccabees)、《马卡比四书》(4 Maccabees)、《以斯得一书》(1Esdras)、《奥得书》(Odes，包括《玛拿西祷言》Prayer of Manasses)、《诗篇第151章》(Psalm 151)。新教完全不认可这些内容，而公教和正教在这些篇目的认定上也不一样。严格说来，基督教会各派的正式定典时间并不相同，罗马公教会是在1546年的特伦特会议上；英国国教会是在1564年的《三十九条信纲》；英国加尔文教派是在1647年的《威斯敏斯特信纲》；希腊正教会则是在1672年的耶路撒冷会议上。为了落实特伦特会议关于《圣经》篇目和版本的规定，公教会议主持者专门组成了一个委员会编订标准的版本。编纂委员会以罗伯特·斯坦法诺（Robertus Stephanus）的版本（1550）为底本，参考了中世纪遗留下来的稿本和文艺复兴时期的其他各家编校本，在1590年出版了以教皇绥克斯图斯五世（Sixtus V, 1585—1590）名字命名的《绥克斯图斯通行本圣经》（Sistine Vulgate）。但该本比较粗糙，舛误较多。克里蒙八世（Clement VIII, 1592—1605）在位时，又成立专门委员会进行校改，综合了斯坦法诺本和和亨特尼乌斯（John Hentenius）的版本（1547），在1592年编成《绥克斯图斯—克里蒙通行本圣经》（Sixto - Clementine Vulgate），也称简易克里蒙版（simply the clementine）。该版本的特点是一方面将《以斯得三书》《以斯得四书》(3、4 Esdras) 和《玛拿西祷言》从《旧约》里面分出来，放到《新约》后面，专门以伪经标示；去掉了《诗篇第151章》；该本从1592年起一直是教会标准本。第二次梵蒂冈会议期间，教会对《圣经》的相关问题进行讨论，会后，组成一个委员会落实相关决议。在1979年出版了新版《圣经》（nova vulgata），取代原来的版本，成为新的官方用本。该版本的《旧约》部分以庇护十世在位时期本笃会圣哲罗姆修道院的修士们对克里蒙本的校勘本（1907）为底本，《托比书》和《尤迪书》译自古拉丁文本；《新约》部分以1969年的斯图加特版本为主［该版本《旧约》包括《玛拿西祷言》《以斯得三书》《以斯得四书》《老底嘉书》(Laodiceans) 和《诗篇第151章》四篇伪经］。该版本还删掉了特伦公会议去掉的篇目：《玛拿西祷言》《以斯得三书》《以斯得四书》《老底嘉书》。

分区别。路德虽然也同意这种处理方法，但他认为，这部分经典绝对不能作为信仰的依据，也不能列入正典。它们属于古代圣人的著作，可以作为信徒的阅读物，为他们的宗教生活提供帮助。1534年，路德在他翻译的《旧约》译本中，把这部分内容称为次经，把它们放在新旧约之间。路德认为，哲罗姆早在公元 5 世纪初就已经指出，这些未见于希伯来文本中的部分不能被视为正典。路德不仅怀疑伪经部分的合法性，而且认为《新约》的《希伯来书》《雅各书》《犹大书》和《启示录》的合法性也值得怀疑，但并没有把它们单列出来或从中去掉。加尔文也反对将次经列为正典，他在批评特伦特宗教公会议关于《圣经》决议时指出，公教会为了自己的利益，将有争议的篇章列为正典，违反了古代教会遵循的原则。① 路德对次经的处理方式得到了其他新教改革家的赞同。1560 年出版的日内瓦《圣经》就采用了这个思路，把他们排除在信仰依据之外。1571 年通过的英格兰教会《三十九条信纲》的第六条规定，在认可没争议的正典的同时，把争议部分的伪经单列。不过，17 世纪以后，新教《圣经》中逐渐将这部分略去。

公教与新教之间分歧不仅限于《圣经》的篇目，而且涉及《圣经》的解释权。当然，无论哪一方都不否认它在信仰中的依据地位。不过，在如何解释上以及谁是解释的权威，却有着原则性的分歧。公教会尤其是罗马教皇认为，《圣经》的解释与确定权在于教皇本人。这一方面出于圣彼得的权力；另一方面是因为作为神在人间的代理，教皇有圣灵的附体与感动，在信仰问题上永远不会犯错误。教皇的这种说法当然是为了集权的需要，但是，这种说法也遭到了教会内一些人尤其是公会议派的反对。他们认为，教皇作为一个人并非永远正确。判别是否是正确信仰的标准在《圣经》而非教皇，如果有《圣经》的确凿支持，就是可信的。如意大利本笃会法学家尼科洛·特德斯奇（Nicolo de Tudeschi，

---

① Henry Beveridge, Jules Bonnet eds., *Selected Works of John Calvin*, Vol. 3, pp. 58–59.

1386—1445）就说："在事关信仰的问题上，如果一个私人的论断是受到《旧约》和《新约》里更有据的论断而得出的，那么他的话就比教皇的话管用。"①

教皇是解释《圣经》最高权威的做法遭到了新教的反对。路德在批判教皇的权威时说，教皇是最高的权威、教皇在信仰上永远不会错误，这些说法在《圣经》里没有任何证据的支持。如果信仰的最终依据在于教皇，《圣经》还有什么用处。还不如干脆烧掉了。路德提出，对《圣经》的理解与个人的地位无关，教皇不一定正确，普通人的理解也不一定不正确。教皇犯错误的时候，就要听从其他正确理解的人。因此将《圣经》的解释和对解释的认可权归于教皇一人是一个恶毒的杜撰。实际上，罗马教会的依据是错误的。他们说这个权力是由耶稣基督连同钥匙权一起给予彼得的，作为圣彼得的继承人，教皇自然拥有了这种权力。但是，这种权力不仅仅是给予彼得的，而是给予所有信徒的。一旦教皇的行为违反了《圣经》，基督徒就有责任和义务据《圣经》对其加以谴责、约束。② 不但教皇，就连公会议也无权垄断《圣经》的解释权。从历史上看，无论教皇还是公会议都曾经犯过错并正在犯错，将来也会犯错。路德提出，在信仰问题上，唯有《圣经》可作为基础和依据；在解释《圣经》上，则是每个人都可以在神的启示和感动下做出自己的理解。路德认为："如果我们都是教士，都有一个信仰，一个福音，一个圣礼，那么在信仰问题上，我们不能有检验和判断什么是对什么是错的能力"③ 加尔文认为，《圣经》虽然是神的作品，体现了神的意志，但它并不是什么神秘的东西。神正是让人通过学习《圣经》来认识他的，只有充分读懂《圣经》，才能正确认识神，因为对神的信

---

① S. L. Greenslade ed., *The Cambridge History of the Bible*, Vol. 3, Cambridge: Cambridge University Press, 1963, p. 2.

② Martin Luther, "An Open Letter to the Christian Nobility", *Works of Martin Luther*, Vol. 2, p. 73ff..

③ Ibid., pp. 75 – 76.

是建立在对他完全正确认识的基础之上的。也就是说，教徒不应盲信，而必须在正确认识的基础上信奉神。《圣经》与人们日常行为密切相连，人人可以阅读，并可以做出自己的判断。

第四节　唯有《圣经》？——《圣经》与传统

在到源头理念的影响下，公教改革家们不但追求纯正的《圣经》，而且将它置于信仰和宗教生活中的中心位置。尊重《圣经》在信仰中的权威地位也是路德、慈温利、加尔文等改革家的一致观点，并体现在各派的信纲中。1536年日内瓦的信纲第一条就规定："我们渴望在信仰和宗教的原则上唯《圣经》是从，不将它与其他可能由人的观念而非神之道而设立的东西混淆。根据我主的命令，除了藉同一个道传达给我们的教义之外，也不愿意在我们的精神政府方面接受其他教义，不做任何增减。"① 英格兰的《三十九条信纲》也明确承认《圣经》在信仰方面的唯一地位，认为它包含了救赎所必需的一切。《圣经》里没有提到的，没有经过《圣经》证实的，都不能作为信仰的条文，也不是信仰所必需的。《圣经》原则在再洗礼派那里得到了更为彻底的贯彻。在他们看来，宗教信仰的所有理论和实践都必须在《圣经》里有明确的表述，否则就要全部去掉。有"再洗礼派之父"之称的康拉德·格莱贝尔（Conrad Grebel，1498—1526）说："凡是［《圣经》里］没有清楚的文字和例子要我们做的，我们就视为被禁止的，就如同经上写的'不可'。"②

有些学者认为，宗教改革时期，除了"唯信称义"之外，还有一个"唯有《圣经》"（sola scriptura）原则。它是新教宗教生活的

---

① J. K. S. Reid ed. and trans., *Calvin: Theological Treatises*, Philadelphia: The Westminster Press, 1954, p. 27.
② S. L. Greenslade ed., *The Cambridge History of the Bible*, Vol. 3, p. 5.

依据和准则，也是与公教会斗争的有力武器。与此相对的是公教会，它虽然也把《圣经》作为信仰的依据，但并没有强调这一点，只是将它作为依据之一。确实，与公教相比，新教各派都表现出对《圣经》的强烈依赖。从早期路德与公教的斗争，到后来瑞士的改革，祭出的旗帜就是把《圣经》作为判断信仰对错的唯一标准。面对公教会的批判与压制，路德提出除非《圣经》证明自己错了，否则绝不放弃自己的观点。但是，是否因此可以说，在宗教信仰方面"唯有《圣经》"的说法是正确的。这个问题需要具体分析，不能简单化。

第一，新教在"唯有《圣经》"上是没有异议，但在具体的理解上却有很大的分歧。诚如班顿（R. H. Bainton，1894—1984）所指出的，《圣经》权威取代教皇权威貌似正确，实际是有问题的。因为《圣经》并非一个人，而只是一本书，不可能代替人。作为一本书，其内容需要阐释。从这个角度来看，关键在于《圣经》的解释权而非《圣经》本身[1]。如前所述，公教与新教在这方面的分歧是明显的。公教以法律的形式禁止内部的争论，同时将解释权给了公教会，在理论上还是一元模式。新教是多元模式，主张人人阅读《圣经》，每个人都可以做出解释和判断。虽然实际上并不能做到这一点，但随着改革的推进，基本上形成了以教派为主导的多元解释格局。多元格局自然有其积极的解放思想的一面，但问题也不少，实际上进一步加深了教会内部在《圣经》解释上的分歧和矛盾。这些问题主要包括：律法与福音关系、《新约》与《旧约》关系、《旧约》里面的一些现象、圣灵与《圣经》、理性在理解《圣经》中的角色、圣礼、《圣经》作为永无谬误的神的启示与人作为抄录的工具的错误之间的关系等[2]。在对这些问题的理解中，教派的特色是非常明显的。

---

[1] S. L. Greenslade ed., *The Cambridge History of the Bible*, Vol. 3, p. 1.

[2] S. L. Greenslade ed., *The Cambridge History of the Bible*, Vol. 3, p. 36; 刘林海：《加尔文思想研究》，第 91—99 页。

路德在《圣经》的理解上比较强调精神和文字的对立。他认为，精神隐藏在文字中，它代表的是福音，文字则代表律法和神的愤怒，福音先于律法。由于律法与福音之间的不同关系，在新旧约的关系上，他也比较侧重《新约》，因为它直接体现了福音。即便在新旧约中，各篇目的分量也不完全相同。他认为《新约》中的约翰和保罗的著作最能体现福音的精髓，诗篇则体现了《旧约》中的福音的真理。① 加尔文则与路德有所不同。他并不主张将二者绝对化，而是认为它们在本质内容上是完全一致的。新旧约都是神之道的体现，是圣灵的启示，宣讲的都是福音，都赋予人永生的希望。《旧约》虽为犹太人而立，但它同样包含着精神应许②；《旧约》里主对人类的拣选，不是建立在犹太人的善功，而是建立在他的仁慈之上的，是完全无条件的恩典，与《新约》的原则相同③；律法下的犹太人，亦知道基督是中保，只有通过他才能分享神的应许，与神复合④；《旧约》的圣礼与《新约》相同⑤。二者的不同在于具体的表述，如表现方式、形象、含义、精神状态、范围等方面。⑥

对《圣经》认识的分歧还存在于教派内部。在路德派内部，梅兰希通在性格和神学上都与路德有很大的不同，他是一个比较温和的人，在神学上也不像路德那样激进。他主张与公教徒乃至加尔文派的和谈甚至合一，以实现基督教会的统一。梅兰希通的这种思想特征非常明显地体现在1530年奥格斯堡信纲中，他虽然在一些问题

---

① E. T. Bachmann ed., *Luther's Works*. Vol. 35, Word and Sacrament I, Philadelphia: Westminster Press, 1960, pp. 358 – 362; also in Hans J. Hillerbrand ed., *The Protestant Reformation: Documentary History of Western Civilization*, New York: Harper & Perennial, 1968, pp. 38 – 42; Martin Luther, "A Treatise on New Testament", *Works of Martin Luther*, Vol. 1, Philadelphia: A. J. Holman, 1915, pp. 294 – 326.

② John Calvin, *Institutes of the Christian Religion*, trans., F. L. Battles, Philadelphia: The Westminster Press, 1960, II. x. 1.

③ Ibid., II. x. 4.

④ Ibid., II. x. 2; II. x. 23.

⑤ Ibid., II. x. 5 – 6.

⑥ Ibid., II. xi. 1 – 12.

上表明了自己的立场，但在措辞上较为温和，提出了"因信称义"而非"唯信称义"等。此外，他在自由意志上比较倾向于伊拉斯谟，不完全赞同路德的观点。加尔文派内部在《圣经》篇目和预定论等问题上也存在分歧，如卡斯特里奥反对《雅歌》，认为这是不健康的歌谣，不应被列入，但遭到了加尔文等人的反对①。加尔文极力主张的双重预定论也始终遭到一些人的反对。新教各派在《圣经》认识上存在差异的最典型例子就是如何理解福音书中耶稣基督关于圣餐礼的话。在"这是我的身体"的"是"的确切含义上，路德、慈温利和加尔文的认识有很大的差异。②

显然，由于理解的分歧，唯有《圣经》的原则在实践上具有很大的不确定性，甚至变成了多个"唯有《圣经》"。不仅如此，各派神学理论的差异则进一步瓦解了这个原则。为了强调自己理论的正确性，宗教改革家们往往曲解甚至改变《圣经》的经文。路德在翻译《罗马书》第二章第38节时，将"人称义是因着信"译成"人称义唯因信"，加上了原文中没有的"唯"（sola）字，并始终坚持自己的立场。③ 由于《雅各书》第二章第24节经文"人称义是因着行为，不但是因着信"与此冲突，他遂认为这并非福音的精神，怀疑其作为经典的合法性，建议把它从大学教育中去掉。同样，加尔文为了强调自己的绝对预定论，也不惜牵强附会。这种增字或减字解经的现实表明，宗教改革家在攻击公教歪曲篡改《圣经》的同时，也在有意无意地背离自己的初衷，在实践上否定了"唯有《圣经》"的理念，将它变成了神学信条的奴仆。

---

① Henry Beveridge, Jules Bonnet eds., *Selected Works of John Calvin Tracts and letters*, Vol. 4, Albany, OR: Ages Software, 1997, Letter 115. 加尔文认为他的法文《新约》翻译存在错误，不同意他的出版请求。如他把"居住在我们里的神之灵"（Spirit of God which dwells in us）的"居住"译为 haunts in us，而 haunt 在法文里并非"居住"的意思，而是指"光顾"（to frequent）。Letter 94.

② 参见本书第四章第四节。

③ Martin Luther, "On Translation: An Open Letter", *Works of Martin Luther*, Vol. 5, Philadelphia: A. J. Holman Company and the Castle Press, 1931, pp. 10–27.

新教神学家们对于《圣经》具体理解和认识上的分歧并非简单的学术观点的不同，同时还成为神学分歧的基础和重要表现。由于《圣经》研究直接服务于宗教，这些不同就直接导致宗教实践中的不同取向，成为各派交流的障碍，也成为内部矛盾的重要根源。路德派与加尔文派因对"是"字的不同解读而走上不同的道路，进行了长期的论战；梅兰希通的神学观点遭到路德派内部一些人的反对，最后导致内部分裂；加尔文等则以卡斯特里奥对《圣经》的认识和翻译有错误为由，拒绝后者担任牧师。

"唯有《圣经》"对新教来说，并非充要条件，只是充分条件。在信仰上，一些关键的教义没有《圣经》的明确支持，也是合法的。在这一点上，三位一体教义是最典型的例子。按照教会正统说法，三位一体教义的理论依据有两个，一是《旧约》里的三位神向亚伯拉罕显灵（《创世纪》18 章），一是《新约》马太福音里的以圣父圣子圣灵名义的洗礼（《马太福音》28∶19）。但是，《圣经》里面并没有出现"三位一体"这个字眼。该词最早出现在 2 世纪晚期的安提阿的泰奥菲鲁斯（Theophilus of Antioch）的著作中。作为教会的正统，三位一体教义是在第一次尼西亚公会议上确立的。尽管如此，对于三位一体的教义，新教各派和公教会都坚信不疑，而且将它作为最核心的信仰。他们同样接受早期教父时期的一些传统，还有早期教会通行的几个信经，如即《使徒信经》《尼西亚信经》和《亚大纳西信经》。从路德派的协同信纲看出，他们也无条件地接受了这三个信经，并坚信不疑。路德认为，这三个信经是所有基督教会一直使用的，是属于基督真教会的，应该遵守。路德认为，虽然秘密忏悔（private confession）无法从《圣经》里得到证实，但他仍然欢迎它的存在，并反对废除它。① 对于儿童洗礼问题，虽然路德也认为《圣经》里面没有证据，但为了反对再洗礼派，他还是认为应

---

① Martin Luther, "The Babylonian Captivity of the Church", *Works of Martin Luther*, Vol. 2, p. 250.

当遵守。同样，在《圣经》里面有证据支持的也不能都坚持，如公教会的坚振礼（confirmation）。路德认为，尽管耶稣和使徒都曾经有过这样的行为，但在他看来，这只是医治行为，而非坚振礼，因为里面并没有神的应许，所以要废除。①

第二，"唯有《圣经》"并不排除或否定传统。在这一点上无论公教还是新教都是如此。新教以"唯有《圣经》"为武器，对公教坚持传统的做法进行批判。但是，这并不意味着新教完全否定传统。恰恰相反，新教并不排除传统在宗教生活中的地位和作用。在这个问题上，双方的分歧不在于要不要传统，而在于如何理解传统，如何处理《圣经》与传统的关系。

新教认为，传统在教会生活中的地位和作用是不容否认的。但是，它并非公教所理解的那种传统。在他们看来，只有使徒的传统才是可以被认可的。在使徒时代之后的人为的东西，都是被排除在这个行列之外的。使徒时代的传统是经使徒亲自设立的，并得到教会普遍认可的行为规范，这些规范或者习惯虽然没有形成文字，但也在教会的实践中发挥作用。传统的东西与信仰理论没有关系，仅限于外在的礼仪，属于规矩和戒律。② 使徒传统与人为传统有着本质的区别。《日内瓦信纲》的第17条规定，为了确保教会纪律，只是为了在基督徒聚会时维持和平、诚实和良好秩序设立的，根本不能视为人为传统，这是因它们是在圣保罗的命令下设立的，他希望在他们中间所有的事都体面有序地进行。人为传统指的是那些神没有命令的或者在神的命令之外的法律和规定，如朝圣、修道院、禁食、禁止结婚、忏悔等，这些规定既束缚信徒的良心，又破坏基督徒的自由，应该予以抛弃。③ 梅兰希通也认为，对教会来说，人为传统是

---

① Martin Luther, "The Babylonian Captivity of the Church", *Works of Martin Luther*, Vol. 2, pp. 255 – 256.

② Henry Beveridge, Jules Bonnet eds., *Selected Works of John Calvin*, Vol. 3, p. 60.

③ J. K. S. Reid ed. and trans., *Calvin: Theological Treatises*, pp. 30 – 31.

可以存在的。但是，它必须以保证基督徒的良心和自由为前提，且必须经过神之道的认可。人为传统不具备赢得恩典、赦罪、救赎、称义等功能，仅仅是外在的礼仪，其目的在于保证教会的良好秩序和安宁。只要将它的作用严格限制在维护教会秩序方面，这些传统就应该维护。公教会的错误在于杜撰了许多没有神之道根据的人为传统，并赋予这些传统在救赎方面必不可少的职能。这是一种敌视基督的行为，应该坚决取缔。①

新教对传统的认识与其教会的理念有关系。无论路德还是加尔文，都希望以使徒时代的教会为范本。他们认为，教会就是要破除使徒时代之后在信仰方面人为强加的一些制度和规定。从历史的角度来看，这些东西并不见于使徒时代教会的实践中，因此需要去掉，这是恢复教会纯洁的第一步。不过，使徒传统到底该作何理解，路德派和加尔文派也有所不同。路德派用人为传统一词，并将它分为古老的好传统和不好的传统。在他们看来，使徒时代的传统当然属于古老的好传统。使徒在设立这些传统时明确规定，它们既不能赢得称义，也并非称义所必需的。从这个角度出发，在宗教生活领域，除了信仰使人称义外，其他任何被赋予称义功能的行为或规定，都是人为传统。加尔文派则比较注重使徒与使徒传统的区分。尽管如此，传统的作用在宗教实践中也很难明确化。那些被认可的使徒传统在教派分歧中往往被绝对化，在很大程度上又被作为判别的关键，使得它与《圣经》权威的界限变得不清晰了。

公教在这方面的认识与新教有所不同。公教会在讨论《圣经》问题时一致认为，在教会的虔敬和敬拜方面，除了《圣经》外，还有信经和传统，尤其是使徒的传统。实际上信经就是使徒传统之一。其理由主要在于：福音"首先由耶稣基督亲自宣扬，然后命令使徒向所有人宣扬，作为真理和道德戒律的基础"。"真理和道德戒律既

---

① Evangelical Lutheran Synod, *Triglot Concordia*, Ohio: Missouri, 1917, pp. 144 – 150; Wilhelm Pauck ed., *Melanchthon and Bucer*, Louisville: The Westminster Press, 2006, pp. 66 – 70, 149 – 151.

包含在成文的经书中，也包含在非成文的传统中。非成文的传统或者由使徒受之于基督，或者由圣灵亲授，出自使徒自己。"这些传统并没有中断，而是代代相传，一直到他们。这也是古代教父们的惯例。因此，公会议决定以同样的"虔诚、敬畏之心接纳并崇敬"传统，赋予其与《圣经》同样的地位。① 在公会议看来，罗马教会作为不间断的使徒传统的继承人，其在实践中的行为和习惯在本质上符合使徒传统，其存在也是合法的。这些传统对于信徒的信仰和救赎具有重要的作用。不过，在"传统"的具体范畴方面，公会议实际上并没有做进一步的解释，这与他们详细罗列《圣经》的篇目形成鲜明对比。

从公会议的决议可以看到，与会者不愿意也不可能对传统做出准确的界定。从教会发展的历程来看，教会实践中的很多东西，如善功称义、赎罪券、炼狱、功库、教阶制、教皇权威等，在《圣经》中都无法找到直接的证据。对公教会来说，传统恰恰是支撑这些东西合法性的基础。这些又成为新教攻击的重点。实际上，面对新教的攻击，公会议别无选择。一旦否认了传统在信仰中的有效性，就等于承认了新教攻击的合理性和自己的不合理性；一旦合理性不存在了，这些东西也必将失去合法依据，这无论在政治上还是经济上都是无法令他们接受的，其对《圣经》篇目的认定也反映了这一点。他们之所以将有争议的篇章列入正典，主要原因在于这些篇章是一些教义的理论基础。如《马卡比二书》为炼狱和圣徒崇拜提供了直接支持，《托比传》则是悔罪和驱魔等理论的来源。如果否认它们的正典地位，这些东西也就站不住脚了。从公教会内部的矛盾冲突来看，传统的先例也是双方斗争的主要武器。例如，公会议派在反对教皇专权时强调的是罗马教皇服从古代公会议决议，以及14、15世纪教会在解决教会分裂时确定的公会议为教会最高权威的传统。教

---

① James Waterworth trans., *The Canons and Decrees of the Sacred and Oecumenical Council of Trent*, p. 18.

皇则强调自己是圣彼得继承人的传统，并突出14世纪前后教皇声称的是教会和世俗最高主宰的传统。一旦否认传统，尤其是使徒时代之后的传统的有效性，就会引起连锁反应，最终将危及整个体制。所以，公教会的唯一选择就是毫无条件地承认传统的有效性。首先，他们要申明既存体制的正确性。其次，还要通过强化传统在信仰中与《圣经》具有同等地位的方式赋予其合法性。当然，最后还要以传统捍卫者的身份，批判新教离经叛道的行为。

公教虽然将传统与《圣经》的权威并列，但在实践中往往是传统的权威超过了《圣经》的权威。因为《圣经》是不变的，而传统是在不断增加、不断延展的。按照教会传统不间断的理解，任何一个获得认可的行为或先例都可以作为未来的传统，成为信仰的依据。为了教会的需要，《圣经》要服从于传统。这是一种连续性角度的认识，是一种习惯法式的理解模式，与新教断裂角度的认识形成对比。

小　结

16世纪初，以伊拉斯谟为代表的《圣经》人文主义在《圣经》研究领域的革命，为宗教改革的理论革命奠定了基础。新教的革命始于《圣经》研究和认识的革命，后者成为新教确立有别与公教传统教义的理论基础。实际上，新教理论的发展是与《圣经》研究的推进相表里的，二者相互促进、相互支撑。《圣经》在宗教改革中占据重要地位，是宗教改革的有机组成部分，是研究和认识宗教改革历史的一把钥匙。

在改革的大潮中，公教与新教在《圣经》问题上逐渐走上了不同的道路。公教会内部虽然在《圣经》问题上也存在很多分歧，《圣经》人文主义也非常活跃，但在特伦特宗教公会议上，经过教廷的行政命令，内部的争论得到平息，公会议的决议成为唯一的标准。公教的《圣经》决议在本质上是对教会传统习惯的一个确认，没有什么新意可言，仍然延续了一元化的格局。教会仍然垄断着《圣经》的版本、流通、解释等权利。对公教而言，这种局面的形成是必然的。新教则基本上破除了这种局面，形成了多元化的格局。新教主张从源头上认识和把握《圣经》，自由阅读，个人可以做出判断，激励推动方言《圣经》。新教在《圣经》篇目的选择上也与公教不同，新教各派在《圣经》问题上虽然有共同之处，但也有差异，呈现出多元化的特点。这种多元化不但体现在新教的教派之间，也体现在每个新教派别内部。

新教神学家们虽然高举"唯有《圣经》"的大旗，但在实践过程中，却因在具体问题上理解的不同而发生分歧。"唯有《圣经》"的原则也没有彻底实现，作为基督教重要内容的传统也仍然存在并发挥着重要作用。新教改革为了神学的需要甚至曲解《圣经》，出现了增字解经的现象。这种现象的出现表明，一方面"唯有《圣经》"的口号并没能真正贯彻到新教改革的实践中；另一方面也表明新教各派背离了自己主张的《圣经》研究原则，在实际上将自己置于与公教同等的地位。

宗教改革时期《圣经》认识的多元化带来的不仅仅是认识和理论上的分歧，而且在很大程度上决定了认识主体对于基督教以及教会改革的认识。由《圣经》认识差异产生的分歧在具体的改革实践中成为教派分歧的理论支撑，并加剧了分歧。[①] 从这个角度来看，宗教改革时期宗教多元化格局的形成就是由于对《圣经》理解与认识的分歧造成的。这些分歧反过来又成为各派沟通或和解的障碍，进一步强化了多元化的教派格局。

---

① 如英格兰的日内瓦《圣经》就既反映了政府与清教之间的分歧，也反映了清教徒内部的不同看法。在一些学者看来，后来英国革命时期清教内部的矛盾和分化的根源之一就在此。Dan G. Danner, "The Contribution of the Geneva Bible of 1560 to the English Protestant Tradition", *The Sixteenth Century Journal*, Vol. 12, No. 3, 1981; Maurice S. Betteridge, "The Bitter Notes: The Geneva Bible and its Annotations", *The Sixteenth Century Journal*, Vol. 14, No. 1, 1983, pp. 41–62.

第 三 章
特伦特宗教公会议与公教的转型

面对内部的危机和新教的攻势，拉丁教会也采取了相应的措施。一方面，教会的改革在争吵中进行；另一方面，教会也对有争议的神学、教义、礼仪问题进行了讨论，并从理论上肯定并确认了原来的体系。这些活动是在由教皇发起召开的特伦特公会议上完成的。特伦特宗教公会议是公教对各种问题的集中应对，奠定了公教的未来发展基础。对这次会议进行研究，有助于理解公教在转型时期的一般特征。①

---

① 与宗教改革领域的其他议题相比，学术界对特伦特公教会议的研究相对较少。关于这个问题的材料主要有两大类。第一类是原始文献，主要包括官方文件和私人著述。官方文件又包括会议期间发布的教会法令和法规、会议记录以及与会议有关的信件、报告和公文等。法令的原文是拉丁文，后来被译成欧洲各国的文字，其中有些译本是经过罗马教廷审核批准的。会议记录藏在梵蒂冈图书馆里，共有6大卷。这些资料是深入了解会议历史的基础史料，也是正确理解公开文件的重要背景。1874年，德国的奥古斯丁·泰纳（Augustin Theiner）曾经编过一个两卷本的会议记录资料选（*Acta genuina sancti et oecumenici Concilii Tridentini nunc primum integre edita*, Leipzig）。私人著述包括会议参与者的日记或同时代人的相关文字记载。这些材料虽然主观性比较强，但也是研究这段历史的重要材料。比利时的勒普拉特（Josse Le Plat）编辑的7卷本资料集（*Monumentorum ad historicam Concilii Tridentini Potissmum illustrandam spectantium amplissima collectio*, Leuven, 1781—1787）收集了各种官方档案和私人报告，是最全面的资料集。英国的约瑟夫·门德汉姆（Joseph Mendham）的《特伦特公会议回忆录》一书，按照时间顺序，以会议记录及当时参加者的回忆录等为基础，对其历史进行了简明的叙述，节选了大量的一手文献。19世纪后半期，还有一些新的资料汇编本问世。特伦特公会议研究的第二类资料是研究著作，尤其是重要的通史性著作。这些著作多是在阅读分析原始文献的基础上形成的，也是学习这段历史不可或缺的参考书，主要

第一节　特伦特宗教公会议

以教皇为代表的保守派虽然在第五次拉特兰公会议上彻底打败了公会议派，完全把教会改革的权力掌握在自己的手里。但是，对教廷而言，这种胜利是暂时的。一方面，腐败问题丝毫没有得到缓解；

（接上注）有以下几种。威尼斯人保罗·萨尔皮（Paolo Sarpi, 1552—1623）的多卷本《特伦特公会议史》（*Istoria del concilio Tridentino*，各版及各语言版本卷数不同）是最早的著作。萨尔皮是威尼斯与教廷斗争的理论家和重要旗手，该书用意大利文写成，于 1616 年在伦敦出版，1620 年被布伦特（Nathaniel Brent）译为英文。耶稣会士帕拉维西诺（Pietro Sforza Pallavicino, 1607—1667）的同名著作（*Istoria del concilio di Trento*）则是受教廷之命的反击之作。帕拉维西诺是教廷枢机、神学教授，他于 1651 年受命，1656—1657 年出版本书，1666 年修订后成三卷。这本书是在深入阅读各种档案材料的基础上写成的，虽然意在反击萨尔皮对教廷的非难，但整体上胜过前者，是公教会官方的标准。兰克的《教皇史》（*Die römischen Päpste, ihre kirche und ihr Staat im sechzehnten und siebzehnten Jahrhundert*, 1834—1836）则是新教研究宗教改革时期公教会及特伦特公会议的代表作。兰克在这部著作中创造了"反宗教改革"（Counter-Reformation）一词，虽然他是新教徒，也无法看到公教会的档案，但这本书还是受到大多数人的好评，远胜萨尔皮和帕拉维西诺狭隘的党派争论。20 世纪特伦特公会议史研究的权威当属德国的公教会史学家赫伯特·耶登（Hubert Jedin, 1900—1980），他的四卷本巨著《特伦特公会议史》（*Geschichte des Konzils von Trient*, 1951—1976）从会议召开前的公会议运动开始，历数教皇至上派、公会议至上派、西欧各世俗政权之间的复杂矛盾，然后详细叙述了会议的全部历史。虽然他是公教徒，但态度比较客观，受到学术界的普遍好评，是公认的特伦特公会议研究的代表作。在德文本原文外，还出现了英文译本（目前已出前两卷）。除通史性著作外，还有大量个案或专题研究。20 世纪中期以来，特伦特会议的历史逐渐走出公教会内部，受到新教学者和世俗学界的关注，专题研究也多起来。学术界的认识也有了很大的变化，从原来的新教与公教的对立模式转向交叉或融合模式，较多关注二者相同的一面。此外，公教发展的连续性问题也是一个热点。其中法国史学家让·德鲁缪（Jean Delumeau）的《从路德到伏尔泰之间的公教》（*Catholicism Between Luther and Voltaire: A New View of the Counter-Reformation*，英文版 1977），以及英国史学家约翰·波希（John Bossy）的《1400—1700 年的西部基督教》（*Christianity in the West 1400—1700*, 1985）等是代表性著作。奥麦利的《特伦特及其他：早期现代的公教重命名》（*Trent and All That: Renaming Catholicism in Early Modern Era*）（2002）一书则结合学术界对这个时期公教的研究史及一般认识，对其定性问题作了宏观思考。

相反，随着教皇派权力的扩大，腐败更加严重，各地教会及世俗政权与罗马的对立情绪也越来越严重。另一方面，虽然公会议派作为一个派别已经不存在了，但是教廷内部并非没有反对声音了，主张改革的人仍然存在，他们对教会尤其是教廷的批判也渐趋激烈。随着马丁·路德引发的改革浪潮的到来，这些矛盾又集中爆发。

随着宗教改革在德意志和瑞士等地的发展，拉丁基督教会的一体局面逐渐被打破，教廷失去了对新教地区的控制权。与此同时，在苏莱曼二世即位后，土耳其人又向基督教世界开始了新一轮的攻势。穆斯林的侵扰加剧了早已蔓延的恐惧情绪，社会民众则寄希望于世俗政权和教廷。在这种形势下，教廷内部改革的呼声再次高涨。他们呼吁召开公会议，对教会进行改革，试图限制教皇的权威。世俗政权，尤其是皇帝查理五世也不断向教皇施压。他希望通过公会议以及教会内部的改革消弭新教的不满，恢复教会的和平和一体，稳定帝国的局势。面对严峻的形势，教皇派不得不做出姿态，表示改革。

表面看来，教廷内部改革呼声的兴起似乎意味着公会议派的复活，但实际并非如此。教廷内部这个新兴势力与公会议派有着本质的区别。其一，这些人并没有形成一个明确的派别，改革的主张也不尽相同；其二，这些人并没有像公会议派那样主张将教皇置于公会议之下。相反，他们都是承认教皇至上地位的。从这个角度来说，这些人都来自教皇派内部。在大多数人看来，问题的关键不在于教皇的至上，而是在承认这个说法的前提下，通过公会议和改革对教皇的权力进行限制，尤其要限制教廷的官吏。他们是教皇权力膨胀和泛滥的主要根源。他们认为，只要把罗马清理干净了，世界也就清理干净了（Purga Romam, Purgatur Mundus），教会改革要从教廷开始。病的根源在于首脑，自上而下传遍了整个教会，这一点甚至连教皇也不否认。① 这还可以从 1537 年教廷任命的改革起草委员会的改革方案（consilium de emendanda ecclesia）中看出来。该方案在批判教皇专权时指出：

> 谄媚者使得一些教皇妄想自己的意志就是法律；他们是所有圣俸的拥有者，可以随意处置，丝毫不用担心圣职买卖的嫌疑。这个观念是特洛伊木马，无数的恶习正是借此渗透到教会里面来的。这些罪恶必须毫不留情地消除。只有那些经过仔细考察符合条件的人才能被封授神品，在罗马由两到三位专门任命的教长，其他地区则由教区的主教授职。主教职位和附有看护灵魂职责的圣俸授予的目的不是为了糊口，而是确保牧人能够看护人的灵魂。所有与此相反的看护方面的行为都必须废除，如为了第三方的利益向圣俸收取佣金，后者可能根本不需要，这种做法掠夺了圣俸持有者的即便不是全部也是大部分合法收入；主教已经退休而其收入仍然保留，委任圣俸和重新占有自己已经放弃的圣俸权（collation benefices and regresses），因为这些行为实际上把教区变成世袭的了。预定圣俸权和保留权结果把合格的人排除在外，或者出现将同一份圣俸授予两个人的现象。将几份圣俸同时聚于一人以及把罗马之外的教区划给枢机们，他们是教皇的官方幕僚，是他的跟班，因此不是履行他们的教牧职责的职位。②

教会内部在第五次拉特兰公会议以后，尤其是在新教改革开始后出现的新一轮呼吁和探索改革的热潮，在本质上仍是原来改革运

---

① John C. Olin, *The Catholic Reformation: Savonarola to Ignatius Loyola*, pp. 119–126.

② Hubert Jedin, *A History of the Council of Trent*, Vol. 1, pp. 424–425. 耶登引文为节略联缀而成，与全文本有所不同。英文全文译文见：John C. Olin, *The Catholic Reformation: Savonarola to Ignatius Loyola*, pp. 183–197。

动的继续和发展。在这个时期，教会内部和民间的改革热情不断高涨，在上层进行理论探索和实践的同时，还出现了一些民间的新宗教组织。与此同时，基督教人文主义者的改革和宣传也进入最活跃的时期，成为这个时期改革阵营中最活跃的群体之一。从教廷内部来说，这些活动的表现方式有了较大的变化，由原来的公会议派与教皇派之间的冲突，演变成了教皇派内部改革派与保守派的斗争。斗争的重点问题也由最高权力的分配之争转向了改革重点的争论。

教会内部的改革者一部分来自教廷的枢机团，如施奈尔（Matthäus Schinner，1465—1522）、坎帕吉奥（Lorenzo Campagio，1474—1539）、卡瓦哈尔（Bernardino López de Carvajal，1456—1523）、卡杰坦（Thomas Cajetan，1469—1534）、奎诺尼兹（Francisco de Quiñones，1482—1540）、卡西尼奥（Egidio Canisio, Giles Antonini，又名 Giles of Viterbo, ? —1532）等。他们曾先后提出了许多方案，其中不乏与新教思路相似的设想。如卡杰坦曾经提出开放教士结婚，取消弥撒、节日、禁食日等，以便消除新教不满，但被否决。到教皇保罗三世时，他重用俗人康塔里尼（Gasparo Contarini，1483—1542）。康塔里尼是威尼斯著名的学者和政治家，他在1516年就撰写了《论主教职责》一文，批判教会中的腐败现象，并呼吁改革①。保罗三世正是看中了他的能力和影响，才提拔他为教廷枢机，并委以改革教廷之重任的。以他为中心，逐渐团结了一批锐意改革者，如珀尔（Reginald Pole，1500—1558）、卡拉法、萨杜莱多（Jacopo Sadoleto，1477—1577）、西班牙多明我会的尤安·阿尔瓦雷兹·德·托莱多（Juan Alvarez de Toledo，1488—1557）、塞尔维尼（Marcello Cervini，1501—1555）、弗莱格索（Federigo Fregoso，

---

① John C. Olin, *The Catholic Reformation: Savonarola to Ignatius Loyola*, pp. 93 – 106；关于其生平，参见 Elisabeth G. Gleason, *Gasparo Contarini: Venice, Rome, and Reform*, Berkeley: University of California Press, 1993。

1480—1541）、莫罗内（Giovanni Morone，1509—1580）、本笃会修院院长科特斯（Giovanni Andrea Cortese，1483—1548）、多明我修会的修士巴蒂亚（Tommaso Badia，1483—1547）等。他们都认为需要通过严厉的改革措施恢复教会的活力，如重视教牧人员的教育培训，严厉修会纪律，严格教会神职人员的遴选，限制神职授予数量，改革教廷的运作制度等。

但是，康塔里尼等人提出的改革方案也遭到了教廷内部保守派的激烈反对。这些人里有一些教廷的枢机团成员，大部分是教廷各个机构的官吏，尤其是从事教廷各种文书的起草制作的官吏和秘书等。保守派的代表人物是圭蒂西奥尼（Bartolomeo Guidicioni，1470—1549）和基努奇（Girolamo Ghinucci，1480—1541），他们是教廷权力的实际掌握者，也是教皇的近臣。作为既得利益者，他们坚决反对康塔里尼等人的改革方案，尤其是那些旨在对他们实行监督、改革个人道德等损害他们政治和经济利益的内容。他们认为，改革不能采取激进的措施，而要渐进，否则就会造成革命。改革的重点不是教廷，而是主教区。问题的关键在于落实主教在驻地居住的制度，这可以通过扩大他们的权力，以奖励的方式实现。①

在这场如何改革的争论中，教皇的态度总体上倾向于保守派的方案。他们主张成员而非首脑的改革，并坚决反对损害教廷或者教皇家族利益的改革。除了阿德里安六世（Adrian VI，1522—1523）和保罗三世外，其他的教皇对于改革的态度并不积极。阿德里安六世曾经打算从教廷改革开始，但还没有实施便去世了。即便是这个重在"首脑"的方案也必须慢慢进行，不能操之过急。②保罗三世在上任之初曾经积极推动改革，并成立以康塔里尼为首的改革委员会。但是，当各派将焦点放在教廷的首脑改革上时，他的态度就发

---

① Hubert Jedin, *A History of the Council of Trent*, Vol. 1, pp. 420–445.
② John C. Olin, *The Catholic Reformation: Savonarola to Ignatius Loyola*, pp. 125–126.

生了变化，成为改革的反对者。教皇表面上一直在表示改革，但始终停留在宣传和讨论的层面，迟迟没有实际行动。教皇之所以借各种理由拖延改革还有一个重要原因，那就是担心公会议派东山再起，推翻自己的至上地位。所以，他们极力避免走公会议解决的路线，以确保自己和家族的利益。教皇克里蒙七世（Clement VII, 1523—1534）说："永远不要召开公会议，但永远不直接拒绝，要始终表现出配合要求的诚意，但同时强调面临的困难，通过这种方式你就能挡住它。"[①] 为了避免公会议路线，教皇甚至接受了从首脑开始改革的方案，并任命了专门的委员会，希望以此消弭召开公会议的声音。在这种策略下，教廷所谓的改革也就不会有什么实质性的内容，而是仅仅停留在讨论酝酿的层面。即便有了方案，也被教皇以各种理由否决了。

但是，欧洲内外形势的发展使教皇无法完全按照自己的意志行事。教皇的推诿政策引起了教俗人士的极大不满。对大多数人来说，拉丁基督教世界首要的任务是恢复和平和宗教的一体，团结起来一致抗击土耳其人。要实现这个目标，消除腐败，实行改革是唯一的路子。对此塞尔维尼指出，"除非我们迅速地自我改革，否则自发的改革就会逼到我们头上"[②]。不仅如此，在大多数基督徒眼里，腐败还是导致新教不满和分裂的主要原因。而要消除新教的不满，使他们与教会重归于好，教廷坚决压制的态度只能使局势更加恶化，教廷所谓的自我改革也于事无补。唯一的办法就是按照基督教会的惯例和传统，通过召开公会议的方式讨论解决。

通过公会议解决争端的思路得到了很多人的支持，其中既有部分教廷人士，也有世俗君主，尤其是神圣罗马帝国皇帝查理五世。他一直积极倡议通过公会议改革教会，以消除人民的不满和教会内部的争端，确保自己在与法国斗争中的优势。西班牙与德意志保持

[①] Hubert Jedin, *A History of the Council of Trent*, Vol. 1, p. 224.
[②] Ibid., p. 350.

一致，也要求开会。法国国王为了与德意志争霸，希望德意志境内的分裂状况延续，以免其势力过大，因此与教皇一起，极力反对召开会议。查理五世在多次的敦促没有效果后，决定采取间接施压的办法迫使教皇召开公会议。他希望通过召开帝国议会的方式解决德意志内部的宗教分裂问题，把宗教事务的裁决权掌握在自己的手里。这个想法遭到教皇的坚决反对，因为这样就侵犯了教皇的主权，这也引起了法国和意大利教俗君主的不满。

但是，面对查理五世的威逼，教皇也不得不承诺召开公会议。1530年的奥格斯堡宗教会议过后，教会内部进一步就开会举行谈判。为了限制查理五世，1531年，教皇提出召开会议的几个条件，主要有：会议只讨论新教异端和对土耳其人的战争问题；会议期间皇帝本人必须保证始终在场，一旦离场，则会议就被视为解散；会议地点应该由教皇指定在意大利的一个城市召开；只有那些教会法规定有资格的人才有投票权；路德派可以提交正式要求召开公会议，并向大会派出全权代表。但是这些条件显然无法得到满足，这就在实际上否定了皇帝开会的要求。1531年8月10日，教廷决定，在所有障碍消除以及所有的基督徒君主们同意之前，不再召开公会议。

1532年4月，查理五世在雷根斯堡（Ratisbon）召开帝国议会，为了换取新教诸侯在军事和财政上的支持，他下令境内的新教与公教暂时和解。7月23日，皇帝与与会的主教们批准了《纽伦堡和平协定》。该协定要求，在一年之内应该召开普世的公会议，如果教皇无法召开，则皇帝要以罗马人皇帝的身份召开会议，否则就应该召开由世俗权威最高首领召开的全国性会议，以便彻底结束德意志的宗教分裂。1534年10月，教皇保罗三世上台。面对教廷内外日益高涨的呼声，决心召开公会议。他派出使节，就打算在曼图瓦（Mantua）召开公会议与各国君主协商。经过一年多的争论与协商，保罗三世宣布将于1537年5月23日在曼图瓦召开公会议，他号召全世界的主教、修道院院长、教长参会，皇帝或其他世俗君主或者亲自参会或者派代表到场，会议的议程定为消除错误和异端、道德改革、恢复基督教世界和平、准备讨伐异教徒。

教皇为了开会，向除英格兰外的各地派出了使节，与世俗君主们沟通，并向除新教施马尔卡尔登同盟外的教会发出邀请。但除德意志外，各国的反应并不积极。法王弗朗西斯一世以战争在继续为由拒绝赴会，并禁止境内主教们与会。由于组织不力，曼图瓦在会议即将开幕之前还没有得知要在本地开会的消息。曼图瓦公爵费德里戈（Federico II Gonzaga，1500—1540）以安全力量不足为由，要求教皇自费配备武装力量为会员提供安全保障。但如果这样，教皇就会被认为用武力控制会议，从而使"自由的基督徒会议"理念失效，会议的效力也将成为问题。在问题没有解决的前提下，教皇不得不宣布延期到11月1日。由于各方并没有就新的会议举办地达成一致，后来又不得不宣布延期到1538年5月1日，会议地址则改到了维琴查（Vicenza）。后来又将会期改到1539年4月6日。即便如此，会议也没能按时开幕。1539年5月21日，教廷不得不宣布会议无限期延期。

查理五世在公会议无限延期后，立即采取召开帝国议会的方式解决德意志的宗教争端。从1540年起，先后在哈格瑙（Hagenau）、沃尔姆斯召开新教和公教的和解会议。1541年2月，会议转到了雷根斯堡。双方以1530年的《奥格斯堡信纲》为基础进行了谈判，最后签署了《雷根斯堡文书》（Regensburg Book）。由于新教和公教双方的分歧很大，加上教廷的坚决反对，和解失败。虽然如此，教皇为了确保自己的宗教司法权，也不得不对查理五世让步。1542年，查理五世在斯拜耶尔召开会议，以让步政策换取新教对他抵抗土耳其人的支持。1544年，查理五世打败法国后，准备武力解决宗教分裂。在得到教皇的帮助后，他决定在战前召开沃尔姆斯帝国议会解决新教问题，以稳定德意志的局势。但是，这种打算遭到了保罗三世的反对，因为他认为查理五世侵犯了自己的权力。1544年8月，保罗三世给查理五世写信。他威胁说，如果斯拜耶尔会议对新教的妥协决议成为现实，将不但"肯定威胁到你的灵魂救赎，而且会葬送教会的和平与统一"。他还强调，教皇对宗教纷争问题有绝对决定权。查理五世的行为侵犯了教皇"召开公会议的至上权威"。[①] 查理五世则利用公会议不开会为借口抢先开会。由于无法解决部队的装备问题，他不得不放弃战争，并转而敦促教皇尽早开会，且不要涉及教义争端，以免引起新教的率先发难。教皇不愿意开会，又不好拒绝，主教们则主张更换会议地址。教皇乘机以迁址为理由，请皇帝同意。查理五世则宣布在1545年11月30日在雷根斯堡召开会议，讨论教义争端。在这种情况下，保罗三世被迫宣布重启公会议议程，在神圣罗马帝国境内的小城特伦特（Trent）开会。

1545年12月13日，特伦特宗教会议正式开幕。根据会议的计划，原本开幕的时间在3月15日，但到预定开会日期，只有几位主教到场，不得不延期。开幕当天，与会的主教们由教廷使节兼会议第一主席芒特主持，在特伦特主教座堂举行了隆重的弥撒祭。除三位使节外，还有4位大主教、22位主教、2位使节、5位修会会长以及许多世俗和修会的博士们（神学家）与会。

特伦特公会议前后历时18年（1545—1563），历5任教皇[②]，先后举行了25次会议。会议共分三个阶段，分别在教皇保罗三世、尤里乌斯三世和庇护四世在位期间召开。其中第一阶段从1545年12月13日到1547年6月2日，为前10次会议；第二阶段从1551年5月1日到1552年4月28日，包括第11次至第16次会议；第三阶段从1562年1月17日到1563年12月4日，包括第17次至第25次会议。

前三次会议实际并没有实质性的内容。第1次会议为开幕式，

[①] "Letter of Pope Paul III to Emperor Charles V", in Henry Beveridge, Jules Bonnet, eds., *Selected Works of John Calvin*, Vol. 1, Albany, OR: Ages Software, 1997, pp. 291 – 303.

[②] 教皇马塞卢斯二世（Marcellus II）即公会议的特使塞尔维尼，他在教皇尤里乌斯三世去世后被选为教皇，但在任职21天后去世。他的继任者卡拉法即教皇保罗四世，曾经是罗马教廷的宗教裁判官，上任后希望利用该机构消灭新教，而不召开公会议，并首次发布禁书令。他还将莫罗内和珀尔定为异端，并将前者打入因牢。

第 2 次会议规定了参会者会议期间的生活及行为规范，以及会议的注意事项等。公会议告诫参会者要认真履行一个基督教徒的责任及义务，遵守各种宗教规定，按时参加各种宗教活动，要"避恶逐德，要在衣着、举止及所有的行为上谦逊谨慎，以成为神仆人的仆人"①。第 3 次会议则按照公会议的惯例重申了教会信仰的信经——《尼西亚信经》，确立了基本的调子，并讨论了开会的基本规则。从第 4 次会议开始，进入对各项议题的讨论，其中第 4 次会议讨论信仰的经典——《圣经》；第 5 次讨论原罪问题；第 6 次会议讨论称义问题；第 7 次会议讨论圣礼问题；第 8 次至第 12 次会议主要就会议迁址问题发布休会令，其中第 10 次会议同时发布了教皇尤里乌斯三世决定在特伦特重新开会的诏令；第 11 次、第 12 次会议没有实质性内容，第 13 次至第 14 次会议讨论圣礼问题；第 15 次会议发布了暂时休会的法令，同时颁布了给予新教安全通行权力的诏令；第 16 次会议颁布了休会法令，同时发布了教皇庇护四世举行会议的诏令；第 17 次会议发布了举行会议的法令；第 18 次会议讨论了书籍的选择问题，并向更多的人发出与会邀请（会议规模扩大），同时给予德意志安全通行权以及延伸给其他国家的权力；第 19 次、第 20 次发布会议休会法令；第 21 次会议讨论圣餐礼的具体方式和婴儿的交通问题；第 22 次会议讨论弥撒问题；第 23 次会议讨论神品也就是教会神职人员的教阶制问题；第 24 次会议讨论婚礼问题；第 25 次会议讨论炼狱、圣徒及圣像的崇拜、赎罪券、斋戒、禁食、节日、书籍审查以及教义问答等问题，并对修士和修女的行为做了规定，同时在经过了一系列程序后宣布会议结束。从会议的整个情况来看，真正实质性的法令和改革措施集中在第 4、5、6、13、14、18、21—25 次会议上。

保罗三世为了确保对会议的控制权，委派了长期在教廷任职、具有丰富行政经验的芒特（Giovani del Monte，1487—1555），神学家、教会法学家塞尔维尼和神学家、人文主义者珀尔三位教廷枢机

---

① Norman P. Tanner ed., *Decrees of the Eumenical Councils*, Vol. 2, p. 661.

为使节兼主席,全面主持会议。① 这些人虽然希望积极推进改革,但与教皇关系密切,也不反对后者至上的权威。按照会议的规定,拉丁基督教世界所有都主教、大主教、主教、修道院长、修会会长、享有参加公会议并有发言权和特权的人都应该参会,世俗君主包括皇帝、国王及其他世俗君主也应该亲自到会,或者派代表参加。② 但实际上,参加会议的人以意大利的主教们居多,虽然后来不断有其他地区的代表到来,但意大利在人数上始终占据优势。③ 为了保证对会议的控制,会议主席提出了新的投票方案,改变了以往公会议上按照国家民族投票的惯例,转而实行个人投票的制度,即只有主教及其以上级别的人(包括修会会长和修道院长)才有投票权和发言权,世俗政权的代表只有旁听权。为了保证所有的人都能切实参与讨论,1546 年 1 月 26 日,会议规定,参会者分为三个小组(专门委员会),由三位使节就同一个议题分别召集学者讨论。每个小组开会讨论后将结果汇总,交给专门委员会。然后再举行全体大会讨论,形成决议并投票表决。由于主教反对学者们(神学家和教会法学者)进入专门委员会,使节们后来决定在委员会之外,专门召开由神学家们组成的讨论会,他们形成的意见交由主教组成的专门委员会讨论定夺。

---

① 会议开始不久,珀尔就因身体原因离开会议,并在 1546 年 10 月 27 日正式辞去主席职务,会议的使节只剩下他们两个。芒特当上教皇(尤里乌斯三世)后,使节只剩下塞尔维尼一人,他也在随后任教皇并去世。在会议的第三阶段开始前,教皇庇护四世又委派曼图瓦枢机冈扎加(Ercole Gonzaga, 1505—1563)和奥古斯丁修会会长塞利潘多(Girolamo Seripando)枢机为使节,随后又增加教会法学家西蒙内塔(Ludovico Simonetta, 1500—1568)、教皇的外甥阿特普斯(Marco di Altemps, 1533—1595)和教皇驻帝国的使节、枢机主教霍西乌斯(Stanislaus Hosius, 1504—1579),使节达到 5 人。1563 年 3 月,曼图瓦枢机和塞利潘多相继过世,教皇又任命枢机莫罗内(Giovanni Morone, 1509—1580)和那瓦格罗(Bernardo Navagero, 1507—1565)为使节。

② James Waterworth trans, *The Canons and Decrees of the Sacred and Oecumenical Council of Trent*, pp. 9 – 10.

③ 关于与会者的全部名单,参见 James Waterworth trans., *The Canons and Decrees of the Sacred and Oecumenical Council of Trent*, pp. 290 – 312。

虽然特伦特公会议是在团结与和平的旗帜下召开，但进行得并不顺利。除了不时的间断外，会议自始至终充满了各种矛盾和斗争。其中既有教廷内部保守派与改革派之间的分歧，也有教廷与世俗君主、世俗君主之间的明争暗斗；既有围绕具体的神学问题引发的争论，也有因改革措施引发的斗争；既有个人之间的语言乃至肢体的冲突，也有民族之间利益的争斗。在会议的进程中，各国为了位置的先后问题，也争得不可开交，尤其是西班牙和法国。[1] 抛开在神学和改革措施方面的具体争论不说，宏观层面的矛盾主要有以下几点：

第一，会议的主题问题。按照教皇发布的诏书，这次会议的主要目的在于维护基督宗教的完整和真理，恢复善行、改正恶行，恢复基督徒君主之间和民族之间的和平、教会统一、和谐，共同对付穆斯林和不信仰分子对基督教世界的威胁。[2] 但是，会议开始后，与会者却在具体内容上产生了分歧。以德意志为首的皇帝派或帝国派希望搁置教义争端，单独或优先讨论教会内部的改革问题。其理由是，路德派出现的主要原因在教会的腐败，教会腐败问题解决了，路德派自然没有借口再继续闹分裂。不仅如此，皇帝派认为，即便讨论教义问题，也不能以异端为主题，不能先将新教定罪。而要按照公会议的传统进行讨论，根据讨论结果再作出决定。这样做可以避免刺激新教，同时也为他们参加会议提供了条件。教皇派则力主以信仰问题为主，并把解决新教的"异端"问题作为重点，把这次会议变成惩处异端的会议，而非神学讨论会。教皇不愿意讨论教会的改革问题，希望把主动权掌握在教廷手中，以免出现对自己不利的结局。教皇派的理由是，教廷正在推进改革，因此就没必要再在会上讨论这个问题。法王一直反对召开会议，他不希望看到德意志的想法变为现实，也对教会的改革不感兴趣。因此，法国代

---

[1] Joseph Mendham, *Memoirs of the Council of Trent*, p. 280.

[2] James Waterworth trans., *The Canons and Decrees of the Sacred and Oecumenical Council of Trent*, p. 11.

表在绝大多数的时间里很少到会，他们主张把和平问题放在第一位。更多的人主张同时讨论教义和改革问题。由于教会的腐败已经引起公愤，改革也是绝大多数人的意愿，对此教廷使节也不能置之不理。如果不讨论改革问题，就会给查理五世召开帝国议会解决教义争端及改革提供借口，反而对教皇不利。为了说服教皇同意讨论改革问题，使节们还向他保证即便讨论改革问题，也不会专门针对他本人和教廷，而是将整个基督教世界作为对象，针对的是包括世俗政权在内的所有的人，不会损害教廷的利益。1546年1月22日，同时讨论教义和改革的方案获得通过①。这种方式虽然没有得到教廷，尤其是教皇的完全认可，但最终还是作为会议的基本原则确立起来。

第二，会议的名称和提议权问题。从第二次会议开始，代表们就会议的名称进行讨论。大多数人认为，此次会议代表了普世的教会，主张用"代表普世教会"（Ecclesiam universalem repraesentans）。但是，这个"代表条款"提议遭到了教廷使节的激烈反对。他们认为，这种用法会对会议和异端都产生重要的影响，也会妨碍教皇的权威。因为教皇是普世教会的代表，如果这样做，自然会引起教皇的不满，造成内部的矛盾，妨碍会议的进程。这种思路实际上是剥夺了教皇至上的权威，又回到了公会议的路线上来，康斯坦斯和巴塞尔会议的先例就证明了这一点②。此外，如果采取这个名称，那就意味着新教也包括在内，也应该向新教发出参会邀请，否则就名实不副。为此，一些代表提出，要向新教发出邀请。但是，对教廷来说，这是个两难的问题。如果不打普世的旗号，公会议的合法性和权威性势必受到伤害。如果在名称上将新教排除在外，则给了他们分裂的理由；如果将他们包括在内，同样也会授之以柄，就把会议

---

① Joseph Mendham, *Memoirs of the Council of Trent*, pp. 38 – 39, 43 – 49.

② J. M. Cramp, *The Council of Trent: Comprising an Account of the Proceedings of That Assembly; And Illustrating the Spirit and Tendency of Popery*, London: The Religious Tract Society, 1839, p. 23.

变成了讨论会，是否是异端则还有待于确定。这两种结果都是教廷所不能接受的。经过代表的讨论，在第三次会议上，决定将会议定位为"普世大公"（Universalis et Oecumenica）公会议，没有加上代表条款，以避免不必要的麻烦①。代表条款之争的背后反映的是不同集团的利益和对待新教与公教宗教分歧的态度，也成为会议各派斗争的工具。普世大公的口号虽然确定下来，但它始终是一个争论的问题，在三次大会议的开始都有过激烈的争论。西班牙代表多次在会议上坚持将代表条款写入会议发布决议的名称中②。但在教皇使节和教廷的联合下，这个愿望最终也没能实现。

为了保证会议的顺利进行，尤其是保证对会议的控制，会议主席在会议开始就提出，只有他们才有权利向大会提出讨论的议题。这种专断的做法遭到了许多代表的反对，尤其是遭到了西班牙等教会代表的反对。他们认为，凡是享有参会权利和特权的人都有提出会议讨论议题的权利，以充分展示公会议的自由表达观点的本质特点。但是，代表们谋求动议权的做法被会议主席和教廷断然拒绝。动议权直接关系到会议讨论的问题，对会议走向和结果影响巨大。因此，会议期间，双方曾经多次就这个问题进行争论，西班牙教会的要求最后仍然没有实现③。在庇护四世上任后召开的第 1 次也就是第 17 次会议上，明确规定："为了停止这些时代的灾难，平息关于宗教的论争，约束欺骗性的言辞，改正错误行为的泛滥，以及为教会寻求一个真正的基督徒和平，使节和主席们向该神圣议会的提议权是合适的、恰当的。"④ 使节和主席的提议权在第 24 次会议的改革

---

① Joseph Mendham, *Memoirs of the Council of Trent*, pp. 37–41.
② Ibid., pp. 38–41, 90–91, 187–191, 256.
③ Ibid., pp. 93–94, 291–293.
④ James Waterworth trans., *The Canons and Decrees of the Sacred and Oecumenical Council of Trent*, p. 132.

决议中被固定下来，作为后世公会议的准则①。

第三，教廷与世俗君主之间的矛盾冲突。虽然公会议是教会内部超越民族的会议，与会的正式代表在理论上并非世俗政权的代表或代理。但是，实际上，会议自始至终都存在教廷与世俗政权、世俗政权与世俗政权之间的利益斗争，各地教会的代表大都是所在地王权的代言人。会议中长期存在皇帝派和教皇派的斗争，双方各有打算，都希望控制会议。虽然同时讨论教义和改革的方案已定，但查理五世一直通过各种方式，试图将改革问题作为中心。在这个过程中，召开帝国议会是他对教廷和公会议施压的长策。同样，教皇也利用一切机会摆脱皇帝的威胁，保证自己的利益不受损失。为此，他甚至多次试图休会或终止会议②。双方在会议地点上的斗争充分表明了这一点。

从要求召开公会议起，查理五世就希望将会址设在帝国境内，以便自己控制，同时可以防止法国的突然袭击；教皇则希望设在自己的属地内，以掌握主动。虽然在查理五世的坚持下把特伦特定为会议地址并召开了会议，但教皇及部分代表一直对此地不满。一方面，这里的自然条件很差，给与会者带来许多不便；另一方面，法国因为时常与神圣罗马帝国处在敌对的战争状态，一直担心代表的安全问题，所以不愿意把会址设在皇帝控制的地方。这种想法与意大利的部分主教及教皇派不谋而合，所以会议一开始，他们就联合起来，试图把会址迁到教皇控制的区域，以彻底摆脱皇帝控制会议的企图。1546年前后的形势变化进一步推动关于迁址问题的讨论。一是皇帝与教皇在1546年6月结成联盟，准备对施马尔卡尔登同盟开战，用武力解决新教问题，这使得很多人感觉到在特伦特开会面临战争威胁。随着新教与公教阵营战争的全面爆发，安全成为与会

---

① James Waterworth trans., *The Canons and Decrees of the Sacred and Oecumenical Council of Trent*, p. 231.

② Joseph Mendham, *Memoirs of the Council of Trent*, p. 276.

代表普遍关心的问题。在这种形势下，以芒特为代表的教皇派趁机力主迁址或休会，帝国派则主张在原地继续开会。在第7次、第8次会议上，代表们就迁址问题爆发了激烈的争论，甚至使会议面临分裂的危险。二是疫病的发生。正在争执不下时，特伦特暴发了斑疹伤寒，引发了与会者的恐慌。在众多参会者的压力下，教皇趁机授权三位使节，最终在1547年3月3日的会议上，决定迁址到教廷控制的城市博洛尼亚。

查理五世对会议的迁址决定非常不满，便于9月1日在奥格斯堡召开帝国议会，以解决宗教争端，进行改革。与此同时，部分帝国派的与会者则拒绝前往博洛尼亚，继续留在特伦特，会议陷于实际的分裂状态。1549年9月13日，教皇命令芒特解散与会的主教，宣布休会。在查理五世的坚持和压力下，1549年12月，新任教皇尤里乌斯三世宣布将会址迁回特伦特。1551年5月，会议重新开始，但是，由于德意志教会没有与会，会议不得不推迟，直到德意志的代表到来后，才在9月1日正式开幕。虽然新教代表在1552年参与了会议，但由于新旧之间的矛盾加剧，与会的公教徒担心新教徒进攻特伦特，会议随即在1552年宣布休会，直到1561年才重新开会。在会议的第三阶段，在涉及民愤最大的赎罪券等问题时，教廷使节为回避问题，以教皇病危为由，根本没有让代表讨论，就连夜起草了相关决议。在仓促表决后，不顾西班牙等国代表的反对，就匆匆宣布休会。[①]

第二节　改革措施

在长达18年的时间里，特伦特公会议从教义和教会两方面做出了一系列决议，其中教义神学上的规定也成为教会的法规，为后来

---

① Joseph Mendham, *Memoirs of the Council of Trent*, pp. 305–313.

的实践确立了法律依据。① 由于宗教渗透到社会及个人生活的各个领域，宗教改革实际上就是社会改革，是对一系列现实问题，尤其是教会腐败问题的应对措施。公会议的教会改革方案非常全面，主要分为教会体制的改革和个人行为规范改革两大方面，涉及教会的法权、组织、管理、人员的产生及教育、财产、婚姻道德、行为规范、教会与修会的关系等。主要内容有以下几点：

第一，主教居住制度（residence of bishops）的改革。

主教在教牧区的居住是困扰公教会的一个重要问题。按照古代教会的惯例，每个主教只在一个地方任职，也要在自己所在的驻地居住，以履行对信徒的牧养之责。为了保证主教更好地履行职责，教会收入的三分之一作为其生活资本。但是，随着教会地位的变化和财产的增加，这种状况在中世纪逐渐被打破。主教身兼多职、同时领受多份圣俸的现象逐渐普遍化，主教在自己的驻地居住的惯例也被打破。很多主教在自己驻地之外的地方居住，有些人因长期为教廷服务，干脆常驻罗马，偶尔甚至从不到自己的教牧区去。由于主教的圣俸是由教皇授予的，也是他的特权，因而教皇利用这个特权谋取私利。这不但引起了教会内部经济上的腐败，而且导致教会管理混乱，也妨害了信徒的正常宗教生活。由于看护灵魂的职务大多附有圣俸，使得很多人通过各种方式获得了职位。但这些职位的占有者往往不履行自己的职责，只以牟利为目的。信徒的灵魂得不到教牧，从而严重背离了圣俸的初衷。这种现象被认为是导致腐败的关键，因此，改革要从这个问题入手。不解决这个问题，其他的改革就无从谈起。这种观点其实是教会内部大多数人的共识，也是历届公会议改革中讨论的重要问题。但是，由于教廷和大部分既得利益者的反对，主教居住制度一直没有实行。

这个问题在特伦特公会议正式讨论改革问题时再次成为议论的

---

① 本书不专门讨论神学教义方面的内容。公教会在神学、礼仪等方面的调整，参见本书《圣经》及圣礼部分的相关内容。

焦点。与会的主教们一致同意要彻底改变主教在牧区居住的混乱状况，但在如何操作上有分歧。大多数人认为，改变主教居住制度的关键在于设立堂区司铎助理。因为堂区的主管者大都是只关注自己收入的人，通过设立助理，可以取代这些人。但是，要实现这个目的，首先就要废除教皇的授予圣俸的特权，否则就无从谈起。实际上，只要特权和免除权仍然存在，主教居住制度的贯彻实施就无从谈起。对于有些人提出的强制主教居住的设想，大多数人是持反对意见的，因为妨害了他们的利益。教廷使节们也不愿就此事得罪教皇，而是希望会议暂停或者取消关于这个问题的讨论。在1546年12月29日的全体会议上，他们提出，这个问题最好由教皇以教皇令的形式宣布邀请所有的主教在教区驻地居住，而不是由会议发布一个法令。如果教皇令里面宣布废除了大家希望的守规教士团的免除权，则皆大欢喜。在教皇令没有出现或者没有达到预期目标时，再由委员会在职权内颁布一个法令。不过，这种拖延的策略引起了与会者的反对。在专门委员会的工作下，最终形成了一个包括5条内容的改革方案。[①] 该方案并没有强制要求主教在教牧区居住，而是采取了严格管理、加大监督的惩罚性手段，如离开自己的主教驻地6个月的，要罚没一年收入的四分之一；如果不悔改，继续6个月的，则再罚没年收入的四分之一。如果在这些措施后仍然抗命，则总主教要在三个月内通过书面或信使的方式向教皇揭发其不在驻地的副主教，最年长的驻地副主教也要以同样的方式向教皇揭发不在驻地的总主教。抗命不归者同时要被禁罚，不准进入教堂。主教以下的神职人员，持有对个人居住提出要求的圣俸的，没有合法的理由及主教的允许，不得离开自己的居第，离开的则要找一位代理，并将圣俸收入的一部分给予代理，以保证信徒的宗教生活。教会教长要纠正辖区内属下的错误行为，任何教区神父和住在修道院外的修会神职人员，无论有何特权，都要接受教长的监督、纠正与惩罚；主教

---

① Joseph Mendham, *Memoirs of the Council of Trent*, pp. 105–106.

和更高级别的教长们要对所有的教堂及人员进行察访，纠正其错误；除非经过另一个教区的教区首长同意，任何主教都不得在该地行使教牧权和授任圣职。①

第六次会议的改革方案实际没有任何效果。对于那些不遵守规定的人来说，经济的处罚不起作用。他们可以将带圣俸的职位出卖以弥补损失，同时可以找各种理由免除处罚。教会内部的混乱局面也没有改变，主教居住制度在会议的第三阶段再次成为讨论的问题。在塞利潘多主持起草的改革方案中，第一条就是主教的居住制度问题。不过，整个问题由于关系到与会者的切身利益，还是存在很大的分歧，争论也很激烈。但是，由于教会内部的腐败不断恶化，并严重影响到了教会整体的形象，因此，绝大多数人主张应该采取强制居住政策。"因为只有这个规定才能遏制主教们蜂拥到罗马和其他大城市，在那里安逸享乐，而教皇却视而不见，不采取任何措施。"②有代表提出，要真正解决这个问题，应该将这个义务宣布为神授的权力（divine right），以防各种弊端的出现。但是，这种观点遭到了其他人的反对。他们认为，如果这样做，实际上就侵犯了教皇的特权。为此，有代表提出应该严格执行对非居住制度的惩罚，对不履行规定者进行处罚，对履行者进行奖励，应该敦促、强迫主教们恪尽职守，这一点应该由教皇批准。随着争论的升级，会议内部分成赞成和反对两派。双方最后争论的焦点集中在主教居住制度是否有益（expedient），居住制度是否应该宣布为神授的权力。1562年4月20日，会议对是否将主教居住列为神授的权力进行表决，结果70人同意，38人反对，34人认为应该交教皇裁决。赞成派包括曼图瓦枢机和塞利潘多枢机，西蒙内塔则坚决反对。最后，会议决定由教皇裁决。

---

① James Waterworth trans., *The Canons and Decrees of the Sacred and Oecumenical Council of Trent*, pp. 49–52.

② Joseph Menham, *Memoirs of the Council of Trent*, p. 198.

由于教皇没有表态，主教居住问题的改革方案并没有在第 21 次和第 22 次会议上进行表决。这个问题在第 23 次会议期间再次成为焦点。按照教廷使节给教皇的建议，这个问题有三种解决的思路，一是继续执行保罗三世时发布的法令，不做任何改变；二是完全按照教皇本人的意愿操作；三是由公会议制定一个新的法令，略去神授权力的定义问题，但加上各种处罚和奖惩规定。教皇最后同意加上对于不居住者的严厉惩罚条款，同时授权使节处理居住问题。在结束了关于主教品级问题的讨论后，主教居住制度问题再度浮现。以格林纳达主教为首的西班牙主教们提出，为了遏制各种罪恶，必须将居住制度定为神授权力。有些人反对对不履行居住职责的主教进行处罚的措施。有些人则认为，既然是一项分内的职责，就没有必要奖励。经过多次讨论，会议最后就主教居住制度达成一致，规定"所有的人——无论什么名字和名号，即便他们是神圣罗马教会的枢机……都必须亲自在他们自己的教堂或教区居住，在那里履行自己的职责"。没有合理的理由不得离开；确有合法理由需要离开的，要由教皇等上级领导批准。除了特殊情况外，"离开的期限，无论是连续的还是间断的，都不得超过两到三个月"。不仅如此，除非在教区内的其他地方履行职责，主教们在圣诞节、复活节、五旬节等重大节日期间，不得离开自己的主教座堂，而是要与自己的信徒在一起。违反者除了受到保罗三世时规定的处罚外，其离开期间的收入将被没收，用作教堂的修缮和济贫。不仅主教需要遵守居住制度，所有其他低级的神父（curatis，副本堂）及持有救助灵魂职责圣俸的，也要遵守该制度，离开时间不得超过两个月，违反者将受到最高可以被剥夺收入的惩罚。①

第二，整顿各种特权，改革圣俸占有制度。

虽然社会各界对于教会内部各种特权泛滥造成的腐败严重不满，

---

① James Waterworth trans., *The Canons and Decrees of the Sacred and Oecumenical Council of Trent*, pp. 175–178.

并采取了一些限制措施，但大量特权的存在，实际上侵犯了主教的法权。为了保证教会的正常运转，肃清腐败，公会议在改革决议中多次对特权泛滥问题进行清理。一是在相关的改革规定中取消了教皇授予教俗人士或团体的各种特权、免除权、豁免权等权力，二是缩减了教皇特权，严禁委托任命权（mandata de Providendo）和指定预任（expectativae），不准以任何形式给予任何机构或个人这些权力。严禁未来圣职空缺中的意中保留（reservationes mentales）和其他特恩权，已经授予的各种特权一并取消。① 此外，还取消了教会圣俸的未来占有权（access）和重新占有权（regress）。已经拥有这两种权力的将保留，但不再延长，也不得转让。有未来继承权的助理主教（coadjutor）问题也按照这个规定执行②。严格清查圣俸或教堂赞助者的推荐人选权，只有有确凿的文书证明的才予以承认，其他的一律取消。尽管赞助者有权推荐圣俸的人选，但主教有权拒绝他们推荐的不合适的人选。赞助者也不得干预圣俸产生的各种收益，持有者可以自由支配。赞助权不得转让，也不得买卖。③

为了消除圣俸占有方面的弊端，第 7 次会议出台了改革决议。它规定，无论以什么方式拥有一座以上的总主教或主教座堂的，只能保留一个，其他的必须在 6 个月到一年内辞掉；低级圣俸尤其是带有救助灵魂职责的圣俸，要授予德才兼备的能胜任者，接受者必须在驻地居住并切实履行救助灵魂的职责。不得随意委任圣俸；不得同时领有几份带有救助灵魂义务的圣俸；对于同时领有几份有救助灵魂职责圣俸者，教区首长要强迫他们出示可以不履

---

① James Waterworth trans., *The Canons and Decrees of the Sacred and Oecumenical Council of Trent*, pp. 228 – 229. 委托任命权系指教皇委托主教把某一空缺的圣俸授予特定之人的权力；指定预任指的是指示将第一个空缺的圣俸授予特定之人。意中保留指的是发言者之原意与其表面意义不尽相同。在这里指为把第一份空缺的圣俸给指定的人，而找的各种不给其他人的借口。

② Ibid., pp. 261 – 262. 未来占有指的是未来领有圣俸的权力，重新占有指的是重新占有自己原来领有过但已经放弃的圣俸的权力。

③ Ibid., pp. 264 – 267.

行职责的豁免证明。教区首长任命代理，并将圣俸中的一部分收益拿出做报酬，以确保信徒的正常宗教生活；教区首长代表清查在四十年之内发生的合并圣俸，凡是通过欺诈手段获得的，一律无效；一直与主教座堂、协同教堂或者其他教堂、修道院等各种宗教机构和圣俸联合或者合并的教会圣俸，所在地的教区首长每年进行检查，委任代理并将三分之一的收入作为补助，保证看护灵魂职责的正常进行。①

第14次会议规定，每个教区内的圣俸不得与另一个教区的联合。修士神职人员的圣俸只能授予同类人员。第23次会议规定，教士在14岁之前不得领受圣俸。第24次会议上，公会议规定，严禁在圣俸圣职授予的各个环节收取各种费用或者提成（turnorum lucra），严禁买卖圣职圣俸。神职人员不得同时在两个教堂注册，对于同时领有几份圣俸职位的人，无论是谁，一份教会圣俸只能授予同一个人。对于不足以维持领有者体面生活的圣俸，可以授予单一义务圣俸（即只担负背诵日课经或者主领弥撒的职责）补助，但前提是这个两圣俸都不要求居住。同时主持几个堂区教堂，或者一个主教座堂和一个堂区教堂的，只能保留一个，其余的必须在6个月内放弃，否则将失去所有的职位和圣俸。② 为了防止圣俸的世袭，会议还规定，教士的非婚生子不得在自己父亲任职或主持的教堂领有圣俸或佣金。有这种情况的儿子要辞掉圣俸，或者换到其他教堂领取。双方父亲为各自的儿子谋取圣俸而相互辞掉圣俸，再分别委任给对方儿子的做法是欺诈行为，是无效的。附有看护灵魂要求的双重义务圣俸不得变为单一义务圣俸。

第三，教会体制的改革，包括教会神职人员的组成、晋升、监督、教会的管理、教育等。

---

① James Waterworth trans., *The Canons and Decrees of the Sacred and Oecumenical Council of Trent*, pp. 59–62.

② Ibid., pp. 221–222, 224–225.

在第 23 次会议上，公会议首先确认了教会内部神职人员的 7 个品级，也就是所谓的"七等神品"。在这个体系内，从低到高依次是：司门员（ostiarii）、诵经员（lectoris）、驱魔员（exorcistae）、襄礼员（acolythi，辅祭员）、副助祭（subdiaconi）、助祭（diaconi）、司祭（sacerdos 包括司铎 priest 和主教 bishop，司铎又译"神父"）。其中前四级是小品，后三级为大品。对于司铎和主教是否同为一级，会议的表述并不一致。从七个品级的规定上看，他们是一样的。但是，与会代表围绕这个问题发生了争论，最后明确规定主教高于司铎也就是长老，在职能和权力等各方面都有明确区别。① 公会议之所以在这个问题上发生争论，除了与主教职位神授问题有关外，更多的在于应对新教在这方面的理论。因为马丁·路德在 1520 年就提出了"平信徒皆教士"的观点，否定了神品礼，旨在消除教会内部的教阶制。这种观点不但得到很多新教徒的认可，而且在激进派别中也有很大的影响。这些派别否认教士阶层，尤其是大品在宗教事务上的专权，主张将这些权力平等化，甚至可以由普通信徒承担。这些理论或实践都对这个传统体制提出了挑战，这也可以从公会议关于神品礼的教规条文中看出来。这个条款实际上是对各种挑战的回应，虽然没有点名，但坚决否定了路德的观点。此外，公会议内部之所以形成了主教高于司铎的决议，还与会议代表的构成有关。与会的正式代表都是高级神职人员，而主教以下的人并无资格。对于这样一个提高自己地位的决议，也很少会有人反对。

教会的基本体制也进一步明确。教会以教廷为中心，自上而下为教省、教区、主教座堂区、堂区。其中教廷的最高首脑为教皇，他也是教会的首脑；教省的负责人是总主教，教区的负责人是主教，最低级的堂区则由司铎负责，接受所在区的主教的领导和监督。各级区域都有明确的界限，每个人只能在自己的辖区行使权力，不得

---

① Joseph Mendham, *Memoirs of the Council of Trent*, pp. 245 - 249; James Waterworth trans., *The Canons and Decrees of the Sacred and Oecumenical Council of Trent*, p. 174.

跨区兼职,也不得同时在一所以上的教堂任职。为了保证教会生活的有序进行,会议还规定,每个教省至少每三年召开一次代表大会,由总主教召集,所有主教和其他有权力参会者必须参加;每个教区每年召开一次代表大会,由主教召集,教区内相关人员必须到会。各级会议负责辖区内的道德监督、改正各种错误、解决争端等。教会管理事务方面的一般争端由各级组织根据教会法规定的权限进行处理,重大案件或争端由教皇亲自审理。

面对各种威胁,公会议再次申明教会的财产不可侵犯。会议规定,任何人无论是教会人士还是世俗人士,都不得以任何动机、借口、手段挪用、侵占属于教会的权益,这些权益包括司法权、财产、租金、权利(包括那些以费用或租借形式存在的权益)、收成、报酬或其他任何形式的收入来源,也不得侵占各种世俗或修士的圣俸、慈善机构或其他任何济贫场所,也不得阻止教会自己的权利。违反者要受到诅咒,直到将非法侵占全部归还给教会为止。教会的赞助人侵占教会权益的,要剥夺其赞助权。其中参与的教士也将受到同样的惩罚,其享有的所有圣俸都要被剥夺,也不得接受其他任何圣俸,还要被停职。

为了杜绝各种腐败现象,公会议还特别对教士和修士的选任等做出了详细规定。在所有级别的选任和晋升中,一是强调宗教信仰的虔诚;二是注重对人选的品行、学识、能力考察。此外,公会议还对任免程序做了明确的规定:要由专人对候选人进行全面的考察和评议;同时接受监督,杜绝舞弊现象;对于任职者进行定期的考核与监督,在任职资格和晋升期限上也做出了明确的规定等。如:晋升小品的教士要有堂区司铎和受教育学校校长的证明;晋升大品的则要在晋升仪式举行的一个月前到主教那里去,由主教任命堂区司铎或者其他合适的人员,公开宣读欲晋升人员的名单,同时就他们的出身、年龄、道德及生活状况进行考察,将考察报告及证明材料交给主教,作为晋升与否的重要依据。任小品职的人要懂拉丁文,以便进一步学习并更好地在教会服务;初次剃度和晋升小品的人在

14 岁前不得拥有圣俸。在持有教会圣俸之前，也没有教会法庭的特权。最高一级小品晋升大品的期限至少要一年。公会议还规定，22 岁以前不得晋升副助祭，23 岁以前不得任助祭，25 岁以前不得任司铎；副助祭和助祭的任职除年龄的基本规定外，还要具备良好的个人品行，并有证明人，在小品职位上成绩突出，熟悉业务，同时精于文字。副助祭晋升高一级职位要满一年；晋升司铎的，要在以往职位上虔敬诚信、任助祭至少满一年，而且要经过认真的考察，能够胜任教育教徒的救赎之事，适合主持圣礼，虔敬圣洁、能为人表率。司铎在主日及重大节日要举行弥撒祭。主教座堂任职的擢升要按照教会法的规定，选择出身、年龄、个人品德以及生活等方面符合条件的，同时拟任职者正式列入圣品的时间不低于 6 个月。此外，还要具备履行职责的学识、曾在大学学习过，获得过神学硕士或博士学位，或者教会法的学位，适合教育别人。候选人要由专门的委员会考察，并出具书面报告，只有符合条件的才能任职。如果拟任职者是修士，则由其所在修会的上级教长按照同样的程序操作。为了保证修士队伍的纯洁，会议也对入会的年龄、资格、程序等作了严格规定。同时严禁强迫妇女加入修会，也不得阻止自愿加入者。①

会议赋予主教非常大的权力。主教是使徒的继承人，级别高于司铎。主教负有自主治理教会的职责，拥有神学、信仰和管理方面的权力，是教会中最重要的角色。他有权讲道、赦罪，主持圣礼等各种宗教仪式，尤其是坚振礼、神品授职礼等。主教还有权任命教会的圣职人员。为了强调主教在教会事务方面的自主权，会议还规定，在任命主教、司铎及其他神品时，不需要人民、世俗权威的同意、满意或授权。相反，这些人任命或自行封授的一

---

① James Waterworth trans., *The Canons and Decrees of the Sacred and Oecumenical Council of Trent*, pp. 225 – 228.

律无效。①

主教负责辖区内的教会管理事务，所管辖的对象不但包括教士，也包括修士。他可以把教会日常总收入和收益的三分之一在教会人员中进行分配，负责圣俸的授任。为了防止腐败，公会议特别规定要保证担负看护灵魂职责的神职人员的基本生活条件，强调在圣俸的设立或者职务的委任时，要有充分的经济保障，使他们能够安心履行职责，以免借圣俸谋利。主教要确保辖区内各种宗教机构的正常运转，尤其是资金来源。主教享有对婚姻和刑事案件的独占审理权，要从速、公平审理各种案件。主教或守规教士团成员等要定期对辖区内的神职人员、男女修道院等各种宗教机构、慈善机构、学校等进行监督检查，及时改正教义、信仰、道德等各种错误，奖善惩恶。主教要确保这些机构的正常运转，尤其是收入和规模较小的机构。要确保这些地方在实际的运作中实现其救助灵魂或者帮助穷人的初衷。② 主教还要以教皇代表的身份，监督视察辖区内有免除权的修会或其他组织。不受主教管辖的修会神长也要定期视察监督下属修院，及时改正各种错误。

为了确保主教的权威，消除因特权泛滥对教会秩序带来的危害，公会议特别规定，教会里所有的特权和免除权，除了特别授予的、由教廷特批的教会或修会组织、在罗马教廷或者枢机家里居住的人的外，都不得与主教的司法权相抵触。③ 但是，主教不得滥用权力，贪赃枉法，徇私舞弊，搜刮信徒。

为了提高神职人员的素质，确保教牧工作的质量，公会议还对教士的教育做出了规定。在第4次会议上，与会的主教们达成了加强对《圣经》的研究与教育的共识。④ 在第23次会议上，教士的教

---

① James Waterworth trans., *The Canons and Decrees of the Sacred and Oecumenical Council of Trent*, p. 174.
② Ibid., pp. 208-210, 262-264.
③ Ibid., pp. 216-217.
④ 参见本书第二章相关内容。

育再次成为关注的话题。会议规定，所有的主教座堂、总主教堂及其以上的教堂，要在驻地或其他合适的地方建立至少一所神学院，对学生进行宗教、教会戒律教育，以便使之成为教牧人员的永久学校。学校的大小根据教会的规模而定，招收辖区内或者邻近教会辖区的 12 岁以上的合法婚生的信徒。这些学生入学时必须具备读写的能力，并有志于教会的教牧事业。学校招收的学生以穷人家的孩子为主，免费提供教育。富家子弟入学的，则要自费。主教要根据学生的人数、年龄及知识程度，把他们分为不同的班级，并适时增补。主教还要根据具体情况，将一部分学生补充到教会神职人员队伍中，其他人则要继续学业。

进入神学院的学生要接受严格的教会戒律训练，要剃度并穿教士服装，学习文法、唱歌、教会的节期计算法，以及其他自由艺术；还要接受《圣经》、各种宗教著作、圣徒的讲道教育，掌握主持圣礼的方式，学会如何听忏悔，掌握礼仪与仪式的方式。除日常的学习外，学员们还要履行作为基督徒的职责与义务，如出席每天的弥撒献祭，每月至少一次忏悔，根据忏悔师的指导领受耶稣基督的圣体，每逢节日到主教座堂或当地其他教堂服务。

为了保证该政策的实施，公会议还规定，主教还必须经常查访这些学院，查访时要有两位年长有经验的守规教士团成员陪同。对那些违反纪律的学生进行处罚，严重者必要时予以开除。主教要消除办学过程中的各种阻碍，培养虔敬圣洁之风气。此外，主教还必须保证神学院的经济来源和收入，以用于建造校舍、支付教师和教辅的工资、维持年轻学生的生活以及其他开支。为此，公会议特别规定，主教要在两名守规教士团成员和两名教士的监督下，将主教区收入的一部分拿出来，作为运转资金。此外，其他各种教会、修会团体和个人的收入，包括圣俸、各种佣金、补助金、医院、没有神学院学者或教师的学院，也必须把收入的一部分作为神学院的支持资金。即便是有免除权的，除特殊规定的外，也要缴纳。为了保证神学院的正常运转，必要时主教还可以采取其他措施，如请世俗政权介入，确保资金的征收。为了降低成本，主教还可以强令辖区内的神学教授、讲师或者教师亲自到神学院授课。神学院教师要具有博士、硕士学位或获得神学和教会法资格证书，并能亲自履行职责。①

第四，神职人员的道德规范改革。

在基督教的理念中，教士阶层作为信徒和神之间的代言人，担负着救赎人的灵魂的职责。他们本应该是道德和人的精神生活的楷模，是圣洁的象征、信徒的"一面镜子"和效仿的对象。对他们来说，切实履行教会赋予的救助人灵魂的职责是其第一要务，也是最主要的任务。但是，随着教会和教士特权地位的提高，教会财富的不断增加，教士阶层也陷入了腐败的深渊。他们追名逐利，生活腐化，忘掉了本质工作——拯救信徒的灵魂。这种理论与实践上的矛盾使得这个阶层备受诟病，因此也是改革的重要内容。在第22次会议上，会议的改革决议中明确表达了改革决心，重申了以往各次公会议或者教皇发布的相关法令的有效性，如教士的生活、行为、衣着、学识要求，严禁生活奢华、宴饮、跳舞、赌博、运动等各种犯罪行为。② 所有教士和修士神职人员要严格遵守教会法，不得受雇于世俗政权，主教尤其不能放弃自己的本质工作，成为世俗君主的臣下，违者将受到惩罚。③

教士应该在言行方面作为世人的表率，在言行、举止、衣着、生活、起居方面要严格遵守教廷及历代公会议的规定。一经剃度，各品级的神职人员要按照规定着装。主教座堂的守规教士团成员（canon）必须按照规定着装，不得狩猎、爬山野营、跳舞、到酒馆

---

① James Waterworth trans., *The Canons and Decrees of the Sacred and Oecumenical Council of Trent*, pp. 187–192.
② Ibid., pp. 162–163.
③ Ibid., pp. 273–274.

饮酒或参与游戏运动;① 主教等高级神职人员起居要简单,生活朴素,衣食节俭,不得借教会的财产为自己的家人和亲属谋私利,神职人员要以身作则,在德行和纪律方面作表率。

严格教士和修士的禁欲独身制度。严禁教士阶层姘居,违反者将按照教会法的规定处罚。屡教不改者,要被剥夺所有的职位和圣俸。因改过获得赦免后重犯的,则要由主教实施绝罚,并不得以特权等借口开释。对于那些没有教会圣俸和佣金的,则根据罪行的严重程度、个人的态度等,处以监禁、停职、不准领受圣俸等教会法规定的处罚。主教违反规定的,则要由教省议会进行劝诫;不听劝诫的,则自动停职;拒不改悔的,则由教省报教皇亲自惩罚,确有必要的可以剥夺圣职。②

修士和修女要严格遵守会规,不得拥有世俗财产,要按照顺从、贫困、贞洁等誓愿修行,遵守各自修会在衣食住行等方面的规定。修士到大学就读的,必须在修道院居住。严格执行在院内居住的制度,尤其是女修院的封闭制度,修女没有合法的理由及主教或上级的许可不得离开修院。没有主教或上级的书面许可,任何人不准进入修道院。③

第三节 公教的转型

按照特伦特公会议召开的设想,消除异端、恢复和平、改革教会是三个最主要的目的,这些问题是当时拉丁基督教世界面临的共同问题。经过这次会议,罗马公教会一方面阐明了自己的神学及

---

① James Waterworth trans., *The Canons and Decrees of the Sacred and Oecumenical Council of Trent*, p. 219.

② Ibid., pp. 270-271.

③ Ibid., p. 240.

教义理论，从而第一次在历史上系统规定了公教的内涵与外延，将不成文或者凌乱的传统系统化、制度化；另一方面，各种改革措施则为教会后来的实践确立了标准，这些都为公教会后来的发展奠定了基础。当然，对于会议的参与者来说，如何通过改革，解决当时教会和社会上的各种矛盾，消除腐败，恢复教会应有的纯正职能，重塑教士和修士阶层的典范形象，提高社会和个人的道德，从而实现集体和个人获得救赎的宗教理想，这才是最直接的目的和动力。

对公教来说，这些目标实现了没有？特伦特公会议到底意味着什么？它与前后历史阶段的关系如何？这些一直是见仁见智的问题，至今没有定论。过去几十年来，学术界对宗教改革时期的公教认识有了显著的变化，在原来流行的"反宗教改革"之外，出现了一些新的理论，如公教改革、公教宗教改革、现代公教、早期现代公教、认信化等理论。这些理论大都不再持否定态度，而是充分肯定其进步性，尤其是与现代性兼容的特性。这些新的认识大都跳出了单纯的神学或教会史的范畴，不再简单地将新教改革和公教的活动对立起来，而是将它放置到更大的背景下来把握，甚至纳入现代化的进程中加以考察。[①] 无论将它定义为现代性的热身，还是真正意义上的早期现代，这些理论的积极意义都是值得肯定的，但是这些认识同样存在问题。这些看法往往又走上了另一个极端，过分夸大了其作用。将现代化理论引入这个领域还带了新的问题。现代化的概念是什么？它是一个先验的概念，还是一个历史的概念？现代化是一元的还是多元的？这些问题至今也还没有一致的看法。过于理论化的思路反而妨碍了对问题的正确认识。

笔者认为，在分析特伦特宗教公会议在公教发展历程中的作用时，要充分将其过去的历史和未来的发展联系起来整体看待，不能简单地割裂。此外，也不宜单纯从进步或落后的层面入手，不能简

---

① 参阅本书的前言部分。

单把新教和公教对立起来，尽管它们之间确实存在很大的不同。要把它们放在整个时代的具体环境中去看，将它们视为对时代问题或危机的不同反应，或者说是不同的解决方案。只有这样，才能得出较为正确的认识。在相同的危机面前，新教和公教采取了不同的对策，逐渐走上了不同的道路。这些对策具有浓厚的两面性，一方面与过去有着内在的连续性；另一方面又有所突破。可以说，带有转型时期的典型特征，在很多方面与现代还有一定的距离。在这方面，新教和公教都是如此。

无论从认识问题的思路还是具体的改革措施，这个时期的公教仍带有转型时期的色彩。它基本上秉承了过去的传统，并以此为基础对神学教义及教会、个人行为规范等做出了规定，确切地说，是对传统的正式确认，而非变革，更非革命。在这个意义上，公教会与以往没有本质的区别，无论其理论还是实践上都没有根本变化。相反，在很大程度上，传统反而进一步得到了强化。在此后公教会的实践中，这些规定都作为合法的权威保存下来。

从改革的议题上来看，特伦特宗教公会议并无新意，可以说是以往教会改革活动的继续。无论是教会的腐败、教俗的利益之争，还是个人和集体的行为规范，都是 14 世纪以来公会议的常见话题，也是长期议而不决的问题，有些甚至是公会议运动兴起之前的老话题，如同时兼任多个圣职、领有多份圣俸的现象等。第四次拉特兰公会议禁止同时拥有两份附有看护灵魂义务的圣俸，卜尼法斯八世（Boniface VIII, 1294—1303）则"禁止任何教会人员拥有几个带有看护灵魂义务的修道院或教堂"，维也纳公会议再次重申。① 如果对比第四次、第五次拉特兰公会议和特伦特宗教公会议的改革措施，就可以发现这一点。特伦特公会议不过是在新形势下对这些老话题的延续和重新讨论。

---

① Fourth Lateran Council, Constitutions 29; Council of Vienne, Decrees, 4, Norman P. Tanner ed., *Decrees of the Ecumenical Councils*, Vol. 1, pp. 248 – 249, 362 – 363.

尽管如此，与以往相比，特伦特公会议的改革措施还是给公教带来了一些变化。这些改变使教会在一定程度上进行了调整，进一步明确了公教的自我身份，并与新教形成显著的对比，对公教会后来的发展意义重大。除了具体的革弊除陋举措外，更主要的是宏观的变化。

第一，公教与新教合一的努力以失败告终，二者彻底分道扬镳。宗教改革期间，新教和公教一直处在矛盾状态中，路德及其追随者们也被视为异端，处于理论上的非法状态，面临着世俗和教会的双重处罚。尽管如此，公教与新教之间也有着联系，并有和解的意图，也有实际的行动。这种态势在神圣罗马帝国内部非常明显。查理五世虽然是一个虔诚的公教徒，也始终反对新教，但在对待帝国境内的宗教纷争上，却主张新教与公教之间和解。除了在施马尔卡尔登战争期间使用武力外，查理五世一直采取和解的政策。为此，他多次下令或亲自主持召开帝国会议，以法令的形式限制双方的冲突。

为了彻底实现统一，他还迫使教廷同意给予新教自由通行的安全保证，以便新教参加特伦特公会议。在他的压力下，教皇被迫多次给予德意志新教自由通行的权力，以便他们参会。虽然新教代表在1551年底参加了会议，但分歧仍旧。首先，新教代表提出，要按照巴塞尔公会议的惯例，给予他们更多的安全保障，使他们能够有决定性的声音，有权决定《圣经》等问题；其次，要重新审查以往通过的教义，如称义问题等；最后，教皇不得凌驾于公会议之上，而要从属于后者。对公教来说，这些要求除了安全保障的考虑之外，没有任何一条是可以让步的，因为他们所有的理论基础都是建立在传统的理论和习惯之上的。如果承认，那就意味着自己是错误的，而新教是正确的，公教存在的合法性也将动摇。在这种情况下，虽然公教和新教在理论上都坚持只有一个大公的教会，但双方的理论基础已经大不相同了。随着新教代表退出会议，双方短暂的、统一的努力也就以失败告终，走上了各自发展的道路。

第二，教皇至上原则彻底确立，以教廷为中心的教皇专权体制形成。特伦特公会议实际上延续了第五次拉特兰公会议以来的传统，即确保了教皇的最高权力。在这次完全由教皇主导的会议上，教皇与公会议权力的关系并没有被列入议事日程，即便是有代表通过代表条款、主教职位权力神授①等进行迂回的斗争，也没有成功。实际上，在使节与教皇的联合下，所有挑战教皇权威的企图都被毫不客气地压制了。与以往会议不同的是，14世纪以来历次公会议上关于教皇地位的定位，以及教皇选举等司空见惯的议题始终没有出现。在会议的过程中，教皇的使节大都为教皇亲信，即便有些人有改革的强烈愿望，但也无意甚至不愿意挑战其最高权威。在关键的问题上，他们都要向教廷汇报，按照后者的意思行事。虽然教皇没有亲临会场，但始终控制了会议的大方向。会议在最后的决议中明确表示，所有的改革措施，都不触动教皇的任何权威。② 如果说教皇在第五次拉特兰公会议上是通过激烈斗争才确立了自己的至上地位的话，那么特伦特公会议则不然，会议是在不否认这一点的前提下操作的。教皇的至上地位在会议上得到进一步的巩固，这成为近现代公教有别于其他教派的一大特色。从特伦特会议的整体情况来说，最终胜利的还是教廷，也就是教廷的保守派。他们主张的地方教会和主教驻地居住制度等改革得到实施，而针对教廷的改革几乎没有，其利益也没有受到实质性的损害。在所有的规定中，只有第24次会议改革决议的第一章提到了教廷枢机的选任规定。此外，再无任何关于教廷改革的信息。在特伦特公会议后，以教皇为首的教廷集权局面进一步加强。

在教皇集权体制下，教廷内部达到了高度的统一。与新教不同的是，它依靠强制性的行政命令而非公会议的形式，解决内部的各

---

① Joseph Mendham, *Memoirs of the Council of Trent*, pp. 244 – 259.

② James Waterworth trans., *The Canons and Decrees of the Sacred and Oecumenical Council of Trent*, p. 277.

种争端，从而人为避免了分裂。在此后的 300 多年里，没有出现类似的会议，直到 1854 年对教皇权威及永无谬误问题的争论为止。公教会内部抛弃公会议的做法恰恰凸显了特伦特公会议的意义，正是因为此后没有召开公会议，才使得这个理论体系具有了相对长期的稳定性。

第三，主教的权力得到进一步强化。从地方来看，特伦特宗教会议是在不削弱教廷权力的前提下，强化了主教的权力，形成以主教为绝对中心的主教负责制。按照公会议的决定，主教在自己的驻地教堂就是"教皇的代表"①。主教在教会日常管理、教会财产、司法权、各级教职人员的遴选以及主持各种宗教事务的权力方面进一步加强。一方面，原来限制主教权力的各种特权被废除，主教对辖区内的教士和修士等宗教团体的直接管理和监督权得到确立；另一方面，守规教士团对于主教的限制被取消，须接受主教的领导②。除此之外，教廷为了平息地方教会怨气采取的减少上诉案件的决定，也使得地方主教的司法权进一步扩大，也给他们带来更多的经济利益。经过这次调整，主教的权力大大加强。

这种局面的形成在很大程度上是各方博弈的结果。从整体上来说，作为会议的参与者与决议的制定者，主教们首先要确保自己的权力和地位不受损害。尽管代表内部矛盾复杂，但在这一点上是一致的。他们希望通过改革削弱或者分享教廷的部分权力，有些人甚至提出了主教职位权力神授，教皇与众主教完全平等的观点。与此同时，他们也坚决反对教皇削弱乃至降低他们地位的企图。教皇希望降低主教们的等级，变成古代以色列那样的一个大祭司独占的局面，而将他自己之外的所有主教降到与神父并列的地位，也反对主

---

① James Waterworth trans., *The Canons and Decrees of the Sacred and Oecumenical Council of Trent*, p. 88.

② Ibid., p. 58.

教职位"神授权力"的称号①。在这个问题上，地方主教尤其是非意大利籍主教与教廷一直存在矛盾。主教们在削弱和分享教廷的部分权力的同时，还削弱了主教以下神职人员的部分权力，因为这些人没有资格参会，所以在这一点上根本没有遭到反对，主教高于司铎的规定也顺利实现。

虽然主教们和教皇有矛盾，但也有利益一致的一面。教皇需要主教们的支持，以抗衡世俗君主，为此不得不满足主教们的部分要求；主教们则需要以教会法为基础，借助教皇的权威，以防世俗君主的干预，这样就必须承认其领袖地位。这一点在会议关于教俗关系的讨论和决议上得以体现。

第四，教俗关系理论与实践的变化。特伦特公会议虽然采取了很多的改革措施，但在最为关键的教俗关系上，实际并没有太大的改进，尤其是在理论上，仍然坚持了传统的合理性，重申了属于教会的各项权力和特权。② 与会代表作为地方教会的负责人，也与所在地的世俗政权有利益争夺。从这个角度来说，他们不愿意放弃自己的利益，也不能容忍世俗政权对其利益的侵害。所以，在第 24 次会议上，会议先就这个问题进行了讨论，拟定了一份有 13 条内容的草案，提出消除世俗君主的妨碍（impediment），确保教会的免除权（immunity）。这些免除权包括：教会人员不受世俗法庭的审判；世俗法官不得干预属于教会法庭管辖的案件、人员和财物（包括教会的世俗司法裁判权），包括精神、婚姻、异端、庇护权、圣俸、民事、刑事、刑事民事混合案件等，敢于将案件提交世俗官吏的，将被绝罚并被剥夺相关的权利；世俗人士在与教会有关的案件中不得

---

① Joseph Mendham, *Memoirs of the Council of Trent*, p. 249ff..

② 宗教改革时期，教俗关系问题再次成为新教和公教讨论的重要问题。新教内部对这个问题的认识不完全相同，但以教俗分权为主，认为教会和世俗政府是神设立的两个并列的政府，在各自的权限内共同服务于救赎的目的。公教会内部的观点也不完全一致，但教廷在理论上仍然坚持高于世俗的传统。直到 1885 年，教皇利奥十三世才宣布教会和世俗政府是两个并驾齐驱的机构，各有其权，各司其职。本书不再专门讨论这个问题。

任命法官；那些接受世俗任命的书记员（clerk），无论享有什么样的特权，都将被剥夺神品、圣俸和职位，并不得再担任；世俗人士不得干预教会法官行使绝罚权；无论皇帝、国王还是其他君主，都不得颁布与教会人、事有关的法令，也不得干预教会的相关活动，但要向教会法官提供武力援助；教会的世俗司法裁判权不得受到干涉，在世俗案件中教会的臣民也不得由世俗法庭审判；任何君主或官吏不得把领地内的圣俸许诺给他人，也不得以任何方式从高级教长、守规教士团和修士那里获取圣俸，违反者将被剥夺资格；世俗人士也不得以任何借口干预空缺圣俸的果实，不得安排代理，接受这些职位的俗人将被教会绝罚，神职人员将被停职并剥夺圣俸；除了古代在一些教省里遗留下来的教会帮助公共议会（public parliaments）、对教俗人士征收的补助金以及对不信神者开战等紧急情况外，不得以任何名义对教会人员征税、什一税、通行费、补助金等；不得干预教会的财物，包括动产和不动产及集体和个人财物；教会法庭尤其是罗马教皇法庭的各种判决文件，一经发出，必须立即公布执行，不得以任何借口拖延；君主和官吏不得占用教会的房子或修道院，不得安排官吏、仆人及马匹等居留，也不得从这些地方索取食物等；任何王国、省份或地区，如果有教皇授予的不受约束的特权，必须在会议结束后一年内向教皇出示证明以予以确认，否则视为无效。[①]这个草案一经提出，就遭到了各国驻会大使的一致反对。如果对比一下此前各国的陈情书，就可以看出，教会在世俗政权意见最大的关键问题上，并没有让步的意向。但是，面对世俗政权的强烈反对，代表们被迫放弃这个草案。在第 25 次会议上，这个问题以非常简单模糊的形式出现在改革法令的第 20 章，公会议"奉劝世俗君主尊重教会的特免权、自由和其他权力"，并履行武力捍卫宗教的职责。[②]

---

① Joseph Mendham, *Memoirs of the Council of Trent*, pp. 285 – 288.
② Ibid., pp. 283 – 288, 306 – 307; James Waterworth trans., *The Canons and Decrees of the Sacred and Oecumenical Council of Trent*, pp. 275 – 276.

从第 24 次和第 25 次会议关于教俗权限的讨论及结果可以看出，教俗之间的矛盾还是非常清晰的。教会代表基本同意重申自己的权力，而作为世俗政权代表的使节们则一致反对这个企图。虽然相关决议的表述非常简单，但对教会而言，其指导思想和立场是非常明确的。一是教会各种传统的权力不容侵犯，二是要恢复各种被侵夺的权力。教会享有的豁免权、自由和司法权不容侵犯。公教会在理论上的坚定性还体现在对世俗政权主导下的新教与公教的和解行动上，教廷坚决反对并诅咒 1555 年的《奥格斯堡宗教和约》和 1648 年的《威斯特伐利亚和约》。

　　尽管公教会在理论上仍然坚持自己传统的权力不容动摇，但实际上已经无法做到这一点了。公会议的决议和改革措施遭到了路德等新教改革家的批判，加尔文还专门针对公会议第一阶段的决议进行分析和反驳。① 在公教阵营内部，尽管教皇要求各国接受并颁布该决议，但教会改革方案始终没有得到一致认可。虽然各公教政权对于神学教义、戒律和道德规范等规定予以认可，但在教会改革和法权上却有很大的差异。法国并没有完全接受。以迪穆兰（Charles du Moulin，1500—1566）为首的王权捍卫者认为，会议既违反了自然法，又违反了传统。作为被告，教皇自己召开会议并任命主席，而原告德意志新教君主则没有到会。召开公会议的应该是世俗君王或者皇帝。该会议的很多次分会议法国并没有代表出席，因此，他们认为这是一次不合法的会议，法国不应该接受会议的决议。让蒂耶（Innocent Gentillet，1535—1588）则指出，会议的决议要成为法国的法律，既要接受神学的验证，也要经过法律和历史的验证。在迪穆

---

① Erwin Iserloh, "Luther and the Council of Trent", *The Catholic Historical Review*, Vol. 69, No. 4, 1983, pp. 563 – 576; Robert E. McNally, "The Council of Trent and the German Protestants", *Theological Studies*, Vol. 25, No. 1, 1964, pp. 1 – 22; Henry Beveridge, Jules Bonnet eds., *Selected Works of John Calvin*, Vol. 3, pp. 14 – 169; Theodore W. Casteel, "Calvin and Trent: Calvin's Reaction to the Council of Trent in the Context of His Conciliar Thought", *Harvard Theology Review*, Vol. 63, No. 1, 1970, pp. 91 – 117.

兰的建议下，1564年的法国王室议会认为，特伦特公会议的决议废除了国王的权力和法国教会的自由，决定推迟其在法国的实施。虽然有部分公教徒敦促议会接受并在法国推行该决议，但并没有得到法国政府的认可。1616年，法国的一些高级教士宣布接受该决议，但国王路易十三（Louis XIII, 1610—1643）没有批准。[①] 意大利、葡萄牙、波兰基本接受。西班牙国王腓力二世（Philip II, 1556—1598）并没有完全否认，但以该决议不妨碍王权为前提。德意志的公教政权接受了决议，在戒律方面提出一些意见。但是，神圣罗马帝国皇帝费迪南德一世（Ferdinand I, 1558—1564）则坚决禁止在自己的领地内颁布并实施该决议。在一些地区，尤其法国和西班牙，国王还是自己选择主教。[②] 公教会内部对改革决议的态度当然反映了教俗之间的冲突，但从中也可以看出各国内部世俗政权与教会之间的利益冲突。地方教会一方面要仰仗世俗政权，不太希望教廷干预和侵犯自己的利益；另一方面，他们也希望借助教廷对世俗政权施加压力，以防自己的利益受到损害。所以，即便在政府没有认可决议的法国，也仍然有教会高级人士决定接受决议。

上述现实表明，公教会的一统权威正在瓦解，教皇对各国宗教事务尤其是教会的管理主导权正在丧失。随着"教随国定"原则的确立，教廷在这些地区的直接控制权也不断减弱。只有在意大利，教皇的权威才较为完整地保留下来。总体而言，随着新教以及世俗王权的不断强大和教会民族化的趋势加强，教廷的权力在不断萎缩，其地位在不断降低。在这个过程中，公教会自身也在发生着重大的变化，它由一个超越世俗政权的跨区域组织转变为一个区域性的组织，其直接管辖的范围大大减少。教廷的政治及行政职能更多地集

---

① Robert M. Kingdon, "Some French Reactions to the Council of Trent", *Church History*, Vol. 33, No. 2, 1964, pp. 149–156; Thomas I. Crimando, "Two French Views of the Council of Trent", *The Sixteenth Century Journal*, Vol. 19, No. 2, 1988, pp. 169–186.

② Jean Delumeau, *Catholicism between Luther and Voltaire: A New View of the Counter-Reformation*, Philadelphia: Westminster Press, 1977, pp. 24–26.

中在意大利，尤其是以罗马为中心的教皇国。当然，这并非说公教会的普世性及其组织已经完全消失，教廷在理论上仍然拥有对各地教会的主权，尤其是对主教的封授权。它在神学教义、礼仪等精神性事务上仍然是毋庸置疑的唯一权威，其普世特征仍然得以延续。公教地区的各世俗政权都接受了公会议在这方面的决议和改革内容，作为各自宗教信仰的基本依据。

　　与这个大环境相适应的是，公教会内部的一些神学家也开始对传统观点做出新的解释，尤其在备受关注的教俗关系方面。在这个问题上，耶稣会士罗伯特·贝拉明（Robert Bellarmine, 1542—1641，马塞卢斯二世的外甥）是主要代表。拉丁教会在中世纪的实践中，逐渐形成了关于教俗关系的理论，其主要内容有：教会和世俗政权是两个不同的机构，教会高于世俗政权，拥有精神和世俗权力。教会的教俗关系理论在卜尼法斯时达到顶峰，他在1302年发布了《至一至圣教谕》（Unam sanctam），宣称教会之外无救赎，同时声称教皇是最高主宰，教会拥有精神和世俗双剑，前者为教会所用，掌握在司祭手中；后者由教会使用，掌握在国王和士兵手中，按照前者的意志行使。世俗之剑要从属于精神之剑，世俗权威低于且从属于精神权威。[①] 虽然这种理论遭到世俗政权的反对，但教会始终坚持自己的优势地位，即便在特伦特公会议上也没有放弃。为了缓和矛盾，贝拉明提出了间接权力（potestas indirecta）理论，以解决教会的世俗权力问题。贝拉明认为，从理论上来说，作为精神权威的教会高于世俗权威的政府，教会拥有精神和世俗权力，这都是毋庸置疑的。但是，就教会的世俗权力而言，这只是一种间接的权力。基督徒的共同体虽然是一个，但有角度的区分。它既是基督徒共和国（respublica Christiana），又是公民共和国。前者侧重的是超越属地的信徒身份，后者则是属地公民身份。同样，教会也可以分为普世教会与

[①] Brian Tierney ed., *The Crisis of Church and State, 1050–1300*, New Jersey: Prentice-Hall, Inc., 1964, pp. 188–189.

有形教会，以及战斗教会和得胜教会。基督是天国里的普世教会和得胜教会的首领，而教皇则是存在于世间的有形教会和战斗教会的首领。基督与教皇的关系类似国王与代理，教皇在基督不在世间时代行职能。这个教会是由人组成的，因为人性的堕落，所以人的共和国有必要实行一种混合形式的君主制政府。教皇是从教徒的角度进行统治，但他的统治并不能取代世俗君主。世俗君主作为信徒，属于基督徒共和国范畴，要接受教皇的统领。同样，基督徒还是君主的臣民，要服从君主，后者只是在政治的意义上，基督徒君主不是从基督徒角度统治基督的臣民，而是从政治人的角度。二者不同，不能混淆。教皇居住在世间，其职责范围限于世间教会的法权和主权。世间教会是一个灵魂帝国（empire of souls），与得胜教会和世俗政权相比，它是一个独立的单位，同时联通二者。三者的成员是一体的，在地上是世俗政府成员，升天后则是得胜教会的成员。教皇颁布的法令对所有基督徒成员有约束力，尤其是信徒的良心，但仅限于神学教义方面，是非武力的，并非像世俗君主的法律那样。世俗政权独立存在，不依赖教会权威。教会和世俗政权像精神和肉体，既不相同，但又不能分离。当然，精神高于肉体。教皇将西部帝国从希腊人那里转给法兰克人，不是因为他是王中之王或超级世俗君主，而是因为他是普世教会的牧师（Pastor of the Universal Church）。教会的世俗权威是间接的，它并非自身固有的，而是从其精神权威派生出来的，教皇也并非世界的君主。教皇的世俗权威只限于他自己是世俗君主的王国和省份，并非全世界。教廷是一个灵魂帝国，教皇是这个帝国的皇帝，他对其他世俗君主的统治是藉此实现的，如宣布君主是否是异端、是否合法。其权限仅限于宣布，没有采取其他措施（如武力）的权力，后者完全在于世俗。同样，教士在财产及豁免权方面也不是神法规定的，而属于人法的范畴，是世俗君主赋予教皇的。不过，教皇的世俗权威虽然是间接的，但并不意味着他不能干涉世俗事务。当这样的情况发生时，他是借其精神权威，而非世俗在发挥作用的。①

小 结

特伦特宗教公会议是由教皇发起召开的应对危机的会议,在很大程度上是公教会内部改革活动的继续,无论在议题上还是决议上都与以往没有本质区别。会议内部同样充满了各种矛盾,经过激烈的斗争,会议最终在神学、教义、礼仪等方面发布了相关教会法令,同时颁布了教会改革个人道德改革的法令。公会议重新肯定并论证了公教会以往的理论与实践的合理与合法性,以区别于其他派别。对公教来说,这是对抗新教的唯一选择。

虽然如此,特伦特公会议还是在许多方面做出了改变,尤其是在遏制腐败方面。特权的泛滥得到一定的遏制,部分特权被取消;主教驻地居住制度得到实施;同时兼任多份圣职和圣俸的行为也被禁止;教会的体制进一步完善,在人员组成、晋升、教会管理等方面都有了明确的规定。教会还出台了加强神职人员教育的计划,并注重培养教会的后备人才;个人道德的改革,尤其是教士和修士的行为规范也成为公会议改革的重点。

特伦特宗教公会议奠定了现代公教会的发展基础。② 在这次会议上,公教与新教之间重新合一的努力以失败告终,从此彻底分道扬镳。经过改革,公教形成了以教皇为中心的教廷和以主教为中心的地方体制。教皇的至上权威彻底巩固,教廷的利益也没有受到伤害。

---

① Stefania Tutino, *Empire of Souls: Robert Bellarmine and the Christian Commonwealth*, Oxford: Oxford University Press, 2010, pp. 24 – 47.

② 关于后特伦特公教的研究状况,参见 Eric Cochrane, "New Light on Post – Tridentine Italy: A Note on Recent Counter – Reformation Scholarship", *Catholic Historical Review*, Vol. 56, 1970, pp. 291 – 319; William V. Hudon, "Religion and Society in Early Modern Italy: Old Questions, New Insights", *American Historical Review*, Vol. 101, 1996, pp. 783 – 804。

在教皇的专权体制下，公教会形成了单一的制度。主教的权力大大加强，公教各国接受了会议在神学、教义、礼仪方面的决议，服从教廷的领导。但在教会改革方面，却遭到了大多数世俗政权的反对或抵制。虽然教廷在教俗关系上仍然坚持教权至上的理论，反对世俗政权任何侵犯教会权力的行为，但实际上已经无法实现这个目的了。在王权不断增长、教会民族化不断推进的大背景下，公教会在教会的管理和控制方面已经大大缩减了，世俗政权逐渐掌握了各地教会事务的直接管理权。它由一个超越世俗政权的跨区域组织逐渐变成意大利为中心的区域组织，其对各地教会的统治权也在丧失，由原来的直接变成间接的统治，其普世性内涵也在逐渐发生变化。

第 四 章
圣礼问题

宗教改革时期，圣礼问题是公教与新教斗争最激烈的领域，其结果对双方的宗教实践产生了重要影响。圣礼虽然是宗教改革时期各派交锋的主战场之一，但学术界长期认为，这些争论都是核心教义分歧的必然体现，尤其是新教内部加尔文派与路德派在这方面的分歧。20世纪中期前后，随着学术界宗教改革研究的转向，尤其是"认信化"理论的出现，宗教改革时期各教派在礼仪方面的分歧却被赋予了新的内涵，其影响也由原来的宗教领域转向社会领域。各派在圣礼上的分歧及其他曾经被视为无关紧要的东西，反而成为决定不同教派向现代化转型的关键要素。① 甚至有学者提出，新教和公教分歧的关键在于圣礼。林赛指出，宗教改革时期，区别各派的主要不是教义和教条，而是圣礼。耶登也认为，"奥格斯堡和雷根斯堡复合的谈判恰恰清楚表明，新教共同体和公教最终实在无法和好的对立，在于完全不同的圣礼制度和教会的法权结构"②。对圣礼认识的不同不但导致公教与新教决裂，也导致新教内部的永久分裂。因此，探讨圣礼问题对于认识宗教改革时期的公教和新教都有积极的意义。

---

① 这方面的一个例子是 Susan C. Karant‐Nunn, *The Reformation of Ritual An Interpretation of Early Modern Germany*, London: Routledge, 1997。

② Herbert Jedin, *A History of the Council of Trent*, Vol. 1, p. 409.

第一节　公教的圣礼

拉丁教会在长期的实践中形成了一套非常繁杂的礼仪制度。不过，这套制度在具体的运作中却弊端重重，遭到诸多批判，也成为导致宗教改革爆发的关键。作为礼仪核心的圣礼更是遭到新教的猛烈批判。因此，回应新教的批判，就圣礼问题阐明态度，就是特伦特公会议的任务之一。从整个会议来看，圣礼问题占据的分量最大，关于圣礼的会议决议和教会法令也最多。从第 7 次会议开始，就开始陆续讨论圣礼问题，一直到第 24 次会议才结束。如果算上与弥撒有关的决议，一共有公会议决议 38 章，教会法规 93 条[①]。

与其他问题的讨论一样，公教会在圣礼上的分歧也是很多的。[②] 圣礼虽然是基督教的重要组成部分，但并非一开始就有完善的体系，而是在实践中逐渐形成的。圣礼一词在《新约》中的本意是 "神秘"（mystery），拉丁文译为 sacrament，一般指代基督徒分享耶稣基督的体血。教父时期的神学家们曾经对圣礼的内涵有所讨论，如奥古斯丁认为，圣礼是无形恩典的有形形式。但是，对于哪些可以作为圣礼，教会内部最初并没有一致的规定，看法也不一致。到 6 世纪以后，圣礼的数量问题开始为神学家们所关注。12 世纪，彼得·伦巴德根据当时教会的习惯，将洗礼（Baptism）、坚振礼（Confirmation）、圣餐礼（Eucharist）、悔罪礼（Penance）、终敷礼（Ex-

---

[①] 其中第 7 次会议上，关于圣礼的一般教会法令有 13 条，关于洗礼的有 14 条，关于坚振礼的有 3 条；第 13 次会议上，关于圣餐礼的公会议决议 8 章，教会法令 11 条；第 14 次会议上，关于悔罪礼的公会议决议 9 章，教会法令 15 条；终敷礼公会议决议 3 章，教会法令 4 条；第 21 次会议上，关于圣餐礼具体操作问题的公会议决议 4 章，教会法令 4 条；第 22 次会议上，关于弥撒的公会议决议 9 章，教会法令 9 条；第 23 次会议上，关于神品公会议决议 4 章，教会法令 8 条；第 24 次会议上，关于婚礼的公会议决议 1 章，教会法令 12 条。

[②] Hubert Jedin, *A History of the Council of Trent*, Vol. 2, pp. 370–395.

treme Unction)、神品（Order）、婚礼（Matrimony）七个礼仪与其他礼仪区别开来，成为后来教会实践的重要权威和依据。1439年的佛罗伦萨公会议上，七个圣礼作为拉丁教会的标准，写入与亚美尼亚教会联合的决议中。虽然教会内部已经形成了七个圣礼的固定习惯，也有公会议的决议，但似乎没有形成绝对统一的规定。出于历史的原因，所谓的公会议的决议也并非为所有的基督徒所认可。新教对七个圣礼的攻击也使得公教会内部的神学家们再次审视这个沿袭已久的制度。

与会的主教和神学家们对圣礼的看法差异很大。例如，一些人提出，耶稣为门徒洗脚应该作为圣礼，因为这不但有圣伯尔纳和西普里安的论证，而且得到了圣奥古斯丁的首肯。此外，关于洗礼与施洗者主观意图的关系，也存在不同的看法。米诺里（Minori）主教卡特里诺（Ambrogio Catarino, 1484—1553）就认为，主持圣礼者的主观意图在圣礼中没有任何作用，只要按照礼仪操作，就是有效的。这种看法实际是站在路德派的立场上（路德坚决反对教会和神父在圣礼中的决定作用，认为司祭不是高高在上的，而是服务信徒的，其角色与人的救赎没有关系）。[①] 在圣餐礼问题上，多明我会与方济各会的分歧巨大。在婚礼上，也对是否要废除秘密婚姻有分歧。在圣礼的具体表述上，经院学者内部的意见也不统一。

面对内部的巨大分歧，公会议的主席利用讨论问题的动议权独占原则，决定不系统讨论公教会在圣礼问题上的观点，而是以传统公会议（佛罗伦萨公会议）决议为基础，针对性地批判所谓的错误和异端观点。这种策略既可以保证公会议做出针对性的决议，又可以使公教以正统自居，避免了合法性问题。如果抛开了这个基础进行新的论证，就首先意味着在圣礼问题上将自己与新教各派放在了同一个层面上，其合法性也要经过论证才能确立。只有抛开这个问

[①] Joseph Mendham, *Memoirs of the Council of Trent*, pp. 110, 112-113（圣餐礼异端主要观点10条）.

题，直接以正统的身份对异端进行批判，才能使自己立于不败之地。在这个原则的指导下，从第七次会议一开始，就由神学家们组成专门委员会，在研读路德、梅兰希通、马丁·布克尔（Martin Bucer，1491—1551）等人的相关著作的基础上，从中摘出他们认为错误的观点，在逐条批判否定的基础上，阐述了公教自己的观点。①

公会议首先一致通过了关于圣礼的数目，确认了传统的7个圣礼，即：洗礼、坚振礼、圣餐礼、悔罪礼、终敷礼、神品、婚礼。公会议从整体上继承了奥古斯丁对圣礼的定义，认为"圣礼是神圣事物的象征，是无形恩典的有形形式"②。圣礼是由耶稣基督亲自设立的，它们的作用和地位并不相同。圣礼与旧约时代的礼仪不同，不仅仅在于外表和方式的不同。圣礼不是可有可无的，是人救赎必不可少的环节，"唯信称义"不可代替它。它不仅仅是外在形式或标记，而且包含救赎的恩典，在具体的实施过程中给予信徒。因此，其设立并非仅仅在于培育信仰。针对路德等人的批判，公会议特别强调，司祭在圣礼中具有重要的作用，并非所有的基督徒都可以主持圣礼。主持圣礼的司祭的主观意图是重要的，圣礼主持者个人的品行与圣礼的有效性无关，只要按照教会的规定操作就是有效的。在圣礼仪式中，必须按照公教会的规定操作，不得随意省略或更改。③

在洗礼问题上，公会议认为，罗马教会的洗礼理论是正确的；不能将施洗者约翰的洗礼与基督的洗礼并列；洗礼必须用天然的水，不是精神性的比喻；无论谁主持洗礼，只要按照教会的规定操作，就是有效的；接受洗礼的人并不意味着不会失去恩典，不意味着因信仰可以不守律法，也不意味着不遵守教会的各种规定；洗礼并不

---

① Joseph Mendham, *Memoirs of the Council of Trent*, p. 100.

② James Waterworth trans., *The Canons and Decrees of the Sacred and Oecumenical Council of Trent*, p. 77.

③ Ibid., pp. 54–56.

能完全除掉洗礼之后的罪，也并不能使罪变得无关紧要；洗礼只有一次，不得重复，不得举行成年洗礼；儿童洗礼是有效的、必需的。①

公教会对圣餐礼的规定主要有以下几点：第一，圣餐礼在所有的圣礼中地位最重要。这是因为在其他的圣礼中，耶稣基督仅仅是设立者，在圣餐礼上耶稣基督不但亲自设立，而且亲临。第二，圣餐礼具有多重意义。对人而言，通过分享耶稣基督的体血，不但可以让人记住耶稣基督的神迹、缅怀受难复活的胜利，而且还可将它作为灵魂的精神食粮，抵御日常的罪恶和死罪，使信徒成为一个整体，团结一心。第三，在仪式中，耶稣基督是真实存在于饼和酒中的，其方式是变体说或化体说（Transubstantiation）。变体论理论出现在12世纪，并写入第四次拉特兰公会议的决议，阿奎那是该理论的集大成者。该理论认为，圣餐中的饼和酒，经过祝圣，其本体（substance）变为耶稣基督体血的本体，耶稣基督真正、实在、在本体上包含在饼和酒的下面（under）。耶稣在圣餐礼中存在的方式是言语难以表达的，只能用信仰启示的方式加以理解、认识，但必须确信。饼的本体变成耶稣基督的身体的本体，酒的本体变成耶稣基督的血的本体。经过祝圣的饼和酒作为物质，其偶然性没有变化，但其本体已经变化。耶稣基督的体血并非与饼和酒共存，而是完全在一起。它们也不是单独存留在身体和血液里，而是同时存在于所有部分，即饼和酒里面同时都有完全的体和血，也有其灵魂和神性。第四，教会传统的做法是正确的，如保留圣餐，圣餐礼日举行圣体游行，普通信徒只领受饼或酒中的一种。经过祝圣的饼和酒作为耶稣基督的身体，其效力是永存的，并非像有些人认为的那样，耶稣基督的体血只在信徒领受的那一刻才存在于饼和酒里面。因此，为没有到场的病人保留圣体血并分发给他们是有效的、必需的。公会

---

① James Waterworth trans., *The Canons and Decrees of the Sacred and Oecumenical Council of Trent*, pp. 56–57.

议还规定，信徒每年至少一次领受圣体，对于那些犯大罪的人，则要先忏悔才能领受。教会每年在圣餐礼日举行盛大的公开游行，对圣体进行外在的钦崇（latria）和敬拜是必要的。① 由于耶稣基督的体血、灵魂和神性都完全地存在于任何一种元素中，因此，平信徒在圣餐礼中只领受一种即可，不必饼和酒同领，其效力不会变化。虽然基督教初期曾经有饼酒同领的习惯，但随着时代的改变和公教会流传下来的习惯，信徒只领饼成为定则，而神职人员在不祝圣时也只领一种，儿童则不用领圣餐。② 第五，圣餐的主持权在于教会的司祭们，平信徒不具备资格，不得拥有主持圣餐礼的权利。③

公教会坚持认为悔罪礼是必要的，针对的是那些在洗礼后因犯罪跌倒的人。悔罪礼是再次犯罪之人获得恩典和正义的必要手段，也是获得救赎所必需的。它与洗礼不同，洗礼接纳的是未获重生之人，是不可重复的；悔罪礼针对的是已获重生而又犯罪的人，它可以重复，随时除掉人的罪。洗礼的主持者不是法官，而悔罪礼的主持者还扮演着法官的角色，对罪行进行判罚。根据《圣经》传统，悔罪礼的主持者继承了彼得的赦免和保留罪的权力。悔罪礼分为三个环节，即痛悔（contrition）、公开忏悔（confession）、补赎（satisfaction）。前两个环节指的是罪人在真正痛悔的前提下，无保留地公开忏悔，经过教士的赦免罪行（absolution），重新与神复合。根据教会的戒律和规定，赦罪权由教士阶层专有，但不同等级教士的赦免权是不一样的。一般而言，只能赦免自己辖区内的人，低级的不能赦免高级的；一些重罪的赦免权只限于高级教士，这类案件中的一

---

① James Waterworth trans., *The Canons and Decrees of the Sacred and Oecumenical Council of Trent*, pp. 76 - 84.

② 康斯坦斯公会议对平信徒领圣餐做了明确规定，禁止信徒同领饼和酒。特伦特公会议予以接受。Council of Constance, Session 13, Norman P. Tanner ed., *Decrees of the Ecumenical Councils*, Vol. 1, pp. 418 - 419.

③ James Waterworth trans., *The Canons and Decrees of the Sacred and Oecumenical Council of Trent*, pp. 140 - 144.

部分只有教皇本人才能赦免，也就是所谓的保留权（reservation）①。教士的赦免只是精神上的，悔罪者还要接受现世的惩罚，因此需要用一定的方式进行补偿，其中祈祷、禁食和施舍是最常用的方式。最后一个环节补赎也是必不可少的，它不但有警戒的作用，也包含着对罪的惩罚。②

与新教反对把神品作为圣礼相对的是，公教在这个问题上表现出了坚决的态度。他们认为神品是由基督为使徒及使徒的继承人设立的，并非人为的杜撰。神品等级的权力在于"祝圣、分发主真实的体血，以及赦免和保留罪"③。这是一个由神设定的等级体系，每个等级的权力不同，主教高于司铎。神品等级享有独立的权力，其选任权完全在教会，不需要人民及世俗权威的知情、同意或认可。④

公教对于婚礼的态度与以往没有本质的差别，把它作为七件圣礼中的一个，强调其永久性、不可解除性，反对多妻制；否定《利未记》的禁婚规定，重申婚姻的缔结、解除以及禁婚等方面的权力；禁止教士结婚，反对认为结婚高于独身的观点；禁止在某些时候举行婚礼；重申婚礼是教会的权限，婚姻案件由教会审理，世俗政权不得干预。⑤ 不过，由于教会关于婚姻的规定引发了严重的道德问题和法律纠纷，并遭到新教的抨击。公会议在第 24 次会议期间对婚姻问题进行了讨论，并采取了一些改革措施。

与会者争论最大的是秘密婚姻（clandestine marriage）问题⑥。围绕婚姻问题，中世纪的教会法学家们有一些认识，如格拉提安（Gratian）认为，有效婚姻的构成有两个条件：正式订婚（sponsa-

---

① 在悔罪者临死时，没有保留权的限制，这时所有的教士都有完全的赦免权。
② James Waterworth trans., *The Canons and Decrees of the Sacred and Oecumenical Council of Trent*, pp. 92 – 104.
③ Ibid., p. 173.
④ Ibid., pp. 174 – 175.
⑤ Ibid., pp. 193 – 196.
⑥ Joseph Mendham, *Memoirs of the Council of Trent*, James Ducan, London, 1834, pp. 300, 302.

lia）和完婚（consummation）。前者指婚姻双方在自由的前提下互换愿意嫁娶对方的誓言，实现精神上的一体；后者指在这个基础之上的完婚，也就是肉体上的结合，这两个条件缺一不可。而与格拉提安同时代的法学家彼得·伦巴德（Peter Lombard）则认为，只要第一个条件具备了，就可以视为有效婚姻。但是，誓言必须用现在时，如果用将来时表示，则只能视为订婚，只有双方真正发生了关系（完婚），才是有效的。婚姻关系一经结成，没有特殊情况，将不得解除。教皇亚历山大三世任职期间（1159—1181），正式批准了后一种理论，使之成为教会官方的婚姻规则。不仅如此，他还认可了秘密婚姻，即婚姻双方没有在教堂，也没有经证人证明而私下自愿结成的婚姻。虽然秘密结婚不合法，也没有经过公开的仪式和证人，但因为符合双方自愿的条件，所以是有效的。教会承认秘密结婚的有效性，原本在于减少父母或领主对婚姻的干涉，为自由婚姻提供支持。但是，这个规定在实践中却出现了很多问题，导致大量的婚姻诉讼案件的出现。如普通百姓并不清楚婚约中现在时的含义，以为婚约就意味着结婚并不能解除，与时态没有关系；有些人则认为婚姻是私事，不需要公开的证明。[1] 此外，秘密结婚的存在还为教士阶层的事实婚姻提供了方便，成为教会腐败的重灾区，也成为娶妻纳妾的借口。为了消除各种弊端，第四次拉特兰公会议上对婚姻问题的规定进行了调整，该次会议涉及的婚姻问题主要集中在禁止结婚、秘密结婚、婚姻诉讼中的证词问题。鉴于以往禁止三代以内亲属[2]，以及第二次婚姻所生的后代与第一个丈夫的亲属之间的婚姻的

---

[1] R. H. Helmholz, *Marriage Litigation in Medieval England*, Cambridge：Cambridge University Press，1974（2007）．

[2] 中世纪欧洲对血缘亲代的计算有罗马和日耳曼两种。其中罗马式的计算方法是个人为单位，先父母（第一属），后兄妹（第二属）。日耳曼式的计算方法以集体为单位，同辈人算一代；兄妹之间为第一代。11 世纪后，西部拉丁教会采用日耳曼式计算方式，作为禁婚规定的计算依据。见 Jack Goody, *The Development of the Family and Marriage in Europe*, Cambridge：Cambridge University Press，1983，p. 134 – 146。

规定已经很难有效维持，该次会议决定取消该规定，改为禁止四代以内的血亲（consanguinity）和姻亲（affinity）结婚。第二，禁止秘密结婚，严禁神父参与此类婚姻仪式。缔结婚姻时，必须提前由神父在教堂公开宣布，以便接受公众的质疑，与此同时，神父也要亲自核查是否符合结婚的条件。如果有合理可信的理由证明婚姻不合法，则必须禁止。对于违反该规定的人，要受到悔罪的惩罚，其子女将被视为非婚生子（illegitimate），无论是出于无知还是明知故犯；对于那些参与或者拒绝禁止此类婚姻（包括禁婚）的堂区神父，则要停职三年或者更严厉的处罚。第三，取消在婚姻诉讼中以"听说"作为确定血亲和姻亲关系证据的规定，以消除由此带来的各种弊端，只有那些值得信任的人从至少两个可信的人那里获得的信息，并在发誓的前提下才可以。①

虽然第四次拉特兰公会议对婚姻问题做了较大的调整，但实际效果并不大。混乱的状况有增无已。特伦特公会议上，公教会在婚姻方面的改革措施有：第一，废除秘密婚姻制度。为了排除教士之外的人对婚姻缔结或解除的主宰权，公会议并没有从理论上否定秘密婚姻的真实有效性，但是，鉴于在实践中出现的大量弊端和丑行，采取了补救措施。该措施规定，所有婚约的缔结必须有堂区神父，或者经由堂区神父或教长许可的神父在场，同时还必须有两到三名证人，否则就是不真实的无效的。这在实际上就否定了秘密婚姻。这种做法得到了大多数与会者的赞同。第二，加强对婚姻事务的管理，如沿袭第四次拉特兰公会议规定的婚前由堂区神父向公众发布口头和文字的公告并亲自审查，以便确定其合法性。告诫婚姻双方在正式婚礼之前不要居住在一起。堂区神父要对结婚者进行登记，包括证人的名字、婚约缔结的时间、地点等。缔结婚约或举行婚礼之前，需要忏悔、领圣餐。第三，调整禁婚规定。由于禁婚规定，

---

① Constitutions of the Fourth Lateran Council, 50 – 52, Norman P. Tanner ed., *Decrees of the Ecumenical Councils*, Vol. 1, pp. 257 – 259.

尤其是精神关系（spiritual relationship）方面的禁婚限制繁杂，造成许多违反规定的婚姻。为了减少麻烦，公会议规定，精神关系的计算只限于自己与教父母，以及教父母和自己的父母。一个人只能有一个教父或者教母或者一对教父母。神父在举行洗礼时要仔细询问教父母的情况，并对这种精神关系进行登记。坚振礼中精神关系的结成与计算按照洗礼的原则。由通奸形成的姻亲之间禁止二代以内结婚；所有在禁止范围内的婚姻无效，也不得获得赦免。第四，对违反规定者进行处罚，尤其是那些失职或渎职的神职人员。[1]

与上述五种圣礼不同，公会议对坚振礼和终敷礼的决议并不是很多，主要是重申其作为圣礼的合法地位，也再次强调司祭阶层这方面的专有权力，如只有主教有权主持坚振礼，主教或者由主教履行了合法按手礼的司铎可以主持终敷礼[2]。

纵观公会议在圣礼方面的决议可以看出，公教会基本上延续了以往教会的传统，无论在圣礼的数目还是具体的理解上，都没有做根本性的改变。在这方面，阿奎那的影响很大。阿奎那认为圣礼只有7个，他用亚里士多德哲学进行解释的思路也被后世接受[3]。1439年的佛罗伦萨公会议进一步发扬了阿奎那的理论，详细论述了他确定的7个圣礼。会议还确定了圣礼的三个要素：本质（物）、形式（仪式所用的文字）和圣礼的主持者（minister），三者缺一不可。[4] 每种圣礼都有明确的效用（effect）：洗礼使人获得精神上的重生；坚振礼使人在恩典里成长，能够加强人的信仰；圣餐礼则不断滋养着人，使人与基督合为一体；悔罪礼则医治因罪使人受到伤害的灵魂，与神和好；终敷礼则在精神和肉体上去掉所有的罪；神品礼使

---

[1] James Waterworth trans., *The Canons and Decrees of the Sacred and Oecumenical Council of Trent*, pp. 196-204.

[2] Ibid., pp. 58, 104-107, 110-111.

[3] Thomas Aquinas, *The Summa Theologica*, Third Part, Q. 65, ART. 1.

[4] Council of Florence, Bull of Union with the Armenians, Norman P. Tanner ed., *Decrees of the Ecumenical Councils*, Vol. 1, pp. 540-550.

教会得到治理，并在精神上壮大，使恩典增加，更适合作基督的牧师；婚礼则使信徒的队伍增加。① 从特伦特公会议决议看，并没有超出这些范畴。所不同的是，自始至终，公会议内部在圣礼问题的讨论上都是从否定的角度切入的，目的在于驳斥错误，消除异端。所以在决议和教会法令的规定上，都是把教会所否定的列出，而没有主动肯定的形式。在圣礼的教义上不是申明信仰什么，而是否定并诅咒什么。为了避免内部争论，除了在悔罪礼里面提到了形式、本质、效用等外②，公会议在有关圣礼决议的其他地方没有明确提及圣礼的三要素。

  从公会议的圣礼决议可以看出，公教批判的对象是很广泛的。其中既有新教各派，也有再洗礼派，尤其是后者的再洗礼和反对儿童洗礼的理论，更有古代和中世纪的各种异端。

  公教在圣礼上的这种结局具有一定的必然性。第一，新教对传统的圣礼进行了系统的研究和梳理，同时以《圣经》依据为基础否定了其中的五种，只保留了洗礼和圣餐礼两种。对公教来说，这是沉重的冲击，能否捍卫自己的立场并阐述各种圣礼的合理性，在很大程度上关系到公教自身存在的合法性，在这一点上公会议别无选择。为了强调自己的正确性，公会议首先必须无条件地接受7种圣礼的正确性，这一点在会议的讨论过程中表现得非常明显，与会者没有一个人否定它们的圣礼地位。不仅如此，公会议在讨论过程中，还特别突出传统习惯作为圣礼，尤其是被新教否定的五种礼仪的合法性基础。在相关条文的陈述中用的最多的就是"公教会的传统""公认的习惯""古代教父""古老的""（圣）教会的传统""公会议"等字眼。第二，公教是注重礼仪的教派，礼仪不但具有神学意义，在实践上还有着经济等利益。随着教会各种理论的发展，到中

---

  ① Council of Florence, Bull of Union with the Armenians, Norman P. Tanner ed., *Decrees of the Ecumenical Councils*, Vol. 1, p. 550.

  ② James Waterworth trans., *The Canons and Decrees of the Sacred and Oecumenical Council of Trent*, pp. 94 – 95.

世纪末期，围绕圣礼已经发展出一套理论与实践密切相关的体系，这个体系不但保证教会切实主宰信徒的宗教生活及未来的救赎，体现教士阶层的特权，而且保证教会在经济上的巨大利益。一旦这个环节出了问题，教士的特权及对信徒救赎的主宰权连同巨大的经济利益将不复存在，这无论对于教廷还是地方的主教们都是无法忍受的。

第二节　新教的圣礼

宗教改革时期，新教改革家们也以《圣经》为依据，对传统的圣礼问题进行了重新论证。作为宗教改革时期争论最激烈的问题之一，新教各派围绕圣礼问题发表大量的著作。在关于圣礼问题的讨论中，马丁·路德作为开创者，在这方面有着决定性的作用。他先后撰写了《论洗礼》（1519）、《论圣餐礼》（1519）、《关于悔罪礼的讨论》（1520）、《教会的巴比伦之囚》（1520）等专文。路德关于圣礼的观点还体现在1530年的《奥格斯堡信纲》和1536年的《施马尔卡尔登信纲》以及1577年的《协和信纲》中。梅兰希通的《奥格斯堡信纲》辩护文进一步阐述了与公教在圣礼方面的分歧。此外，路德还在与慈温利派的论战中多次涉及这个问题。

路德的圣礼观形成有一个过程，是与他的神学思想的发展相一致的。路德在与教皇决裂之前，在圣礼问题的认识上还有所保留。在被教会绝罚后，他开始全面修正关于圣礼的认识。1520年10月，路德完成了《教会的巴比伦之囚》，重新阐述了自己的圣礼观。

路德认为，圣礼是神应许的外在标记。根据这个定义，圣礼首先必须是神亲自设立的，有《圣经》上的明证；其次，必须包含神的应许，也就是神的赦罪之应许；最后，必须有可见的外在标记，与人的救恩有关。三者缺一不可。按照这个标准，公教会长期奉行的七体制就是错误的，因为只有洗礼、圣餐礼和悔罪礼符合这个标准，其他的坚振礼、终敷礼、神品礼和婚礼，既没有神的应许在里面，也缺乏明确的《圣经》证据的支持。它们既不能使人得到恩典，也与救赎没有关系。所以，不能作为圣礼，只是一些礼仪。路德认为，"所有的圣礼都是为了滋养信仰的目的设立的"①，神的应许之道是圣礼最为重要的部分，可以使信仰在这里得到训练②。

这样，路德就将传统的七礼简化为三个，只承认洗礼、圣餐礼和悔罪礼。在路德看来，严格意义上的圣礼只有洗礼和圣餐礼，因为悔罪礼虽然有神的应许，但并没有外在的标记，它实际上不过是洗礼的回归，也不能算作圣礼。③ 路德认为，公教会在圣礼方面的错误不仅限于数目上，而且表现在对合法的圣礼的操作和理解上。在人为的扭曲下，"这三个还成了罗马教廷的可怜的囚徒，教会所有的自由也全部被剥夺了"④。对路德来说，揭穿公教会的错误，还它们以本来的面目，就是讨论圣礼问题的关键。

路德对于洗礼的认识在本质上与公教会并没有分别，延续了以往正统教会的观点。主要有：洗礼是赦罪的标志，进入基督生命的第一步，是所有圣礼的开始和基础；不但成人接受洗礼，而且儿童也要接受洗礼，洗礼是一次性的，反对再洗礼；洗礼是神和基督亲自设立的，藉人之手完成的，其效力与施洗者无关。但是，路德认为，公教在实际的操作过程却人为设置障碍，把它变成敛钱的工具⑤（如：洗礼的准备，是否够格，保留权，限制）。这源于对洗礼与赦罪关系的曲解。教会传统认为，洗礼虽然可以免除洗礼之前所犯的所有罪，但不能免除之后的罪。人在洗礼后可能会因罪陷于绝望，需要借助其他手段尤其是悔罪礼加以解决。路德认为，古代的教父，尤其是哲罗姆的这种解释是错误的。如果人真正接受了洗礼，就不

---

① Martin Luther, "The Babylonian Captivity of the Church", *Works of Martin Luther*, Vol. 2, p. 223.
② Ibid., p. 256.
③ Ibid., p. 292.
④ Ibid., p. 177.
⑤ Ibid., p. 219.

可能出现所谓的悔罪,因为人在受洗时就已经得救了。神应许的真理一旦给人,就会永远有效。所以在路德看来,洗礼就意味着得救,用不着其他的东西。只要人相信,无论犯多大的罪,也不会失去。只要人愿意回来,这艘船永远不会沉没①。公教的错误解释不但曲解了教义,而且衍生出了其他被视为善功的东西,成为教会腐败和剥削的工具和借口。

洗礼分为两部分,一是神的应许,二是应许的标记或圣礼,也就是实际的洗礼——浸入水中(baptizo 的本意为"我浸泡"),这是恩典的有效标记。路德认为,"洗礼意味着两个东西——死亡与复活;也就是完全的称义"②。浸入水的动作象征着死亡,提出水的动作则意味着生命。这种死亡与复活并非比喻意义上的,而是真实的。但是,洗礼并不意味着罪完全死亡,也不意味着恩典完全兴起,这要到人的肉体完全被毁坏后才能实现,因为只要人还活在肉体里,肉体的欲望就会作祟。在路德看来,人一旦开始信,就意味着开始了在这个世界上的死亡并开始在神里的新生命。在这个意义上,"洗礼并非一个时刻的问题,而是延续全部时间"③,它将持续人的一生,直到末日复活。正因为如此,公教会杜撰的各种人为规定就没有必要,如发誓愿,尤其是发誓入修会。这些东西作为私人的选择是可以的,但是作为一种公共的生活方式加以提倡并神圣化,对于教会和信徒都是有害的。这些既没有《圣经》的明证,也是一种伪善的行为,更为重要的是"通过它们信仰和洗礼被贬低了,善功被高扬了,这不可能不带来有害的结果"④。

路德认为,在圣餐礼问题上,罗马教廷的错误表现在三个方面,第一是圣餐礼中平信徒只领受饼;第二是变体论;第三是弥撒是善

---

① Martin Luther, "The Babylonian Captivity of the Church", *Works of Martin Luther*, Vol. 2, p. 222.

② Ibid., p. 230.

③ Ibid., p. 231.

④ Ibid., p. 241.

功和牺牲。路德指出，教廷规定平信徒在圣餐礼仪式中只领受饼，既违背了《圣经》的本意和使徒传统，也限制束缚了信徒的良心自由。他认为，首先，《约翰福音》第6章第48—51节的"我就是生命的粮。你们的祖宗在旷野里吃过吗哪，还是死了。这是从天上降下来的粮，叫人吃了就不死。我是从天上降下来的生命的粮；人若吃这粮，就必永远活着。我所要赐的粮，就是我的肉，为世人之生命所赐的"，不应该作为讨论的依据，尤其是不能作为圣餐礼中只向平信徒给饼而非酒杯的根据，因为基督根本没有提到圣餐，只是一种精神性的比喻。其次，在这个时期，圣餐礼还没有设立，要到最后的晚餐时才有。最后，在接下来的第53—56节里面，耶稣基督又说过不吃他的肉不喝他的血的，就没有生命等话。在这里，耶稣基督并没有严格规定，一定要如何。这个问题的真正的证据在福音书里面的圣餐礼的设立和保罗《哥林多前书》第11章。这两处证明，耶稣基督是将圣餐给予所有的门徒，保罗分发圣餐时是两种。无论从基督设立圣餐礼还是后来保罗的实践，都没有说只是针对教士的，而是所有的人。公教会规定对平信徒来说，圣饼一种就够了，因为里面包含完整的体和血；但对教士来说，则要两种都接受。路德怀疑道，难道对教士来说就不完全了吗？路德认为，根据"因为这是我立约的血，为多人流出，使罪得赦"（《马太福音》26：28），显然是给所有人的，为的是使喝者之罪得到赦免，这是包括平信徒的。所以，"拒绝将两种都给平信徒是恶毒专制的"[①]。

路德认为，耶稣基督和使徒们虽然都同时给予信徒饼和酒，但是耶稣基督并没有明确命令两种都用，而是由每个人自由决定。信徒如果希望同时领受饼和酒，就必须予以满足。谁要是禁止信徒出于自由意志的这种需求，就是犯罪。在这方面，错误不在平信徒，而在公教会的教士。圣餐礼的本质在于圣徒的交通（communion of

---

① Martin Luther, "The Babylonian Captivity of the Church", *Works of Martin Luther*, Vol. 2, p. 186.

saints），体现的是所有信徒与基督结成一体的伙伴关系，而非等级的差别。① 圣礼不属于教士，而是所有的人，教士不是主人（lords）而是牧师（minister），他们的职责就是把两种圣餐给予那些都想要的人。如果他们拒绝了，就是僭主暴君。平信徒只要有信仰并保持渴望全领的心情，无论缺一种还是两种都缺了，也都并没有过错。所以路德认为，是否必须两种同时领并不关键，关键的是要求两种都领的权利不能被剥夺，问题的本质在于基督徒的自由，及每个人可以自由地寻求领受圣餐，就像人自由地接受洗礼和自由地忏悔一样。这项"基督给予我们的自由"② 必须予以恢复。

路德在圣餐礼上批判公教会的第二点就是变体论。他认为，耶稣基督在圣餐礼中的存在是同体论（Consubstantiation），即他的天然的体血真实地存在于饼和酒中，根本不用祝圣。根据路德本人的叙述，他最早接触同体论的理论是通过学习康布雷枢机皮埃尔·达利（Pierre d'Ailly）注释的彼得·伦巴德的《教令集》，但是后来了解到教廷和公会议赞同的是托马斯·阿奎那的理论，他在深入思考后接受了这种观点。尽管如此，他还是认为，这种观点存在很多问题。尽管阿奎那的观点被教皇和公会议认可甚至肯定，但这只是一种观点或看法而非信条，"因为没有经过《圣经》或者公认的启示支持的东西，可以作为一种观点，但不必作为信条。"③ 公教会这种理论既没有《圣经》的证据支持，也没有理性的支持。变体论这个不见于古代教父们的著作，是过去三百年来的杜撰。经院学者们利用亚里士多德的本质与偶然理论，把简单的问题复杂化了，完全歪曲了《圣经》的本意。路德始终认为，公教会的变体论带有迷信和偶像崇拜的嫌疑。经过祝圣的饼和酒变成耶稣基督的体血，是非常难以理

---

① Martin Luther, "A Treatise Concerning the Blessed Sacrament of the Holy and True Body of Christ and Concerning the Brotherhood", *Works of Martin Luther*, Vol. 2, p. 10.

② Martin Luther, "The Babylonian Captivity of the Church", *Works of Martin Luther*, Vol. 2, p. 187.

③ Ibid., p. 188.

解的、荒谬的。他认为，按照耶稣基督本人的话语，饼和酒就是他的体血，在整个过程中，也不存在祝圣变化的问题。不过，路德显然也无法就自己坚持的同体论给出令人信服的解释。所以他又说，在这个问题上，"我愿意我的理性做服从耶稣基督的囚犯，仅仅抓住他的话，坚信不但基督的身体在面包中，而且坚信面包就是基督的身体"①。同体论成为路德和路德派的标准观点，也成为与瑞士新教分歧的最主要内容。

路德还对公教会的弥撒观进行了猛烈的抨击。他认为，"我们所说的弥撒是神给我们的赦罪的应许，这个应许藉神之子的死亡而得到肯定。……如果说弥撒像人们曾经说过的那样是一个应许，那么利用它的方式就不是任何做工或力量或善功，而是唯有信仰就够了。因为有应许的神之道的地方，接受的就必须是人的信仰"②。人得救赎的第一步是信仰。而这是神不以人为依据做出的，是一个无条件的也是人不配的怜悯，这是一个开始，给人他的应许的道。神之道是一切的开始，信仰从之而生，爱则从信仰而生，所有的善功则从爱而生。③ 这样，"举行真正值得的弥撒除了信仰外没有什么更需要的了，这个信仰指的是自信地信赖这个应许，坚信在他的这些话语中的基督是真的，并且毫不怀疑赋予它的这些无尽的保佑"④。弥撒只不过是神的许诺或基督的遗约，他的体血的圣礼就是印记。

路德认为，如果说弥撒是一个遗约和圣礼，这是可以的，但是，如果说接受遗约和圣礼就是善功，那就要坚决否定。公教会将弥撒看作是善功和牺牲，并从中衍生了许多行为和规定，如炼狱、为死者举行的各种弥撒、朝圣、兄弟会、圣遗物崇拜、赎罪券、圣徒的代祷等，实际上将它变成了一个交易市场，这些东西成为教士和修

---

① Martin Luther, "The Babylonian Captivity of the Church", *Works of Martin Luther*, Vol. 2, p. 193.

② Ibid., p. 197.

③ Ibid., p. 198.

④ Ibid., p. 199.

士们牟利的工具①。"弥撒成了他们的周年纪念、代祷、奉献、交通等的基础——也就是说,成了他们丰厚收入的基础。"② 路德认为,公教会用弥撒取代了信仰,把它作为获取恩典和救赎的全部途径,成为信徒生活的主宰,这不但完全与神应许的恩典背道而驰,而且"由买卖弥撒而引起的全世界腐败难以计数、难以言表"③,因此必须否定和诅咒。

路德还对公教的悔罪礼④提出了批评。路德认为,与其他两个礼仪一样,悔罪礼的本质是神的应许以及人对神的威胁与应许的信仰,只要有了这个,人的罪就能得到赦免。他认为,真正的悔罪首先是对神的威胁的恐惧,接着就是信仰,然后悔罪。罪的赦免权不在任何人,只在神自己。罪的赦免与人的做工无关,完全在于耶稣基督。公教会在这方面的最大错误就是完全废除了这个礼仪,推翻了神的应许之道与人的信仰。⑤ 公教会声称自己拥有赦罪(remission of sins)权,在悔罪礼上设置了痛悔(真心自愿)、公开忏悔和补赎,甚至设置了不完全痛悔(attrition,因怕被罚、羞愧等痛悔)。这完全僭越了神的权力,因为除了神之外没有任何人可以赦罪。公教会通过对赎罪环节的量化,声称人可以通过各种善功获赦,把耶稣基督和信仰完全抛在了一边,使得它与弥撒一样,成为敛财的机器。不仅如此,公教会的悔罪礼还严重违反了基督徒的自由。教会要求无保留地

---

① Henry Eyster Jacobs ed., *The Book of Concord, or the Symbolical Books of the Evangelical Lutheran Church*, Philadelphia: General Council Publication Board, 1916, pp. 312 – 317.

② Martin Luther, "The Babylonian Captivity of the Church", *Works of Martin Luther*, Vol. 2, p. 209.

③ Henry Eyster Jacobs ed., *The Book of Concord, or the Symbolical Books of the Evangelical Lutheran Church*, p. 313.

④ 路德在《教会的巴比伦之囚》中先是将悔罪礼列入圣礼的范畴,但在行文中很快就说,它缺乏神设立的有形标记(visible sign),充其量不过是洗礼的回归。Martin Luther, "The Babylonian Captivity of the Church", *Works of Martin Luther*, Vol. 2, p. 177, p. 292.

⑤ Martin Luther, "The Babylonian Captivity of the Church", *Works of Martin Luther*, Vol. 2, p. 245.

公开忏悔所有的罪行，这严重困扰了基督徒的良心。因为人往往无法全部记住自己的所有罪，而根据教会的规定，如果忏悔不完全，就不能得到赦免，信徒永远不可能知道忏悔是否是足够的，这是一个沉重的折磨。此外，让信徒公开忏悔是对信徒的羞辱。教会虽然针对补赎规定了各种量化标准，发行了各种各样的赎罪券，但由于决定权在教士手里，对真信徒来说，这只能加重良心的负担。"因为没有一个人知道每个罪值多少？更不用说所有的值多少了。……尽管任何人都可能以那种方式忏悔了一百年，他仍然不可能得知是否已经完成了悔罪。这总是要忏悔而又永远不能实现悔罪的状态。"①

虽然路德对公教的悔罪礼进行了批判，但他并没有完全否定它。他认为，只要把悔罪与善功的关系切断，去掉人为增加的成分，悔罪是可以保留的。路德主张，在悔罪礼中，保留痛悔和赦罪两个环节，去掉人为设立的补赎；保留私人忏悔，去掉公开忏悔和向邻居忏悔等。私人性的悔改是符合福音精神的，但是另外两种并非是出自福音书，而是在教会实践过程中人为设立的。不仅如此，对于如何悔罪等，《新约》里面并没有规定。在私人的悔罪中，不能强迫忏悔者诉说所有的罪，悔罪不能以妨碍信徒的良心为前提。

作为新教另一派代表的加尔文也对圣礼问题做了详细的论述。加尔文认为，真正的圣礼只有两个——洗礼和圣餐礼。

加尔文认为，圣礼有两方面的含义。广义上讲，"包括神给予人所有使他们更加肯定和确信他应许之真理的标志"②，它有时显现在自然事物中，有时体现在奇迹中。狭义上讲，它是"一种外在标志，主藉它把他对我们良好意愿的应许印在我们的良心上，以便维持微弱信仰；我们则在主、天使和人面前证明我们对他的虔敬。简单地说，它是一种对我们的神圣恩典的证据，藉外在标志确证，相互证

---

① Henry Eyster Jacobs ed., *The Book of Concord, or the Symbolical Books of the Evangelical Lutheran Church*, p. 326.

② John Calvin, *Institutes of the Christian Religion*, IV. xiv. 18.

明我们对他的虔敬"①。加尔文比较认同古代教会的解释，即圣事——神圣的精神事物，圣礼本身就是奥秘，因此，他常用"奥秘"一词指代圣礼。

圣礼虽是一种外在标志，但却是不可或缺的。它是印证神福音的外在表记，是应许的印记，是无形恩典的有形形式，是针对人信仰的脆弱、容易毁灭等特点，锻炼人信仰的工具与手段②。圣礼只是对恩典应许的进一步确认与肯定，使人相信神的仁慈，加强人的信仰。但是，在圣礼上又有本质与形式之分。恩典是无条件的，圣礼的本质是基督，真信徒接受的是本质，伪善者接受的只是形式，这是神的预定。然而，他又强调圣礼必须与信仰紧密相连，没有信仰就没有恩典，便只能接受形式。神的恩典有三个方面，即教之以道、定之以礼、启之以灵③。道是信仰的基础，礼是其支柱，没有灵的启示，信仰及圣礼都是空的。

圣礼只有两个，即洗礼和圣餐礼。洗礼是"我们开始被接纳入教会团体的标志，以便与基督融为一体，被算为神的孩子"④。对神而言，洗礼旨在服务信仰；对人而言，则在于表白信仰。就前者而言，它是洗清人之罪的信记与证据，像一份盖了章的文件一样使人确信罪得免，神也不再追究人的罪。洗礼像《旧约》里的割礼，一劳永逸地洗清了人的罪，它表明信徒在基督里死亡与重生。神先是应许无条件地恕罪和义之转归，然后是圣灵之恩典更新信徒，使信徒获得新生。它是信徒的确证，使他们相信不但与基督同死同生，而且与他联为一体，分享他的一切恩典。⑤ 洗礼的实现和目标都是基督，都是在基督名义下的悔改和恕罪。⑥ 就后者而言，它是一种记

---

① John Calvin, *Institutes of the Christian Religion*, IV. xiv. 1.
② Ibid., IV. xiv. 3, 17.
③ Ibid., IV. xiv. 8.
④ Ibid., IV. xv. 1.
⑤ Ibid., IV. xv. 3, 5, 6, 10.
⑥ Ibid., IV. xv. 11.

号，信徒藉它公开表白希望被算为神的子民，证明愿意同所有基督徒一起共同崇拜同一个神，恪守同一个宗教。洗礼必须以信仰为前提，透过现象领会恩典的精神实质，只有如此，才能证明信徒确信领受了神的仁慈恩典。①

圣餐礼是第二种圣礼，也是救赎转化为现实的中心环节。正是通过圣餐，罪人才能通过享有基督，真正完成与神关系的转变，从敌人转变为父子，得享天国的一切果实。加尔文认为，圣餐是表记与象征意义的统一体，表记是饼与酒，象征着基督的体与血，即无形的精神食粮。为了牢记基督为人受难与赎罪，坚信神的恩典，必须经常举行圣礼，以加强信仰，证明基督之死已在信者身上产生作用，并真正地拥有他的生命。② 一方面使人感激神，宣扬他的善；另一方面，培养人与人间的互爱，印证他的爱，发现与基督的身体联为一体是爱的纽带。经常参加圣餐可以使人在所有爱的职责中联为一体，防止任何伤害行为，相互帮助。③

路德派和加尔文派在圣礼上总体是一致的。第一，他们都反对公教会的七礼说，只把洗礼和圣餐礼作为圣礼。第二，他们还反对公教会把圣礼与善功联系起来的做法，否定了公教会在圣礼中所谓的赦罪权，不把人的罪的赦免与各种善功联系起来。在他们看来，圣礼是神恩典的外在标记，而恩典则是神赦罪的应许和救赎的表现，其获得与人的做功没有关系。第三，路德派和加尔文派在圣餐礼上都反对变体论，主张在圣餐礼中平信徒同时领饼和酒。第四，他们在洗礼上与公教会一样反对再洗礼派的主张，坚持儿童洗礼的必要性和有效性。

不过，双方也有不同之处，主要表现在两个方面。第一，关于耶稣基督在圣餐礼中存在的方式，路德派坚持同体论，而加尔文派

---

① John Calvin, *Institutes of the Christian Religion*, Ⅳ. xv. 13 – 15.

② Ibid., Ⅳ. xvii. 5.

③ Ibid., Ⅳ. xvii. 38.

则主张真实临在，双方为此进行了长期的争论。第二，加尔文派在弥撒和悔罪上的态度更加坚决。路德派虽然在弥撒和悔罪等方面对公教提出了批判，但并没有否定其在信仰中的积极作用，只是剔除了他们认为的附着在其上的错误和弊端。从路德派信纲的发展历程来看，这些内容始终得到确认，成为路德派信仰的内容。加尔文则认为，弥撒和悔罪礼一样，完全是人为的杜撰，对于信仰没有丝毫益处，所以要坚决取缔。

第三节　称义问题——圣礼的理论基础

造成公教和新教在圣礼上产生分歧的原因很多，如《圣经》的依据、现实斗争的需要等。但是，深层的原因则在对称义问题的理解上。称义不是一个孤立的问题，而是与原罪、恩典、善功等密不可分的。对这个问题的理解直接为圣礼的取舍，尤其是在圣礼中衍生出来的一些行为规范的取舍奠定了直接的理论基础。这些理论基础进一步强化了《圣经》的依据，并为因斗争需要而做出的选择提供了合法性基础。

应该指出的是，在称义的根本问题上，无论是公教还是新教都有共同之处。双方都把信仰作为称义之本，认为信仰是人救赎的开始，也是所有义的基础和根源。双方分歧的关键在于是"信仰称义"，还是"唯信称义"（sola fide）。在这个问题上，公教倾向于前者，而新教则坚持后者。

公教会内部在称义等问题上是存在分歧的，经过了激烈的争论。在原罪问题上，争论的焦点在于洗礼的效果，在于其是否真正消除了原罪。在教皇的使节们看来，原罪问题不仅是新教公教争论的问题，也是妥善解决称义问题的前提，因此，他们提出在《圣经》的问题解决后，接着讨论原罪问题。1546年5月24日，公会议召开全体会议，由教皇使节向神学家们提出了关于原罪的三个问题，主要内容有：正统与异端在这个问题上斗争的主要论据是什么？原罪理论的来源如何？原罪的性质如何？其主要后果是什么？它与其他罪的区别是什么？原罪的补救措施及其依据是什么？如何补救？其效果如何？原罪在补救之后是否还有残留？等等。① 1546 年 6 月 17 日，会议投票通过了关于原罪问题的决议。

称义问题的讨论在原罪之后的第六次会议上正式开始。在 1546 年 6 月 22 日的全体会议上，教皇使节们就称义问题向与会的神学家们提出了 6 个大问题，其中涉及称义的定义及理解、称义的原因、称义中的神与人的角色、信仰称义的理解、善功在称义前后的作用、称义之前是什么、称义伴随着什么、随称义而来的是什么、各种权威做决定的依据是什么等。随后几天，神学家们就这些问题发表了看法。在 30 日的全体会议上，又提出了关于成人称义的三种状态问题：信仰、善功与称义；称义之人如何确保获得的义并不断努力进步，进而获得最终的荣耀；如果称义之人因罪而跌倒，如何恢复，再称之义与第一次称义有何区别。在随后日子里，与会者就这些问题展开了激烈的争论。公教会内部的神学家在称义问题上也存在不同的派别，很难达成一致。基于此，大多数与会者认为，关于称义问题的决议重点应该放在对异端观点的诅咒上，而非对内部不同派别争论的裁决上。② 随着讨论的深入，与称义有关的转归之义（imputative righteousness）与恩典的确定（certainty of grace, pro presenti status）问题也浮出水面。经过 7 个多月的艰苦讨论，最终在 1547 年 1 月 12 日完成所有的工作，并在第二天举行的第六次全体会议上宣布了决议。

公会议的称义等理论主要特点有：

第一，比较强调人的自由意志的能动性。公教会承认原罪及其对人的毁坏，但认为自由意志并没有完全泯灭，仍然有一定程度的

---

① Joseph Mendham, *Memoirs of the Council of Trent*, p. 72.
② Ibid., pp. 89, 97 – 98.

能动性。此外，公教会也承认，人的称义源于神的恩典，是借基督获得的，并非人自己的功德，是"不因善功的无条件的称义""在称义之前的任何善功都不配得称义之恩典自身"①。但是，人在神的恩典面前，是自由地认可并与之合作的。"当神通过圣灵的启示触动人的心灵时，人在接受启示时，不是完全无能为力的，因为他是可以拒绝的；没有神的恩典，他也不能凭自由意志，主动奔向神的义。"②

第二，称义是信仰加善功。公教会认为，人在神面前所称之义虽然来自耶稣基督，并非人自己的义，但是，在这之后随着人与基督的合一，神之义被注入人体内，变成了真正的自我之义，不是转归之义。③ 公教会虽然承认人靠信仰称义，但并不否认善功的作用。不仅如此，公教会还认为，仅仅凭信仰是不够的。称义只是恩典的开始，它不能取代人的努力，善功在整个过程中的作用是不可代替的。称义不等于最后的救赎，在这个过程中，人需要通过各种善功强化已经获得的义。"信仰与善功一起合作增加义"④。"神并不抛弃那些曾经借他的恩典称义的人，除非他们先抛弃他。因而，任何人不得自诩唯有信仰就够了，妄想着只凭信仰就成了继承人，并能得到遗产。"⑤ 善功是保持和增强已经获得的义的手段，绝不是已经获得的称义的果实和标记。⑥

第三，强调善功在人救赎中的条件作用。公教会认为，人在洗礼后还会犯各种罪，这些罪，尤其是大罪，虽然不会使人失去信仰，但会使人失去恩典。为了重新获得恩典，人就必须依靠悔罪实现这

---

① Joseph Mendham, *Memoirs of the Council of Trent*, p. 101.

② James Waterworth trans., *The Canons and Decrees of the Sacred and Oecumenical Council of Trent*, p. 43.

③ Ibid., pp. 42–44.

④ Ibid., p. 37.

⑤ Ibid., p. 38.

⑥ Ibid., p. 47.

个目标。为了保持已经获得的恩典，除了信仰外，还要靠不断地行善功。人要在恐惧和战兢中做成得救的功夫（善功），这些功夫包括劳作、守望、施舍、祈祷、各种义务、禁食、贞洁。① 对信徒而言，永生既是神藉基督给人的恩典，也是根据应许，对其善功和功德的奖赏。从此可以看出，在公教会的整个神学体系中，善功被赋予了极为重要的作用。人的宗教实践在很大程度上就是行善功的过程，通过不断积累从神那里换得救赎的奖赏。

在这种理论下，各种善功就被赋予了重要的意义，它们成为衡量信徒能否实现真正救赎的关键指标和前提条件。在各种善功中，从悔罪礼衍生出来的最多，其中最突出的就是赎罪券。尽管这个制度遭到普遍的批判，也引起公教会内部的非议，但由于其不但涉及巨大经济利益，而且是新教攻击的重点，这个重要问题甚至没有成为公会议的正式议题。只是在会议结束前才连夜起草了决议，匆匆通过。除了在具体的操作方式上稍作调整外，赎罪券基本上被完整地保留下来，其合法性和有效性根本没有被动摇。② 从神学的角度来说，其深层的原因就在于称义的理论没有改变。对于公教会来说，如果承认赎罪券是无效的，那就等于间接否认了其理论基础的有效性，从而会引起一连串的问题，进而危及自己的基础。

新教在称义问题上与公教会形成了显著区别，他们一致提出了"唯信称义"的观点。唯信称义是路德神学思想的重要基础，也是宗教改革的理论基石。路德原来对教会所主张的善功称义理论深信不疑，并严格身体力行。但是，他在追求救赎的道路上，却始终处在焦虑和怀疑的状态中，十分苦恼。这个问题在他的《圣经》教学与研究中逐渐得到解决，他发现保罗一直主张人是凭信仰称义的。在保罗思想的启发下，路德在发表《九十五条论纲》之前，就已经逐

---

① James Waterworth trans., *The Canons and Decrees of the Sacred and Oecumenical Council of Trent*, p. 40.

② Joseph Mendham, *Memoirs of the Council of Trent*, pp. 308–312.

渐形成了"唯信称义"的观点。路德不但继承了保罗的唯信称义观点，而且接受了他对人的灵魂与肉体关系的基本看法，并从中推演出了他的唯信称义理论。

路德认为，人的精神本性与肉体本性是对立的。精神就是灵魂，也就是内在之人或新人；肉体就是外在之人或旧人。[①] 前者是以追求义为目的，而后者则以满足私欲为目的。灵魂以神之道为生命的食粮和义，神之道就是基督的福音。对内在之人而言，信仰是获得神之道的唯一方式，即信仰神藉耶稣基督给人的救赎的恩典和应许。从这个角度来说，人的称义是不靠任何人自己的善功的。路德认为，原罪使人本性败坏，完全失去了自由意志。不仅如此，意志成为罪恶的奴隶，与神对抗。在这种状态下，人所做的一切，包括所谓的善功在内，只能招致神的愤怒。除了神命令和许可的外，没有任何善功。[②] 人无法通过自己的努力完成救赎，人首先要明白这一点，并将获得救赎的希望完全放在耶稣基督身上，通过信仰他实现救赎。实际上，信仰基督是所有善功中的第一个，也是最高、最珍贵的。

与公教会不同的是，路德所谓的"称义"并非指个人的真正的义，而是转归之义，也就是法律称义。人之所以能在神面前成为义人，不是人自己做工的结果，完全是因为耶稣基督。在路德看来，人因原罪陷于死亡，其罪人的身份始终无法更改。称义不过是人借信仰基督获得的，是基督之义而非个人之义。神藉基督之义免除了对人的惩罚，但人的罪人身份仍然存在，在神面前并非无可指责的。正因如此，信仰才是最关键的。人凭信仰耶稣基督成为义人，并靠信仰不断增进。只有信仰就足够了，其他的任何东西都不需要。在路德看来，人从神那里得到的一切都是凭信仰。"神使所有的东西都依靠信仰，谁要是有信仰，就有一切，谁要是没有信仰，就一无

---

① Martin Luther, "A Treatise on Christian Liberty", *Works of Martin Luther*, Vol. 2, p. 313.
② Martin Luther, "On Good Works", *Works of Martin Luther*, Vol. 1, p. 187.

所有。"①

在路德看来，信仰是宗教生活的中心，也是衡量包括圣礼在内的一切宗教实践的标准。就圣礼而言，除了外在的标记（形式）和本质（精神含义）之外，信仰是不可或缺的。没有信仰，圣礼就失去了实际意义。② 信仰是圣礼的基础和本质组成部分。路德认为，应许和信仰是不可分割的，没有应许，就没有可信的东西；没有信仰，应许就没有效果；有应许的地方就需要信仰，二者是不可分开的。③ 外在的标记本身并不具有使人称义的作用，离开了信仰，圣礼就没有任何意义。④ 真正起作用的是信仰，是人对神应许的信仰。一旦人因信仰称义并获得救赎的恩典，就永远不会失去。因此，路德坚决反对公教会神学家们所谓的人会失去恩典，并需要通过悔罪等重新获得的说法。

在路德看来，真正的圣礼的内在本质和外在标记是不能分离的。公教会在圣礼问题上错误的根源就在于完全抛弃了内在的本质应许和信仰，只注重标记，将坚振、终敷、神品、婚礼等与应许无关的行为列为圣礼。在洗礼、圣餐礼和悔罪礼等有真正应许的礼仪上，也抛弃了信仰，人为杜撰各种重新获得恩典的措施，设置了一大堆礼仪和善功，不但压垮了教会，而且侵犯了基督徒和教会的自由。因此，需要彻底改革。

路德对称义与圣礼关系的认识及其改革，得到了新教的一致认可。在新教看来，只要有了信仰，人不但已经称义，而且已经获得了救赎，不需要用自己的善功作筹码。在这个问题上，善功是没有作用的。不过，这种观点也遭到了很多人的抨击和质疑，路德也被

---

① Martin Luther, "A Treatise on Christian Liberty", *Works of Martin Luther*, Vol. 2, p. 318.

② Martin Luther, "A Treatise Concerning the Blessed Sacrament of the Holy and True Body of Christ and Concerning the Brotherhood", *Works of Martin Luther*, Vol. 2, p. 9.

③ Martin Luther, "The Babylonian Captivity of the Church", *Works of Martin Luther*, Vol. 2, p. 229 – 230.

④ Ibid., p. 228.

指责为完全否定了善功，否定了一切的仪式。实际上，这种指责是不正确的，完全曲解了路德的本意。

路德虽然在称义问题上明确否定善功，但并不意味着他完全否定善功在宗教生活中的作用。路德认为，问题的关键在于如何正确理解并摆正善功的位置，他说："我们不拒绝善功，相反，我们为它欢呼并尽可能教导。"① "我们对基督的信仰并没有将我们从做工中解放出来，而是从关于做工的错误观点中解放出来，也就是称义是靠做工获得的愚蠢的前提。"② 只要不把善功和礼仪作为称义的前提条件，善功就是可以的。实际上，对于基督徒来说，善功是必不可少的。

第一，这是人肉体属性的必须。路德认为，作为生活在世界上的外在之人需要各种善功。他一方面要通过善功克服自己的肉体的欲望，对它实行约束；另一方面，他还要与人打交道，履行基督徒作为仆人的职责。所以，基督徒就必须通过禁食、守望、做工等其他合理的戒律规范自己的肉体，使之臣服于精神，以便遵守服从内在之人和信仰，而不是背叛信仰和内在之人。③ 从这个角度来看，人在做工时，并不是借此在神面前称义，而是驯服身体、净化邪恶的欲望。

第二，这是称义之人必不可少的果实或结果。路德认为，判断善功的标准只有一个，那就是神所要求的，除此之外没有善功。对人而言，信仰是最主要的命令。因此，首要的问题不是行善，而是具备可以称之为善的条件，也就是对耶稣基督的信仰。路德认为，"除了信仰外没有什么能使人成为义人，除了不信仰外没有什么能使人成为恶人"④，并且义人和恶人是讨论的前提，关键在人本质的义

---

① Martin Luther, "A Treatise on Christian Liberty", *Works of Martin Luther*, Vol. 2, p. 333.
② Ibid., p. 344.
③ Ibid., p. 328.
④ Ibid., p. 332.

与否。"善行不能造就一个好人，但好人行善功。恶行不能造就一个恶人，但恶人做恶功。"① 好人必然行善，恶人必然为恶，正如好树结好果，坏树结坏果。真正的"基督徒不需要任何做功或律法求得救赎，因为他藉信仰摆脱了任何律法，他所做的一切纯粹是出于自由，不受任何约束，既不是谋利也不是救赎，因为他早已经在所有的事情上富足了，并因信仰藉神的恩典得救了，现在追寻的只是为了取悦于神"②。在这种状态下，行善功仅仅是遵守神的命令。它不能使人称义，而是纯粹的顺服神的自发之爱；也不会使人更加圣洁或更像基督徒，仅仅是果实。

所以，从路德对善功的理解可以看出，他并非要否定善功，他反对的是公教会对善功的扭曲。公教会颠倒了前提和结果，把善功作为称义和救赎的前提，并衍生出了一套谋利的工具，这是绝对错误的。既然善功只是基督徒称义的果实，那么，公教会附加的那些曲解就必须破除，还其本来面目。新教根据这个规则废除了圣礼中的一些内容，尤其是与悔罪有关的行为，如弥撒、赎罪券、公开忏悔等。同样，修道、禁欲独身、禁食、朝圣、私人施舍、圣徒及圣像崇拜、圣徒的代祷、炼狱等曾经被赋予救赎功效的行为也完全被废除，不再作为信徒的强制义务。

不过，新教虽然废除了这些东西，但并没有完全禁止，尤其在修道、禁欲独身、禁食和施舍等问题上。在新教改革家看来，从私人的角度来说，只要不把他们作为恩典和救赎的条件，不采取强制性的措施，其积极意义是没有问题的，这些都可以作为信仰的果实。在这些问题上，要充分尊重个人的自由，只要个人自愿并能真正做到，就可以存在。所以，路德明确反对借信仰之名反对所有仪式的人，主张在合理范围内的中间道路。③

---

① Martin Luther, "A Treatise on Christian Liberty", *Works of Martin Luther*, Vol. 2, p. 331.
② Ibid., p. 332.
③ Ibid., pp. 343–346.

第四节 路德派与加尔文派关于圣餐礼的论战

新教各派①的圣礼观虽然基本相同，但也有分歧，尤其是在圣餐礼的具体理解上分歧最为严重。路德派和瑞士新教派围绕着到底如何理解耶稣基督在圣餐礼中的存在方式进行了无休止的论战，最终也没能达成一致。双方的矛盾首先在马丁·路德领导的德意志新教会与慈温利领导的苏黎世教会之间展开，后来则演变为以加尔文为代表的瑞士新教会与德意志新教会的维斯特法尔等人的论战。

1523 年，路德在《论圣餐礼的敬拜》中进一步阐述了自己对圣餐礼的看法。但是，他的同体论观点并没有为慈温利所认可。1526 年到 1528 年间，双方的冲突公开化。慈温利先后写了《关于最后的晚餐的教谕》《友善的解释》《就基督体血之圣餐礼反对狂热分子》等文章，在阐明自己观点的同时，还对路德进行反驳；路德则针锋相对，写了《关于圣餐的更大表白》等文章攻击慈温利。1529 年 10 月 1 日至 3 日，马丁·路德与梅兰希通代表萨克森教会，慈温利、奥科拉姆帕迪乌斯、布克尔代表瑞士教会，在马堡进行会谈。双方对路德起草的 16 条和解建议中的前 15 条都没有异议，但在最后一条也就是圣餐礼问题上，却未能达成一致，会谈不欢而散。1530 年的奥格斯堡帝国会议上，以梅兰希通为代表的路德派在向议会提交的信仰告白中按照路德的观点表述了圣餐礼，这引起了部分路德派的抗议。他们退出了议会，并自行起草了信仰告白。路德派内部陷

---

① 英格兰教会在圣礼问题上与路德派和加尔文派基本相同。《四十二条信纲》没有涉及圣礼问题，《三十九条信纲》的 25 条至 31 条是关于圣礼的内容。在耶稣基督在圣餐礼中的存在方式上，除明确反对变体论外，并没有提到耶稣基督的存在方式问题，只是笼统指出圣餐中耶稣基督的身体是以天国和精神的方式给予、被接受、被吃的，并把信仰作为领受和吃的工具。

于分裂，这些人也被路德派称为"圣礼分子"①（Sacramentarians）。1538年，在布克尔、梅兰希通以及加尔文等人的努力下，双方暂时休战。

但是，路德派与苏黎世教会的矛盾仍在发展。1544年，双方的冲突又起。路德一直利用各种机会抨击慈温利及苏黎世教会，以布林格为首的苏黎世教会为保持新教内部的和平局面，并没有反击。路德的指责不断升级，甚至把他们与闵采尔及再洗礼派异端相提并论。苏黎世教会则结集出版了慈温利的著作，再次申明自己的立场，间接地回应路德的攻击。苏黎世的行动再次激怒了路德，他不但言辞激烈地攻击苏黎世，同时扩大了打击面，将瑞士所有的教会包括在内，攻击的重点也逐渐转到加尔文身上。

对于这场争论，加尔文在很长一段时期内一直保持沉默，没有加入论战的行列，只是在一些人的要求下，于1541年发表了《圣餐短论》一文，以第三者的身份表明自己的观点，批驳了献祭说、变体论、局部临在、敬拜说等理论。对于路德派的指责，加尔文觉得自己很冤枉，因为他甚至没有看到使路德发火的书。他在给布林格的信中，在表达了对路德的敬意的同时，也指出了他性格上的缺陷。② 为了消除误会，他同时写信给路德和梅兰希通，向路德表示敬

---

① 按照路德派的说法，圣礼派内部分为两派。一部分人认为，圣礼中除了饼和酒没有其他任何东西，慈温利、奥克拉姆帕迪乌斯等是代表；另一部分人则认为，耶稣基督在圣餐礼中是真实、实体上的、活生生的体和血的存在，但这种存在只能是在精神上通过信仰实现，布克尔、加尔文以及部分路德派信徒持这种观点。在他们看来，这两派虽然具体的表述不同，但实质是一样的，即都认为圣餐礼中除了饼和酒什么都没有，信徒吃的也只是饼和酒。Henry Eyster Jacobs ed., *The Book of Concord*, or the Symbolical Books of the Evangelical Lutheran Church, p. 511.

② 加尔文说："虽然他有罕见而又卓越的优点，但也有严重的缺点。真希望他学会克制这种一点就着的、暴躁不安的脾气。……真希望他能深刻意识并时刻注意自己的坏脾气。谄媚者极大地毁坏了他，因为他天生有过度纵容自己的倾向。" Henry Beveridge, Jules Bonnet ed., *Selected Works of John Calvin: Tracts and Letters*, Vol. 4, Albany, OR: Ages Software, 1997, Letter 122.

意，希望得到他的认可。①

但是，加尔文的努力没有任何结果。1552年，路德派的神学家约阿希姆·维斯特法尔以攻击《苏黎世和解》为契机，重启衅端，不但攻击苏黎世，而且攻击加尔文的圣餐理论。加尔文被迫应战，自此成为争论的新主角，先后撰写了《捍卫圣餐礼理论》（1555）、《再次捍卫圣餐礼理论》（1557）、《对维斯特法尔的最后警告》（1557）予以反击。1560年、1562年，路德派又重启争端。加尔文在1561年写了《圣餐中真实领受基督体血之正确教义释义》作答，进一步的反击任务则由他的助手贝扎来承担。双方的矛盾非常之尖锐，以至于汉堡的新教徒在维斯特法尔的指使下，拒绝让英格兰的新教徒入境避难。

双方在这个问题上的分歧主要在以下几个方面：圣餐礼的本质如何，谁可以领圣餐，但最关键的是如何理解福音书中"这是我的身体"这句话中的"是"字，基督存在的方式是什么。路德认为，道与圣餐礼是不可分割的，都是对基督的见证，是展示其权能与存在的媒介，圣礼既能创造，又能支持或展示信仰。因此，他特别强调基督在圣餐中的真实存在，为此认为"是"字应当从字面本意上理解。路德认为，罗马教会的变体论是荒谬的，作为表记的饼与酒，怎么可能经过教士的祝圣就变成了基督的体血呢？实际上，根本用不着这道程序，因为饼酒本来就是基督的体血，饼酒与体血是一同存在的，信徒与饼和酒一同吃的就是耶稣基督的体和血。这种领受不仅是藉信仰在精神上的，而且是真正的用嘴吃，是一种人的感觉和理性无法理解的超自然的、天国形式的吃。同样，象征说、缅怀说、凭信仰使体血在饼酒中存在说以及信徒在天国寻找基督之体说都是错误的，因为它否定了基督存在的实质，只留下了一个没有内容的空壳。基督不但是真实存在的，而且是普遍存在的，可以同时

---

① Henry Beveridge, Jules Bonnet ed., *Selected Works of John Calvin: Tracts and Letters*, Vol. 4, Letter 124, note 463.

完整地存在于一个以上的地方，这与他坐在神的右手边并不矛盾。因为神的右手边到处都是，神有并且知道多种存在方式，并不仅仅限于哲学家们所说的有限（localis）。①

慈温利认为，创造信仰的是道，圣礼只是公开展示信仰的方式，道与圣礼是不同的，前者更重要。圣餐礼只是信徒在基督不在的情况下对他的一种缅怀，饼酒只是一种象征，不具有实质。在他看来，"这是我的身体"的"是"既不能从"字面本意"（literal, substantive），也不能从肉体（carnal），只能从"比喻和象征"的角度来理解②，是"表示""代表""象征"的意思。这是一种隐喻（tropos），应该理解为"这代表我的身体"。③ 洗礼及圣餐礼只不过是内在变化的一种外在表现，是帮助信徒回忆神恩典的精神训练的表记和象征。因此，圣餐礼的重心在于信徒的精神心理活动，圣餐礼是全体信徒的一种行为，不是施于信徒的一种行为。圣餐礼中耶稣基督的肉体也不可能降临在饼里面，人在圣餐礼中也不是以无形的、无知觉的形式吃耶稣基督，人吃的就是饼和酒。耶稣基督已经升天，坐在神的右边。不仅如此，如果他临在了，就与教义相矛盾。根据信经，那就意味着末世降临了，因为他只在末日审判时才回来④。作为一个有限的存在，他既不可能局部临在，也不可能普遍临在，否则就违背了常识。⑤ 慈温利不但反对公教的变体论和路德的同体论，也不同意一些人文主义者提出的在圣餐中出现的是耶稣基督复活后的身体的观点。

路德则认为，这种理解无疑又回到罗马教会"善功称义"的老

---

① Henry Eyster Jacobs ed., *The Book of Concord, or the Symbolical Books of the Evangelical Lutheran Church*, pp. 511–516.

② Zwingli, "On Lord's Supper", in Geoffrey William Bromiley ed., *Zwingli and Bullinger: Selected Translations with Introductions and Notes*, Philadelphia: The Westminster Press, 1953, pp. 191, 199, 211.

③ Ibid., pp. 223–226.

④ Ibid., p. 216.

⑤ Ibid., pp. 217–222.

路上，把福音变为信仰和个人虔敬的结果，把诚心敬意地缅怀耶稣基督的受难作为分享圣餐的先决条件。慈温利则认为，路德的理论不但有变体论的嫌疑，还带有偶像崇拜的色彩，既违反了真确的教义，又与常理不符。他认为，公教会之所以在很多方面存在错误和迷信的行为，主要的根源就在圣餐问题上，教会把原本简单的圣餐神秘化了，将它变成基督的身体，愚弄人民。因此，要消除错误和迷信，就要彻底破除其神秘色彩。路德与慈温利在这个问题上的分歧，与各自的理论基础有关。路德对这个问题的理解是比较传统的，他虽然反对用亚里士多德哲学作为神学讨论的基础，反对区分"本质"与"偶然"，但实际上，他并没有否定饼酒变成体血这种看法。慈温利在这个问题上则受人文主义的影响较大，主张象征说。他最初可能是从伊拉斯谟那里知道这种解释①，后来则是从另一位荷兰人文主义者霍恩（Cornelius Hoen）那里继承了这种思想，并据此撰写《论真假宗教》一文。②

加尔文在这个问题上，持一种折衷的态度，不完全认同任何一方。他认为，双方的理论都有值得赞同的地方，但也都有矫枉过正之嫌。他与路德一样强调圣礼是神自我交通的展示，是神意志的体现，同时认可真实存在。他不赞同慈温利的象征说，因为它给人的印象是圣餐是一种空洞的表记，使它与被象征之物之间缺少真实的关系，象征与恩典、外在与内在之间亦缺乏真正的联系。在加尔文看来，这种观点多少带有罗马教会的痕迹。因此，最初他比较倾向于路德，甚至曾一度不再读慈温利与奥科拉姆帕迪乌斯的著作。但是，加尔文也并非完全赞同路德并彻底反对慈温利的观点，因为在一些问题上他也认为路德的理解有所不妥，而慈温利也有值得认可的地方。他认为，基督是不可分割的，自从他升入天堂以后，就不会再降到人世，而在神的右边。他的身体是有限的存在，不可能部

---

① Bernard M. G. Reardon, *Religious Thought in the Reformation*, p. 107.

② Alister E. McGrath, *Reformation Thought: An Introduction*, second edition, pp. 165-173.

分或普遍地临在，也不可能降临到饼和酒中。经过祝圣的饼和酒，既没变成基督的体和血，基督的体和血也未在"里面"（in），未"与之同在"（with），更未"在下面"（under）。如果这样，"就必须承认，基督的身体要么是不受空间限制的，要么就可以在不同的地方……这种临在……不但是梦想，而且是应予诅咒的错误，既与基督的荣耀相矛盾，对他的人性来说也是毁灭性的"①。因此，无论变体论还是同体论都是错误的荒谬的。加尔文认为，基督在圣餐礼中的临在是真实的，但只是精神而非物质的临在；他的临在也不是普遍的，不可能到处都有，他只在天上。基督临在是指人的思想被引向天国，而非他的身体下降。② 在圣餐礼中，无数信徒通过思想的提升，在天国共享耶稣基督。这是符合他作为人的有限存在的前提的。

耶稣基督在圣餐礼中的存在方式是新教内部最大的争论，虽然论战的双方曾多次试图和解或达成谅解，但没有成功，从而导致两派联合的努力的失败。学者们在讨论这个问题时，往往从神学角度入手，认为分裂的根源在于对神学的理解与认识不同，或认为是由于误解造成的。这些因素确实存在，但别的因素也不容忽视。其实，政治因素是导致两派彻底分裂的关键。

从双方争论的具体过程及内容来看，神学确实是导致分裂的原因，这突出表现在对《圣经》以及基督的属性的理解上，包括公教会在内的各派对"这是我的身体"的理解是多样化的，对存在方式及其含义的认识也不尽相同。从中也可以看出《圣经》在改革中的理论支柱地位，不同的理解预示着不同的选择和道路。③

双方虽有分歧，但并非没有和解的可能。在加尔文和梅兰希通

---

① John Calvin, "Treatise on the Lord's Supper", in *Calvin: Theological Treatises*, pp. 158–159.
② John Calvin, *Institutes of the Christian Religion*, IV. xvii. 18.
③ Zwingli, "On Lord's Supper", in Geoffrey William Bromiley ed., *Zwingli and Bullinger: Selected Translations with Introductions and Notes*, pp. 235–238.

看来，这个问题并非基督教神学的原则问题，而是"无关紧要"小问题，是可以通过讨论解决的。在这种思想的指导下，加尔文领导的日内瓦教会通过和谈，成功地与苏黎世教会实现了联合。加尔文也一直希望通过这种方式与路德派实现联合，并多次敦促梅兰希通做出回应，但一直未能实现。

有些学者认为双方的误解是造成新教分裂的主要原因[1]，因为双方都承认对对方有误解。在加尔文看来，慈温利与路德各执一端，为了反对罗马公教会，将一端变为全部，有意无意地忽略了另一端。路德反对罗马教会的变体论，为此坚决主张饼就是耶稣基督的身体；慈温利等人为了反对罗马教会的偶像崇拜，为此强调耶稣基督作为人已经升入天堂，直到末日审判才会再次降临等。路德也认为加尔文派对他们有误解。

如果说在加尔文卷入论战之前，慈温利的苏黎世教会与路德派在神学上存在误解，是能说得通的，因为加尔文作为第三方对这个问题看得更清楚些。在此之后，神学上的误解恐怕就解释不通了，因为加尔文和路德都认为这并非根本。加尔文认为，分歧一直不能化解的更深层次原因在于神学之外的误解与偏见，"双方都没有耐心倾听对方的观点，以便不带情感色彩地追随真理"[2]。在这一点上，路德的专制个性要负很大的责任。路德的言行过于激烈，致使矛盾越积越深。加尔文认为，要紧的是平息路德的愤怒，待他平静下来再实现和解。即便身处论战的漩涡，加尔文仍然没有放弃和解的努力。他曾经希望梅兰希通就争论的问题公开发表自己的意见，或者制止维斯特法尔继续争论下去，因为他知道梅兰希通在这个问题上并不完赞同路德的观点。但是，梅兰希通并没回应，而是一直保持沉默，这使加尔文非常不满，在他看来，梅兰希通的沉默不但危害

---

[1] Thomas M. Lindsay, *A History of the Reformation*, Vol. 2, New York: Charles Scribner's Sons, 1910, pp. 54-55.

[2] John Calvin, "Treatise on the Lord's Supper", in *Calvin: Theological Treatises*, p. 166.

了神的教会，而且"日复一日地纵容了那些疯子冲向毁灭教会的道路"①。

路德虽然没有明确说过类似的话，但他对加尔文的态度间接证明了这一点。加尔文的主张最初并没有引起他的反对，相反还得到他的赞扬。路德读过加尔文的《基督教要义》等著作，对他的才华和观点表示赞赏，并在给布克尔的信中转达了对加尔文的敬意，梅兰希通在给加尔文的信中也证实了这一点。即便有人把加尔文批评路德的话拿给路德看，路德也没有加以反击，只是说"我希望有朝一日加尔文会把我们想象得更好些"②。从神学角度来说，路德应该非常清楚他与加尔文对这个问题的认识有不同之处，按照他的性格，如果他认为加尔文的观点错误的话，他应该像对待慈温利那样对他进行批判。从他对加尔文的态度可以推测，他要么同意加尔文的观点；要么不同意他的观点，但认为不是原则问题，用不着辩论。相比之下，后一种可能性更大些。还应该指出的是，在圣餐礼问题上，加尔文的观点是始终如一的，无论在《基督教要义》，还是在后来的关于圣餐礼的专门文章中，都是如此，他本人也一再强调这一点。综合这些因素，至少可以说明并不存在神学上的误解。因此，双方的误解应该另有所指。

如果说双方在神学方面并不存在误解的话，加尔文应该不会遭到路德派的攻击，尤其是神学方面的攻击，但事实却恰恰相反。从1540年代中后期起，加尔文逐渐遭到路德派的批判与攻击，并取代了苏黎世成为论战一方的领袖，其中原因还要结合事件的全过程来考察。

---

① Henry Beveridge, Jules Bonnet, eds., *Selected Works of John Calvin: Tracts and Letters*, Vol. 6, Albany, OR: Ages Software, 1997, Letter 393. 加尔文在1554—1558年曾多次写信给梅兰希通，希望他利用自己的地位制止或平息争端，希望双方举行一次正式会谈，解决圣餐问题的争端。详见书信：359、393、412、465、519。

② Henry Beveridge, Jules Bonnet, eds., *Selected Works of John Calvin: Tracts and Letters*, Vol. 4, Letter 42.

值得注意的是,圣餐礼的争论是与当时德意志与瑞士的政治形势变化密切相关的。路德与慈温利的矛盾冲突显然不利于新教事业的进一步发展与新教政治势力的扩展。当时德意志内部分裂为公教与新教两大阵营,在皇帝查理五世的支持下,公教的势力越来越强大。在1529年初的斯拜耶尔会议以后,新教阵营面临的形势越来越严峻。为了对抗公教势力,新教阵营也逐步走向联合。为壮大力量,与德意志紧邻的苏黎世新教势力也在争取之列。双方1529年的马堡会谈正是在新教诸侯的主要代表黑森伯爵菲利普的要求下召开的。马堡会谈注定要失败,当然并非完全由于神学分歧,在宗教纷争中,民族的因素逐渐显露出来,双方尤其是慈温利已经预见到联合会对瑞士宗教改革带来政治灾难,[①] 路德则斥责慈温利为"这个傲慢的瑞士人"。

加尔文逐渐卷入争论,也与政治形势的发展密切相关。16世纪40年代中期,德意志内部的加尔文派势力不断增大,这引起了路德派的不满。与此同时,在内外压力下,瑞士新教各州联合的趋势日渐明显,而消除宗教方面的分歧则是重要的步骤之一。1540年代后期,在加尔文等人的多方努力下,日内瓦与苏黎世进行商谈,并在1550年签署了《苏黎世和解》。这份26条条款的纲领基本解决了双方在圣礼方面的分歧,确立了以加尔文的观点为主的信仰理论,瑞士新教诸州从此形成一个阵营。《苏黎世和解》成为引发论战的契机,路德派随即做出激烈反应。这场论战至此已经超出了神学的范围,逐渐走向政治及民族国家的层面,形成瑞士与德意志新教政权之间的对立。1555年的奥格斯堡宗教和约虽然确立了"谁的领地信奉谁的宗教"的原则,但是,加尔文派并不在条约的保护范围之内。这在一定程度上表明路德派已经不再把加尔文作为新教阵营的成员,表明政治已成为决定宗教的准则。从这个角度说,加尔文受到攻击

---

① Steven Ozment, *The Age of Reform 1250 – 1550: An Intellectual and Religious History of Late Medieval and Reformation Europe*, p. 335.

与批判并非仅仅因为他的神学观点，关键在于他是瑞士教会的代表，在某种程度上是瑞士的象征。即便他们并不一定坚决反对其圣餐礼，但在民族与国家利益的驱使下，也必然反对他。

在政治原因的影响下，路德派与加尔文派彻底分裂，并走上不同的道路。虽然他们认为在理论上是可以和解的，只是由于具体的误解造成了失败，但这种观点是不正确的。从民族国家发展的角度说，宗教改革就是要打破教会超越国家的局面，建立民族教会，把教会变为国家的一个职能部门。由于瑞士与德意志在政治上不断趋于独立，都在向独立的民族国家进程迈进，因此在宗教上也必然与之相适应。宗教改革后西欧各国基本上完成了这个历史使命，虽然仍存在跨区域的教派，但这些教派与所在国家和地区的政治关系上已经与以往有了根本不同，教会的民族特色越来越浓。从历史发展的角度来说，这种观点是与宗教改革的历史使命背道而驰的。

实际上，路德与加尔文所谓的误解和偏见不过是在民族国家形成过程中的潜在冲突的体现。由于他们的观念已经落后，不再符合现实的需要，失败也就是不可避免的。加尔文等人显然没有认识到这一点，他们的理想仍是统一和解的教会，也就是普世教会，这基本上是一个中世纪的范畴。在普世教会的理念下，加尔文不但试图团结新教各派，甚至连罗马教会也在团结之列。从这个角度来看，持"认信化"理论的学者们强调的被新教改革家视为"无关紧要"的一些问题成为决定教派的关键因素，还是有一定的道理的。

小　结

新教与公教交锋最激烈的领域就是圣礼。公教会肯定了传统的七礼的有效性，而新教则只承认洗礼和圣餐礼。二者分歧的直接原因在于对《圣经》及传统的理解不同。新教把《圣经》作为衡量是否是圣礼的标准；公教虽然不反对《圣经》的依据，但更强调传统的有效性。

圣礼分歧的深层原因在于其神学基础。新教以"唯信称义"为出发点，否定了善功在称义和救赎中的作用，尤其是将它们作为救赎资本或条件的理论。在新教看来，教会的各种腐败的源头恰恰在教会的称义理论。公教会提倡的"善功称义"理论被物化，直接与各种礼仪相联系，并以量化的形式体现出来，成为教会剥削和敛财的工具。由于这些东西在人的称义和救赎中没有任何作用，因此要取消。公教在与新教的对抗中，以"善功称义"为出发点，再次重申传统的有效性和必要性。尽管遭到各界的批判，传统的礼仪仍然被保留下来，信徒仍然可以通过交换或者购买的方式获得救赎的资本。

不但公教与新教之间的圣礼存在差异，新教内部也有分歧。路德派和加尔文派长期围绕圣餐礼的一些问题展开论战，并形成了不同的解释，这些都成为各自教派的显著特征。新教内部在圣礼方面的斗争成为各派联合的障碍，其中的原因既有对《圣经》理解方面的，也有国家和民族方面的。

第五章
宗教改革与社会救济

宗教改革时期，新教和公教在共同的社会贫困问题面前，不约而同地采取了许多措施，从而使济贫改革成为宗教改革时期最主要的内容之一。对公教和新教的济贫改革进行考察，对于正确认识转型时期公教和新教的特点具有重要意义。

第一节　贫困问题及对策

贫困问题[①]是16世纪前后欧洲社会的一个重要问题，围绕贫困问题的一系列改革措施，也是最引人注目的社会改革之一。学术界一般认为，尽管欧洲的贫困问题并非产生于这个世纪，但是它真正

---

① 济贫问题是一个非常复杂的课题，既涉及定义、分类、济贫机构、运作及沿革等问题，也存在很大的地域和时间差异。从历史的层面来说，不同时代及地域的贫困定义有所不同，即便是同一地域的不同时代在贫困的划定上也不完全一致。从学科角度来说，现代学科的分割使得不同的学科的定义有所不同，在具体的操作中也会有很大差异性。在宗教氛围浓厚的基督教社会，贫困的含义往往是多元的，既有经济、政治方面的，也有社会方面的。为了操作方便，本书不再对这些概念进行分析。一般说来，依靠自己的努力无法满足基本生活需求并需要外在帮助的人，被划入贫困的范畴应该问题不大。宗教改革时期，改革家们也是在这个意义上界定贫困的，也就是那些需要救助的真正的穷人。

引起社会各界的关注，成为影响社会安定的难题，却是在这个时候。从宏观的角度来说，导致贫困成为社会问题的原因是多方面的，如战争、疾疫、自然灾害、货币贬值、物价上涨、人口增加、失业等。对于16世纪的欧洲人而言，这些现象都是司空见惯的，而上述任何一种灾难都足以使大批人陷于贫困。① 当然，贫困问题也与深层的经济结构变化密不可分。16世纪前后，西欧的封建制开始解体，资本主义生产方式逐渐兴起。越来越多的农奴获得人身自由，农业人口逐渐减少。在英国，圈地运动的发展将越来越多的农民赶离土地，他们中的很多人失去土地，同时又找不到工作。这些人涌入城市，或者乞讨或者流浪，引发了许多社会问题。②

此外，宗教观念也与贫困问题关系密切。古代基督教对贫困及乞讨的态度与传统希腊罗马有所不同，整体上肯定其在宗教生活中的积极作用。随着基督教地位的变化及其在欧洲的普及，教会逐渐形成一种观念，使贫困及与之相关联的乞讨行为在宗教生活中扮演重要角色，使之成为人救赎的重要砝码。按照这种理论，贫困在很大程度上是一种美德，穷人比富人更受神的青睐，在未来的救赎中占据更有利的位置。与此相反，富人及财富则被视为救赎的障碍。富人要想获得神的青睐，需要通过付出财物等方式赎罪，而对穷人等的施舍被视为最有效的途径之一。富人在物质上帮助穷人，以此积累救赎的资本；作为精神上的富有者，穷人则通过祈祷祝福等帮助富人，双方形成一种互惠的交换关系。4世纪的米兰主教安布罗

---

① E. M. Leonard, *The Early History of the English Poor Relief*, Cambridge: Cambridge University Press, 1900, pp. 14 - 17.

② Thomas A. Brady ed., *Handbooks of European History 1400 - 1600*, Vol. 1, Leidon: Brill, 1994, pp. 1 - 50, 113 - 146. 于特（Robert Jütte）分析了造成贫困的偶然因素、周期性因素和结构性因素。Robert Jütte, *Poverty and Deviance in Early Modern Europe*, Cambridge: Cambridge University Press, 1994, pp. 21 - 44.

斯曾声称"施舍可以赎罪"①，9世纪的兰斯主教辛克马（Hincmar，802—886）则说，"神本可以使所有的人都富有，但他愿意世界上有穷人存在，以便富人有一个赎罪的机会"②。这种理念的形成和流行具有显著的社会效果。一方面，它强化了教会等宗教机构的社会救济职能，从理论中演化出一套复杂的实践体系；另一方面，还催生了众多的贫困者，为贫困及其衍生的乞讨行为提供了积极的理论支持。12世纪末以来，随着社会上效法基督过赤贫生活观念的流行，很多人尤其是新兴的各种托钵修会自愿贫困，把以乞讨为生的赤贫生活作为侍奉神的方式。例如，方济各会的章程规定，修士们要"在贫困和谦卑中侍奉神，让他们自信地去祈求施舍，他们不应该为此感到羞耻，因为主为了我们使自己在这个世界上穷困。……这是最崇高的贫困的顶峰，它使你们成为天国的继承者和王：在财物上贫困，但在美德上超群"③。这种新的生活方式进一步扩大了乞讨的群体，致使鱼龙混杂，增加了社会的负担，也加重了社会的贫困。德意志1523年的《陈情书》第8条对于托钵会的乞讨造成的社会危害有深刻的描绘："在托钵修会的乞讨制度下，城镇或乡村的每个地方没有不被他们侵扰的。他们因游荡范围受到限定而被称为有条件乞讨者（Terminaries）。他们违反了会章的规定到处巡回，这并非为生计所迫，而是受无法满足的贪欲的驱使，是毒瘤。因为有时在一个人口并不多、面积也很狭小的村子里，就会发现两三个甚至更多的这些家伙们的聚会所，里面堆积着搜刮来的各种施舍。与此同时，那些携妻带子的市民或居民们，他们诚实自立，付出辛勤劳动和汗

---

① B. Ramsey, "Almsgiving in the Latin Church: The Late Fourth and Early Fifth Century", *Theological Studies*, Vol. 43, No. 2, 1982, p. 242.

② Carter Lindberg, *Beyond Charity: Reformation Initiatives for the Poor*, Minneapolis: Augsburg Fortress, 1993, pp. 32–33.

③ P. Robinson trans., *The Writings of St. Francis of Assisi*, Philadelphia: The Dolphin Press, 1906, p. 69.

水，却被疾病和年老耗尽并陷于穷困，因饥饿和缺少食物而死亡。"①

贫困问题最突出的表现就是乞讨行为剧增，乞丐泛滥，变成严重的社会问题。从欧洲大陆到英伦三岛，乞丐的泛滥引起了社会各界的强烈反响。1525年，弗兰德尔的伊普雷市（Ypres）济贫法令序言说："这么一大批穷人和生活窘迫的人（他们遍布每条街道和每座教堂，以及每家门前，实际上遍布这个王国境内的每个地方，无所事事，淫邪放荡，他们生活贫困，习惯于像流浪汉那样到处游荡）需要救济、援助和帮助。"② 几十年后，英格兰的哈里森则说"现在的欧洲没有任何一个共和国没有一支庞大的穷人队伍，以及那些急需富有者救济的人，否则他们就将饿死并陷于完全的混乱"③。

乞丐的泛滥及规模可以从当时遗留下来的相关资料中窥见一斑。一方面，乞丐及其造成的危害成为文学创作的重要素材，是伊拉斯谟、莫尔、莎士比亚等人文学作品中常见的主题，甚至形成了乞丐文学；另一方面，乞丐的行业化程度不断加深，社会上不但存在众多的兄弟会性质的乞丐组织甚至行会，而且出现了许多关于乞丐的专题文献甚至手册指南，这一点在乞丐问题最突出的英格兰尤甚。1514年，德意志出现了一个匿名的小册子——《乞丐手册》（*liber vagatorum*），里面详细描绘了各种各样的乞丐、乞讨术，并附了很多实例。该小册子的第一部分记载了28种乞丐，而在作者看来，这些人并非真正的乞丐，而是打着行乞的口号，干各种不道德甚至违法乱纪的勾当。④ 在英格兰，1561年，奥德利（John Awdeley）出版了

---

① Charles Hastings Collette ed., *One Hundred Grievances*, p. 195.

② "The Ypres Scheme of Poor Relief", in F. R. Salter, *Some Early Tracts on Poor Relief*, London: Methuen, 1926, p. 33.

③ Lothrop Withington ed., *Elizabethan England: From "A Description of England"*, By William Harrison (*in "Holinshed's Chronicles"*), London: Walter Scott, 1876, pp. 122 – 129.

④ Martin Luther ed., *The Book of Vagabonds and Beggars, with a Vocabulary of Their Language*, edited by Martin Luther in the year 1528, John Camden Hotten trans., London: John Camden Hotten, Piccaadilly, 1860, pp. 7 – 42.

《乞丐兄弟会》(*fraternitye of vacabondes*)。奥德利文中提到的各种乞丐有：abraham man（自称穷汤姆的赤膊赤脚的装疯乞丐）、ruffeler（自称服过役的士兵，手拿武器，主要抢劫徒步旅行的男人和赶集的妇女）、prigman（手拿棍子，主要偷鸡摸狗）、whipiacke（伪造乞讨证，冒充沉船的海员乞讨，主要盗窃集市上的摊位或商店）、frater（伪造乞讨证，以为医院化缘等为借口，主要抢劫往返市场的贫困妇女）、quire bird（刚出狱的，偷马）、upright man（抢劫、盗窃团伙的头目）、curtail（地位低于 uprightmen，穿着像灰衣修士，与女伴一起乞窃）、palliard（穿着打补丁长袍的乞丐，男女结伴而行）、irishe toyle（用小物件骗取施舍的乞丐）、Iack man（能写会读甚至能说拉丁文，伪造乞讨证）、swygman（货郎打扮的乞丐）、washman（palliard，经常瘸胳膊烂腿躺在公路上行乞）、tinkard（把行李放在救济院，外出行乞）、wylder roge（居无定所，结伙到处流浪乞讨）、kitchen co（游手好闲的流浪男孩）、kitchen mortes（女孩子，由 uprightman 抚养长大，低级的称 doxy，高级的称 altham）、doxies（妓女或情人）、patriarke co（原来的修士，专门为乞丐主持婚礼）、curtesy man（穿着得体、彬彬有礼的骗子，以家庭富裕但遭受各种灾难为由，专门找相貌衣着均好的人搭讪要钱或行骗）、cheatour 或 fingerer（专门寻找带钱外出的人行骗的团伙，有人先通过搭讪或套近乎锁定行骗对象，到酒馆等地后，再与同伙联合，通过打牌等方式赢钱，待行骗对象受诱惑加入后，把对方的钱全部赢过来）、ring faller（利用假的金戒指行骗，先在行骗对象前扔下戒指，待对方捡起时，要求见面分半，然后利用对方发财的心理，一步步设计行骗；也有通过真假戒指调包行骗的）。他们的行话：伪造乞讨证称 Gybes，伪造印章称 Iarkes。[①] 1566 年，英格兰的托马斯·哈尔曼（Thomas Harman）撰写的《当心乞丐》一书出版。这些著作对乞丐及其骗术等

---

① John Awdeley, *The Fraternity of Vagabonds*, London: Early English Text Society, Extra Series, IX, 1869, pp. 1–16.

做了分类叙述，其中前者罗列了 20 多种乞丐及骗术，后者则更加详细地对乞丐行业做了描述。① 1577 年，哈里森在《英格兰风物志》中则列出了 14 种男乞丐和 9 种女乞丐。② 这些著作不但对于乞丐种类和行乞骗术有详细记载，而且还汇集了乞丐的行话。乞丐队伍的规模从中可见一斑，乞丐已形成一个庞大的群体。

乞丐的泛滥带来了严重的社会危害。庞大的寄生阶层尤其是乞讨队伍耗费了大量的资源，给社会带来了沉重的经济负担。马丁·路德曾经估算过，除去缴给教会和世俗政府的税之外，如果把各种托钵修会和形形色色的乞丐加起来，"一个城镇加起来每年就要被勒索 60 次"③。英国新教徒西蒙·费什（Simon Fish, ？—1531）在《为乞丐祈愿》（1529）中也曾做过测算。当时英格兰有 52,000 座堂区教堂，按照每座教堂有 10 户人家计算，共有 520,000 万户。每户人家每季度给 5 个乞讨的托钵修会修士各一便士，一年就是 20 便士。全国加起来，每年就是 43,333 磅 6 先令 8 便士。④ 此外，乞丐泛滥还造成社会的劳动力缺乏，影响正常的经济生活。而当时欧

---

① Thomas Harman, *A Caveat or Warning for Common Cursetors, Vulgarly Called Vagabonds*, London, 1814.

② Lothrop Withington ed., *Elizabethan England: From "A Description of England", By William Harrison (in "Holinshed Chronicles")*, p. 128. 哈里森列举的 23 种游手好闲的流浪汉取自哈曼。男的有：rufflers、uprightmen、hookers or anglers（用钩子从窗户盗窃）、rogues（一般流浪汉，行骗盗窃）、wild rogues（出生就是流浪汉的乞丐）、priggers、palliards、fraters、abrams、whipjacks、dummerers（装聋装哑行乞）、drunken tinkers（priggers，年轻的恶棍无赖）、swadders or peddlers、jarkmen；妇女儿童有：demanders for glimmer or fire（以受火灾为由行乞）、bawdy baskets（女货郎，行骗偷窃）、morts（妓女和窃贼）、autemmorts（已婚女贼）、walking morts（未婚女贼，常以丈夫死了为借口行骗）、doxies（傍上 uprightmen 的妓女）、dells（年轻女贼，被 uprightmen 睡了后称 doxies）、kinchinmorts、kinchin does（儿童乞丐）。哈曼的还有 crank（第 11 种，假装生病着魔，嘴里含着肥皂吐泡沫乞讨行骗），但未专列 mortes。

③ Martin Luther, "An Open Letter to the Christian Nobility", *Works of Martin Luther*, Vol. 2, p. 135.

④ Simon Fish, *A Supplication for the Beggars*, London: Early English Text Society, Extra Series, XIII, 1871, pp. 2–3.

洲社会因战争、疾病、灾荒等急需劳动力。不仅如此，他们还扰乱了社会的正常运转。这些人并没有固定的居所，他们涌入城市，在街道、教堂等公共场所扰闹喧哗，骚扰市民，许多人欺诈、偷盗、抢劫，甚至组成了兄弟会①，成为犯罪的渊薮，成为城市社会治安的隐患。乞丐们大都衣着邋遢，不讲卫生。大量的流动人口给城市的健康卫生带来挑战，他们也被视为瘟疫等各种传染疾病的重要传播源②，而16世纪前后欧洲各地正是传染病频发的时期。

乞丐的泛滥还造成严重的社会道德问题。在庞大的贫困队伍中，有很多的假冒者。这些人身体健康又不愿意劳动，他们假冒贫困，专门靠救济生活，有些人甚至同时在多个机构领取救济。③ 更多的假冒者则加入乞讨队伍，把乞讨变为一种发财致富的职业。他们用各种欺骗的手段骗取施舍，武力抢劫。有些乞丐为了发财，不仅自残肢体，而且残害自己的或别人的孩子的肢体，甚至用"病弱或绑架的儿童，以博得施舍者更多的同情"。"这些人很富有，但他们却乞求施舍。"④ 他们拒绝任何改变其处境的帮助，有些家长甚至宁愿让孩子去乞讨，也不愿意去劳动，因为乞讨更能赚钱。而那些自愿贫困的人，尤其是托钵修会的修士，虽然他们标榜个人的贫困，但在整体上却是最富有的群体，囤积了大量的社会资源。教会里面腐败盛行，教士们无所事事，甚至把本应该用作救济的财物挪作他用，致使真正需要得到救助的得不到救济，背离了济贫的初衷。⑤

乞丐的泛滥只是欧洲贫困问题的一个方面，它并非单一的国家

---

① Carter Lindberg, *Beyond Charity: Reformation Initiatives for the Poor*, p. 44.

② J. L. Vives, *De subventione pauperum sive De humannis necessitatibus*, C. Matheeussen, C. Fantazzi, eds., Leiden: Brill, II. i. 3.

③ Brian Pullan, *Rich and Poor in Renaissance Venice: The Social Institutions of a Catholic State, to 1620*, pp. 197–286; Thomas Max Safley ed., *The Reformation of Charity: The Secular and Religious in Early Modern Poor Relief*, Boston: Brill, 2003, p. 78.

④ J. L. Vives, *De subventione pauperum sive De humannis necessitatibus*, I. v. 4.

⑤ Martin Luther, *On Trade and Usury*, in William I. Brandt ed., *Luther's Works*, Vol. 45, Philadelphia: Muhlenberg Press, 1962, p. 284.

或地区现象,而是整个欧洲面临的共同难题,因此引起了社会各界的理论思考和实践探索。

首先是新教改革家。作为宗教改革的旗手,马丁·路德非常关注贫困问题,并先后在《致德意志贵族公开书》《论贸易与高利贷》等著作中对当时存在的问题提出批判,呼吁济贫改革。① 1520年,他曾经为维登堡市起草济贫改革法令,并建议设立济贫公共基金,他的相关思想和主张集中体现在1523年莱斯尼希市颁布的济贫法令中。路德不但为该法令撰写了序言,全力支持改革,而且提出了一些具体的建议,希望它成为其他城市改革的范本。② 为了让人们认清乞丐的真面目,马丁·路德在1528年还专门编辑出版了《乞丐手册》一书,并撰写了前言,汇集了乞丐的行话,供人们阅读,以辨真假。③ 路德对乞讨的批判及其对济贫改革的设想在德意志新教内部产生了很大的影响,黑森的菲利普(Philip of Hesse, 1504—1567)选帝侯在1524年进行改革。路德的社会济贫思想后来经约翰·伯根哈根(Johannes Bugenhage, 1485—1558)的努力,在各地推广。④ 卡尔施塔特也曾撰文讨论乞丐问题,呼吁禁止乞讨。⑤ 著名的改革家马丁·布克尔曾经专门撰文讨论济贫改革问题,他不但在斯特拉斯堡等地推行改革,还向英格兰国王爱德华六世建议,实行包括济贫

---

① Martin Luther, *On Trade and Usury*, in William I. Brandt ed., *Luther's Works*, Vol. 45, Philadelphia: Muhlenberg Press, 1962, pp. 286 – 287.

② Martin Luther, "Preface to Ordinance of A Common Chest, Suggestion on How to Deal with Ecclesiastical Property", in William I. Brandt ed., *Luther's Works*, Vol. 45, pp. 169 – 176.

③ Martin Luther ed., *The Book of Vagabonds and Beggars*, Luther's preface.

④ Walter M. Ruccius, *John Begenhagen Pomeranus, A Biographical Sketch*, Philadelphia: the United Lutheran Publication House, 1924.

⑤ E. J. Furcha ed. and trans., *The Essential Carlstadt: Fifteen Tracts by Andreas Bodenstein (Carlstadt) from Karlstadt*, Waterloo: Herald Press, 1995, pp. 120 – 128.

改革在内的全面改革。① 加尔文在著作中有专门的论述，济贫改革也是他在日内瓦改革有机组成部分。②

另外，贫困问题也引起了包括人文主义者在内的公教徒的关心。著名的人文主义者伊拉斯谟在自己的著作中有相关的论述。③ 1526年，旅居布鲁日（Bruges）的西班牙著名人文主义者维威斯（Juan Luis Vives，1492—1540）写了《论对穷人的支持》一书，针对该城的状况，系统提出了济贫改革的设想。维威斯的建议虽然没有被采纳，但其详备的讨论和周全设想却成为这个时期最著名的济贫专论。他的规划也成为其他许多地区改革的样本，对尼德兰、神圣罗马帝国、法兰西、西班牙乃至英格兰等地的济贫改革产生了积极的影响。1529年，里昂的人文主义者沃策勒（Jean de Vauzelle，1495—1559）呼吁市政府改革。1535年，耶稣会的创始人罗耀拉在自己的家乡西班牙的阿斯佩蒂亚（Azpeitia）帮助市政府实施济贫改革。1545年，多明我会修士德索托（Domingo de Soto，1494—1560）和本笃会修士墨迪那（Juan de Medina，1490—1547）还就济贫问题展开了争论。④

在学者们进行理论思考的同时，欧洲的世俗政权纷纷开始了立法活动，从而开启了新一轮的社会济贫改革。世俗政权的济贫改革分为以城市为中心的市政府改革和国家范围的改革。按照时间的先后，代表性的改革城市主要有：威尼斯（1495）、奥格斯堡

---

① Martin Bucer, *De Regno Christi*, in Wilhelm Pauck ed., *Melanchthon and Bucer*, Philadelphia: The Westminster Press, 1969, pp. 256 – 259, 306 – 315; *A Treatise, how by the Worde of God, Christian mensalmose to be distributed*, 1557（?）.

② Robert M. Kingdon, "Social Welfare in Calvin's Geneva", *The American Historical Review*, Vol. 76, No. 1, 1971, pp. 50 – 69; "Draft Ecclesiastical Ordinances", in *Calvin: Theological Treatises*, pp. 64 – 66.

③ From Carter Lindberg, *Beyond Charity: Reformation Initiatives for the Poor*, pp. 186 – 189.

④ 关于这个时期济贫专论目录，参见 Robert Jütte, *Poverty and Deviance in Early Modern Europe*, appendix. 争论的主要内容见 Michele L. Clouse, *Medicine, Government, and Public Health in Philip II's Spain: Shared Interests, Competing Authorities*, Burlington, VT: Ashgate, 2011, pp. 153 – 156。

(1522)、纽伦堡（1522）、莱斯尼希（1523）、黑森（1524）[1] 苏黎世[2]（1525）、伊普尔（1525）、巴黎（1529—1530）、里昂（1531）[3]、鲁昂（Rouen）（1534）[4]、图卢兹（Toulouse）[5]（1534）、布鲁塞尔（1534）等。1535 年，罗耀拉帮助自己的家乡实行济贫改革[6]。此外，日内瓦[7]、荷兰[8]、西班牙[9]等地的一些城市也先后采取了改革措施。在这些改革中，最具代表性的是伊普尔市。该市从 1525 年实施改革，到 1529 年，已经取得了很大的成效。[10] 伊普尔的改革还成为其他城市或国家改革的范本，与维威斯的济贫计划一起，成为宗教改革时期欧洲济贫改革理论和实践的典范。

国家层面也有一系列改革措施。1531 年 10 月，神圣罗马帝国皇帝查理五世颁布法令，禁止帝国境内的乞讨行为。1536 年，法国国王法兰西斯一世下令每个堂区要对自己的穷人进行登记造册，对没

---

[1] William J. Wright, "Reformation Contributions to the Development of Public Welfare Policy in Hesse", *The Journal of Modern History*, Vol. 49, No. 2, 1977, pp. 1145–1179.

[2] F. R. Salter, *Some Early Tracts on Poor Relief*; Lee Palmer Wandel, *Always Among Us: Images of the Poor in Zwingli's Zurich*, Cambridge: Cambridge University Press, 2003, appendix A, B.

[3] Natalie Zemon Davis, "Poor Relief, Humanism, and Heresy", *Society and Culture in Early Modern France*, Stanford: Stanford University Press, 1965, pp. 17–64.

[4] F. R. Salter, *Some Early Tracts on Poor Relief*, pp. 104–119.

[5] Barbara Beckerman Davis, "Reconstructing the Poor in Early Sixteenth-Century Toulouse", *French History*, Vol. 7, No. 3, 1993, pp. 249–278.

[6] 改革全文见 Henry Dwight Sedgwick, *Ignatius Loyola: An attempt at an Impartial Biography*, New York: The MacMillan Company, 1923, pp. 153–155。

[7] Robert M. Kingdon, "Social Welfare in Calvin's Geneva", *The American Historical Review*, Vol. 76, No. 1, 1971, pp. 50–69.

[8] Charles C. Parker, *The Reformation of the Community: Social Welfare and Calvinist Charity in Holland, 1572–1620*, Cambridge: Cambridge University Press, 1998; Timothy C. Fehler, *Poor Relief and Protestantism: The Evolution of Social Welfare in Sixteenth-Century Emden*, Burlington, VT: Ashgate, 1999.

[9] Linda Martz, *Poverty and Welfare in Habsburg Spain*, Cambridge: Cambridge University Press, 1983 (2009).

[10] F. R. Salter, *Some Early Tracts on Poor Relief*, pp. 66–72.

有能力的穷人实行救济，资金的来源由个人自愿捐助，由教士负责管理。每个堂区设立一个贫困捐献箱，供信徒每次礼拜时捐献。此外，原来流传下来的固定的私人济贫基金也作为一个来源。身体健全的乞丐必须劳动，否则受到惩罚。1540 年，西班牙的卡斯蒂尔颁布《贫困法》（poor law）。总体而言，到 16 世纪中期，包括新教和公教政权在内，欧洲大陆的很多国家和地区，都先后立法或采取措施，进行济贫改革。

济贫改革同样在英格兰进行。与欧洲大陆相比，英国的济贫改革无论是在规模和深度上都是比较突出的。由于其经济发展较快，经济结构转型较早，造成大量的人员离开土地，引发乞讨及流民问题。此外，16 世纪英格兰人口增长快，通货膨胀加剧，因此，其贫困问题也就尤其突出。亨利八世解散修道院的政策进一步恶化了局面①。英格兰的改革也是在两个层面上进行的，一是地方改革，尤其是城市的改革；二是国家层面的改革。相对而言，城市层面的时间较早，并在改革的前半期发挥主导作用，如伦敦从 1514 年起就试图采取立法措施改革济贫工作。国家层面的改革始于 1530 年代，并逐渐发挥了主导作用。1530 年，亨利八世发布声明，指出"无所事事是万恶之源"，下令鞭笞乞讨者。1531 年，《流浪汉法案》获批，取代了 1495 年亨利七世（Henry Ⅶ，1457—1509）颁布的《流浪汉与乞丐法案》。该法案区分了真假贫困的乞讨行为，在惩罚假贫困者的同时，对真正贫困的人实行乞讨资格证制度。1536 年，英格兰再次立法，确立了以下几条原则：为失业者提供工作机会；乞讨是错误行为，社区对无助者负有义务；堂区作为救助机构，必须对实行监督。此后，在爱德华六世

---

① 传统认为，亨利八世解散修道院切断了大量的济贫资源，众多济贫机构的消失使很多穷人得不到救济。不过，这种观点受到一些学者的质疑，如有人认为修道院的解散整体上影响不大。最近的研究表明，传统的观点在整体上是成立的，但其影响更多在于把大量相关人员推向劳动力市场，从而加剧了本已严重的贫困问题。

(Edward VI，1537—1553）统治期间，分别在1547年、1549年、1551—1552年颁布了相关法令，对济贫、乞讨、资金募集等做了规定。伊丽莎白一世（Elizabeth I，1533—1603）时期，英格兰的济贫改革继续推进，相继在1563年、1569年、1572年、1594年、1597年和1601年颁布法令。1601年法令的颁布与实施，最终确立了全国性的救助体制和强制性救济税制度，奠定了英国现代救济制度的一般原则。[①]

第二节　济贫改革的一般特点

应该说，宗教改革前后，欧洲社会的济贫改革是一个非常普遍的现象，并一直持续到17世纪，成为近现代欧洲向福利社会迈进的重要一步。虽然与现代的福利制度相比还有很多不足之处，但较之以往，已经有了很大的改变，在一定程度上奠定了后来各国救济制度的基础。从具体操作的层面来看，这个时期济贫改革的一般特点主要有以下几点：

第一，济贫资源的集中与整合。在济贫主体多元化的格局下，中世纪欧洲的济贫资源是分散的，每个机构利用自己的资源开展活动。宗教改革前后，这种局面得到了很大的改观，呈现出集中的趋势。一方面，统一的济贫公共基金（Common Chest）体制普遍建立，以确保济贫活动的常规化。虽然这些基金的名称不尽相同，但在本质上是相同的，那就是把原来分属不同机构管理的资金集中在一起，其中包括教会、修道院、世俗兄弟会、各种私人

[①] E. M. Leonard, *The Early History of the English Poor Relief*; Paul A. Fidelex, "Societas, Civitas and Early Elizabethan Poverty Relief", Charles Carlton, A. J. Slavin eds., *State, Sovereigns & Society in Early Modern England: Essays in Honour of A. J. Slavin*, New York: St. Martin Press, 1998, pp. 59 - 69.

设立的慈善项目。如莱斯尼希市的济贫法令规定，公共基金的收入包括堂区（parish）财产和债券（rights）收益、教堂财产和债券收益、四个带圣俸的祭坛财产和债券收益及其他基金、各兄弟会的所有收益、手工艺人和农民捐赠给教堂的财物、施舍给教堂的其他实物和小额钱币、个人在健康或临终时的各种馈赠等①。这些资金归属权的转移实现的方式不尽相同，如在新教地区大多是通过关闭修道院或没收教会的财产实现的，而在公教地区则多是通过管理权的和平转移实现的，如里昂的许多修会团体愿意把这方面的事务移交给新成立的总医院②。为了保证济贫资金的稳定，教会尤其是公教会加大了对济贫的宣传，强调信徒济贫的职责，使之成为信徒常规性的行为。一些国家和城市则开始酝酿征收用于济贫的专项资产税（poor rate）。在这方面，英格兰是先行者。从1530年代起，英格兰的城市和国家的济贫法案中就出现了相关的规定，并在1601年的济贫法案中正式固定下来。该法案规定，所有居民都要交纳资产税，用于专门的济贫基金，拒不交纳者要受到惩罚，由济贫执事和监督变卖其财产，作为应缴税金。③与以往相比，改革后的资金来源发生了一定的变化。赎罪券的收益是济贫基金的重要来源之一。按照教会的规定，除了专项的赎罪券外，常规赎罪券的销售所得作为教会的济贫基金。宗教改革时期，新教普遍废除了赎罪券，公教则予以保留。世俗政府对于济贫资金的投入也是这个时期的特点之一，在资金的来源上也引入了新的机制。如意大利的一些城市政府或宗教机构为了解决贫困者的困难，实行低息贷款的方式，以免穷人沦为高利贷者尤其是犹太高

---

① Martin Luther, "Ordinance of A Common Chest", William I. Brandt ed., *Luther's Works*, Vol. 45, pp. 178 – 182.

② Natalie Zemon Davis, "Poor Relief, Humanism, and Heresy", *Society and Culture in Early Modern France*, p. 54.

③ *The English Poor Law 1601* (http://www.sochealth.co.uk/history/poorlaw.htm).

利贷者的奴役。①

第二，济贫的方式发生了改变，救助的主体发生了变化。在改革以前，欧洲的济贫活动基本是分散的、多元的，并没有一个统一的机构或体制。从济贫的主体来看，分为集体和个人两种方式。集体的方式主要有教会、修道院、兄弟会等组织，以宗教组织为主，世俗政府直接主宰的较少。基督教国教化以来，欧洲济贫的主体就是教会，世俗政权在这方面基本没有发挥职能。教会实际承担这方面的职责，并将所有收入的四分之一用作济贫。修会最初并不负担救济任务，但随着接受捐赠的增加和价值观念的变化，越来越多的信徒把财产捐赠给修会，从而使之成为重要的救助机构。按照教会的一般规定，修会作为教会的附属组织，各修道院在行政上接受所在地区教会主教的领导和监督，其中包括济贫事务。第三类集体济贫机构是各种世俗或宗教的兄弟会，他们通过自己的渠道对成员或者所在地区的居民进行救济。兄弟会性质的组织在意大利等地的社会救济中发挥了重要的作用，在很多地方甚至是社会救济的主体。②集体性的救助不但包括使用集体资产收益进行的行为，还包括接受个人委托实施的各种形式的捐赠。除了集体性的救助外，还存在大量的个体性的救济。这些救助大都由私人直接实施，以面对面的方式直接给与被施舍者；也有相当一部分是通过委托的方式实现的，

---

① 这种政策最初是防止穷人受到犹太高利贷者的剥削和奴役，由市政府或兄弟会负责提供低息贷款。参见：Brian Pullan, *Rich and Poor in Renaissance Venice: The Social Institutions of a Catholic State, to 1620*, pp. 197 – 286; Thomas Max Safley ed., *The Reformation of Charity: The Secular and Religious in Early Modern Poor Relief*, pp. 431 – 625。这种方式引起了教会内部的争论。有些人认为，这是一种高利贷行为，而后者是《圣经》和教会所禁止的。更多的人认为，只要把利息定在合理的范围，并用作维持该机构运作的基本费用，如人员费用等，是可以的。此外，对于那些经核实真正无力偿还的人，可以采取免除还贷的措施，改由政府或宗教机构代付。这种制度在第五次拉特兰公会议上最后获得了教会的认可。

② Brian Pullan, *Rich and Poor in Renaissance Venice: The Social Institutions of a Catholic State, to 1620*, pp. 197 – 286; Thomas Max Safley ed., *The Reformation of Charity: The Secular and Religious in Early Modern Poor Relief*, pp. 30 – 62.

即私人通过捐赠的方式，按照一定的条件，委托某个机构运作。无论集体还是个体救助，采取的都是金钱或实物的救助形式。

宗教改革时期，一个普遍的做法是，私人的直接施舍大都被禁止，个人不再作为施舍的主体，而改由集体统一实施。在很多人看来，这种不区别对象的个人施舍存在很大的弊端，实际上助长了乞讨行为。施舍者没有时间和精力对乞讨者的身份进行核实，也无法得知他是否真的需要救济。个人施舍还存在安全隐患，往往给那些借乞讨之名进行抢劫的人提供了可乘之机。此外，个人的直接施舍往往使施舍者产生一种渴望被施舍者感恩或者回报的想法，这不符合神意和《圣经》的规定，有违基督教的精神。[①] 英格兰的济贫法案规定，个人不得直接施舍，违者将受到惩罚。个人的施舍要先交给专门的济贫负责人，再由后者根据实际情况分发给需要的人。当然，并非所有的地区都取消了个人的直接施舍，公教的有些地区仍然主张直接施舍；有些地区则采取区分措施，如规定直接施舍仅限于邻里，即施舍者充分了解施舍对象的情况，也就是那些公认的贫困者。

第三，济贫的管理发生了显著的变化。主要是济贫管理的集中化，体现在资金的募集及使用、机构及专职管理人员的设立上。

首先是建立统一的机构。16 世纪的济贫机构改革是在中世纪的基础上改造而成的，中世纪末期，欧洲的济贫机构主要有教会、修道院及兄弟会等附属的专门济贫院，机构性的设置主要为医院。当时的医院与现代医院有很大的不同，主要是救济机构，医疗救治只是其中很小的一个部分。医院里收治病人，但更主要的是接收安置老弱孤寡及残疾人。此外，这些医院都是免费服务，是慈善性的。一般而言，每个慈善团体都有自己的一所或多所医院。宗教改革时期的一般做法是，建立以医院为主体的救助机构，由医院负责所有的活动。但是在具体的操作上，还是有所差异。一般分为总医院制

---

① Martin Bucer, *De Regno Christi*, Wilhelm Pauck ed., *Melanchthon and Bucer*, pp. 257–258.

和医院制。总医院制指的是每个城市设立一个总医院，负责全部的济贫事务，如里昂在1531年设立的总医院（aumone general）。总医院不但掌握整个的济贫基金，而且负责落实。里昂的体制成为16世纪欧洲济贫改革的最常见的模式。而医院制并不存在一个总的机构，而是由几个医院共同负责，维威斯的计划就是如此。按照他的设想，济贫机构在改造原有医院的基础上运作，先对各医院进行资产清查及评估，根据各医院的能力安排接受救助的人。各医院之间应该相互帮助，经济实力强的医院应该帮助经济力量弱小的医院。①

其次是管理专业化。无论是总医院制还是医院制，这些基金或机构都实行了专业化的管理。为了提高效率，防止腐败，各城市都委任专门的管理机构负责济贫事务。与以往不同的是，这些人员是专职的管理者，他们大都是通过民主的方式从德高望重的市民中选举出来的，有一定的任期，负责所管辖地区的济贫事务，遵守严格的工作程序，同时接受市民的监督。在这方面，莱斯尼希市的公共基金委员会是比较有代表性的。该市的法律规定，每年初召开的全体市民会议选举10名德高望重的人组成公共基金管理委员会，其中贵族两名，市议会成员两名，镇上的普通市民三名，乡村农民三名，任期一年。公共基金委员会负责公共基金的收集、发放和管理，他们每周日开会，商讨有关事务，同时发放各种救济。与此同时，他们还要严格遵守工作规程，以杜绝腐败。如每个捐助箱用四把锁锁上，四方代表各拿一把钥匙，只有同时在场才能开启。委员们要对所有的收入进行登记，仔细核查应该接收救济的对象，并登记造册，作为救济依据。每一次会议都有详细的纪录，发放的所有实物和金钱都要有登记，以备核查。此外，委员会还要接受监督，在任期内要向全体市民大会汇报三次工作，离任时要作详细的书面和口头报

---

① J. L. Vives, *De subventione pauperum sive De humannis necessitatibus*, II. iv. 4.

告供全体会议讨论表决。① 济贫专员不但有义务确保真正贫困的人得到应有的救济，而且要对救济对象进行定期的察访，在保证物质救济的同时，还要关注其道德状况。那些没有恪尽职守或失职的济贫专员，则要受到罚款甚至罚没财产等惩罚。

最后，济贫专员属性的变化。济贫委员会或专员的归属如何？这是一个颇为复杂的问题。传统上，除了个体直接的施舍外，集体性的救助机构也都有专门的救济事务专员——执事。这些人大都是职业的教士，他们自然归属教会或修会。从这个角度来说，济贫事务也不是单纯的救助行为，而是有着明确的宗教内涵。这种局面在这个时期的改革中普遍发生了变化。总体而言，济贫专员逐渐从教会中剥离出来，变成从属于世俗政权的专职人员，教会对于济贫事务的主宰权逐渐丧失。大多数学者在讨论这个问题时往往以世俗化来概括，即认为世俗政权取代教会成为济贫事务的主导，教会则不再插手。这种情况在某些地区是有的，但并不是普遍的现象。不容否认的是，世俗政权在这方面的权力和责任越来越大，整体上教会的权力在缩小，但这并不意味着教会从此就与慈善活动没有任何关系了。实际上，教会的慈善活动仍然存在，只不过从此居于从属地位。因此，不能简单地用世俗化来概括。从实际的情况来看，不同的教派对这个问题的处理是不一样的，呈现较大的差异性。路德教派在路德思想的影响下，主张政府负责整个共同体的济贫活动。路德在关于高利贷的布道中提出，每个城市和地区应该负责救济自己的穷人。② 此外，路德关于两个政府及其职能的理论，使得他倾向于教会只负责纯粹的精神事务，而把济贫等具体事务划归政府。因此，路德教派中的济贫事务基本是在市政府的领导下展开的。事实上，许多公教城市和国家也采取了与路德派相同的做法。例如，巴黎索

---

① Martin Luther, "Ordinance of A Common Chest", William I. Brandt ed., *Luther's Works*, Vol. 45, pp. 182 – 184, 193 – 194.

② Ibid., Vol. 45, p. 286.

邦神学院的教授们同意伊普尔政府负责济贫事务，维威斯也主张由政府来负责这项事务。① 在这些计划里，教会神职人员在世俗政权的领导下参与或协助济贫事务，共同完成济贫任务。当然，也有公教徒完全反对由世俗政权负责济贫，如西班牙多明我会修士、萨拉曼卡大学的神学教授索托和本笃会圣文森特修道院院长麦迪那。他们虽然在是否应该禁止乞讨问题上存在争论，但却一致反对世俗政权负责救济事务。在他们看来，救济是教会的基本权力和职责，不能被剥夺。② 布鲁日的修士们在该市的济贫改革中也反对世俗政府掌管济贫事务；与此不同的是加尔文教派，加尔文认为，按照初期教会的传统，教会的一个主要职责就是济贫，而这项活动是由教会的专职人员执事负责的。执事是教会内部的四种神职人员之一，负责收集、管理、发放济贫物资，照料各类需要照顾的人，是通过严格的民主程序选举产生的。③ 从这个角度来说，济贫事务的主导权在教会。布克尔认为，济贫工作应该由教会负责，这是初期教会的特点之一。执事作为教会的专职济贫人员，其作用和地位在长期的实践中不断被削弱。为了强化其职责和权威，有必要赋予其在宗教方面的职责，尤其是医治灵魂和圣礼方面的职责。④ 从中可以看出，执事的职责不但没有彻底世俗化，反而进一步宗教化。

不过，对于宗教改革时期的理论家和实践家来说，济贫的主导权并不是最重要的，重要的是如何更有效地开展这项活动。教会主宰权的转移无疑与教会日益严重的腐败有很大的关系。此外，主导权的转移并不意味世俗政府或教会人员不参与。恰恰相反，在这场

---

① J. L. Vives, *De subventione pauperum sive De humannis necessitatibus*, II. ii. 4, v. 1.

② Brian Pullan, *Rich and Poor in Renaissance Venice: The Social Institutions of a Catholic State, to 1620*, pp. 281–285; "The Counter-Reformation, Medical Care and Poor Relief", in Ole Peter Grell, Andrew Cunningham, Jon Arrizabalaga eds., *Health Care and Poor Relief in Counter-Reformation Europe*, London: Routledge, 1999, pp. 24–25.

③ "Draft Eccelisiastical Ordinance", in *Calvin: Theological Treatises*, pp. 64–66.

④ Martin Bucer, *De Regno Christi*, in Wilhelm Pauck ed., *Melanchthon and Bucer*, pp. 306–315.

济贫改革活动中，世俗政府和教会人士的共同参与是一个显著特征。里昂的总医院 8 人委员会中有两人是教士。加尔文教派虽然把济贫作为教会的职责，但世俗政府同样参与并对它进行监督。①

第四，对接受救济的人实行资格审查制度，严禁乞讨，并制定相应的惩罚措施，是这个时期济贫改革的另一个显著特点。宗教改革以前，欧洲的救济基本是无条件的，没有实行资格审查制度。虽然早就有了禁止身体健全者乞讨的规定，但并没有真正得到贯彻执行。对救助者来说，救助对象是否值得救助并非前提，因为此类行为更多的被认为是自利性的，在于为个人的救赎积累资本。对被施舍者而言，除了为施舍者精神上的祈福外，也没有其他的义务。但是，这种不加区别的救济也带来严重的弊端，使得假冒者激增。这不但浪费了有限的资源，而且损害了社会公平，打击了捐助者的积极性。在经济和社会现实的压力下，各城市开始对救助者实行资格审查，区分合格者（deserving）和不合格者（undeserving）。只有合格者才能得到救助，不合格者则按照"不劳者，不得食"的原则通过各种方式，使其参加劳动，实现自食其力。合格者主要包括确实因身体或能力原因致贫的老弱病残者、孤儿、弃儿，因突发灾难致贫者，真正贫困而又不愿意告诉别人的穷人，部分外乡人（路过者、朝圣者等）。救济对象除了物质上的真正贫困外，还要具备良好的个人道德，那些品行不端、道德有问题的人也不能接受救济。如苏黎世的改革方案就规定：生活奢侈和游手好闲的，不愿意工作的，经常光顾酒馆的，声名狼藉的，戴金银珠宝等饰品、穿丝织品衣服的，表面上穿的差、里面穿的好的，皮条客，无故不参加布道的，亵渎者，咒骂人的，打架者，撒谎者，惹是生非者、有酗酒、打牌、赌博等恶习的，即便这些人真的贫困，也不在救济之列。②

---

① Robert M. Kingdon, "Social Welfare in Calvin's Geneva", *The American Historical Review*, Vol. 76, No. 1, 1971, pp. 50–69.

② F. R. Salter, *Some Early Tracts on Poor Relief*, pp. 100–101.

为了保证真正贫困的人得到救助，许多地方的立法中还确定了亲属抚养的原则。如英格兰就规定，所有的穷人，必须先由家庭或亲族进行救助。只有在这些救助无法实现时，才纳入公共的救助体制。① 救助的方式则分为无偿和有偿两种，后一种主要是针对部分贫困手工业者和住在家内的贫困者的低息贷款。维威斯提出，为了弄清楚谁是真正的合格者，负责济贫事务的官员要进行认真细致的实地调查，对符合救助条件的人及致贫原因进行登记，同时调查其以往的生活状况。② 为了防止有人假冒生病或托称体弱，还要委派专门的医生进行检查，并严惩假冒者。③

　　与审查登记制度相伴的是禁止乞讨行为。为了解决乞丐泛滥引发的各种问题，这个时期的立法中普遍采取对乞丐及乞讨行为的限制制度，其中大部分城市和国家的立法禁止乞讨。如维登堡的法令严禁一切形式的乞讨，其中既包括所有的修士和身体健康者，也包括年老体弱者。没有劳动能力的纳入公共救济体制，有劳动能力的则要参加劳动，不愿意劳动的则采取强制措施，外乡乞丐和流浪汉则遣返回原籍。④ 莱斯尼希市的法令也禁止修士、教堂乞丐、外乡学生和其他男乞丐的乞讨行为。⑤ 苏黎世和斯特拉斯堡等地也严禁乞讨。对乞讨行为的限制并不仅限于新教，绝大多数公教城市或国家也是如此，如伊普雷市的立法中也禁止各种形式的乞讨。这个时期的立法的特点之一就是对于乞丐问题的认识与分类，如伊普雷市将乞丐分为三类，第一类是自愿贫困的富人，他们将自己的财产散给穷人，自己过乞讨生活，这类人令人尊敬，但不提倡；第二类是为

---

① *The Poor Law of 1601*（http://www.sochealth.co.uk/history/poorlaw.htm）.

② J. L. Vives, *De subventione pauperum sive De humanis necessitatibus*, II. ii. 4-7.

③ Ibid., II. iii. 3.

④ Carter Lindberg, *European Reformations: Sourcebook*, Second Edition, Malden, MA: Wiley-Blackwell Publishers Ltd., 2014, p. 76.

⑤ "Ordinance of A Common Chest", in William I., Brandt ed., *Luther's Works*, Vol. 45, pp. 185-186.

生活所迫，不得不乞讨，在得不到救济的情况下可以乞讨；第三类则是懒惰所致，这一类坚决禁止。① 英格兰也将穷人分为三类，第一类是因失去父母、年老、盲、跛以及身患不治之症的能力不足致贫者（Impotent Poor），第二类是因战争受伤、房主年老、身患严重疾病致贫者（Casualty Poor），第三类是那些流氓、无赖、流浪汉之流的不勤俭的穷人（Thriftless Poor），并分别对待。②

虽然对乞讨行为的限制超越了教派界限，成为这个时期公教会与新教济贫立法的共同特征，但对于是否禁止所有的乞讨行为，新教与公教还是有所区别的。一般说来，新教尤其是路德派和加尔文派是禁止所有的乞讨行为的。在他们看来，乞讨有百害而无一利，不符合基督教的精神，理应禁止。当然，禁止的理由各不相同。如卡尔施塔特认为，如果有乞丐存在，就说明基督教内部的友爱精神没有真正体现出来，基督教徒应该主动帮助穷人，否则就不能称为基督教。③ 虽然英格兰一直对乞丐采取严厉的措施，但并没有完全禁止。那些确实因身体原因或能力不足致贫者，经过地方济贫执事和监督的严格审查，可以乞讨，但要实行资格证制度。罗马公教会对于教士的乞讨行为并没有完全禁止，也反对这样的做法，如巴黎索邦神学院在对伊普雷市改革法案的答复意见中就明确反对禁止所有形式的乞讨。在他们看来，那些公共基金不足的地方不应该禁止公开乞讨，教会许可乞讨的托钵修会也不得禁止。④ 在这些地区，传统托钵修会的乞讨权利大都被保留下来。1531 年，神圣罗马帝国皇帝查理五世颁布法令，规定除了修士、囚犯和麻风病患者外，所有的穷人不得乞讨。不过，公教会内部也有不同的看法，并曾围绕着要

---

① F. R. Salter, *Some Early Tracts on Poor Relief*, pp. 44-48.

② Lothrop, Withington, ed., *Elizabethan England: From "A Description of England", By William Harrison (in "Holinshed Chronicles")*, pp. 122-129.

③ E. J. Furcha, ed. and trans., *The Essential Carlstadt: Fifteen Tracts by Andreas Bodenstein (Carlstadt) from Karlstadt*, p. 121.

④ F. R. Salter, *Some early Tracts on Poor Relief*, p. 76.

不要禁止乞讨发生过争论。总体说来，随着措施的实施，乞丐的泛滥问题得到一定程度解决。即便是可以乞讨的人，也大都纳入了政府或教会的管理体制。合法的乞讨者或者持有官方的乞讨证书或标牌，或者佩戴特殊的标记，如在肩膀上佩戴黄十字，以便识别，同时可以有效地防止假冒。公教会内部的托钵修士则必须从地方主教或上级院长那里获得许可证明，才能外出行乞。为了防止假冒，大多数城市和国家的立法都对乞讨的范围作了规定，一般乞讨的范围不能超过一定的距离，主要是在居住地周围。这样既可以防止乞讨者的过度流动，又方便地方救济官和民众予以监督。

  第五，积极的救助政策。这个时期济贫活动的重点是那些贫困的儿童，包括孤儿、父母无力抚养的孩子、弃儿、乞讨流浪儿、病残儿等。在这方面，并不是简单消极的救济，而是以教育代救济政策。对于那些流浪乞讨儿，有父母的，勒令父母管教，不允许乞讨。对于那些无家可归的，则建立孤儿院集体抚养。对于这些儿童，除了由济贫机构提供生活资料外，还要根据实际情况进行针对性的教育。对那些有天赋的儿童，在接受基础教育后，要继续接受神学教育，作为神职人员的后备力量。对于那些没有天赋的，则在基础教育结束后，要让他们学习手艺或者经商，以便将来能够自食其力。对那些屡教不改的流浪儿，则实行强制措施，送他们去当学徒。对于女童，则在基础教育结束后，主要教授她们学一些持家的手艺，等到出嫁年龄，由济贫机构资助嫁妆，成家立业。为了保证对儿童的救助，有些城市和国家的立法中还专门对资金做了规定，如苏黎世的济贫法规定，济贫资金的四分之一要用作儿童的专门教育基金。[①] 此外，对于儿童的救济不但注重物质及其未来的发展，还非常重视精神上的健康成长。在很多改革家来看，流浪儿童得不到有效的道德教育，从而沦为罪犯，这对于社会道德的进步是不利的。

  这种以教育代替简单救济的措施不仅限于儿童，还针对其他群

---

① F. R. Salter, *Some Early Tracts on Poor Relief*, pp. 124–126.

体。维威斯认为，对于成年的贫困者，身体健康者除了强迫参加劳动外，还要对他们进行职业技术培训，使他们掌握一门手艺或学习经商，以便自持自立。对于病弱甚至残疾者，也要根据身体状况，适当做一些力所能及的事情，以避免无所事事。① 此外，以工代赈的思路和实践开始出现。如1536年，英格兰的立法委员会就采取了以工代赈的措施，成立了一个8人组成的委员会（councell to aduoide vacabundes），计划建设或修缮一些公共设施，如修路、城防、扩建海港、疏通水道等，为那些身强力壮的乞丐、流浪汉及失业者提供就业的机会，帮助他们脱贫②。利用公共工程解决贫困问题逐渐成为许多城市和国家的共同思路。

第三节　观念的变化

在济贫实践变化的同时，对于贫困及济贫的观念也发生了变化。

宗教改革前，在济贫方面，基督教的主流观念是互惠救赎。在这种观念下，慈善或施舍被视为一种善功，是为来世救赎积累的资本。在这个游戏中，施舍者和接受施舍的人是相互的，都是为了自己的救赎。这种观念的形成经历了一个漫长的过程，并与教会的财富观念有着密切的关系。

济贫是基督教从犹太教那里继承来的重要传统，也始终是基督教会的重要活动之一。犹太教传统上有救济贫困信徒的规定，犹太教的《圣经》把帮助穷人作为信徒的义务，同时规定信徒要定期免除无法偿还的债务。基督教源于犹太教，也继承了这个传统。早期基督教基本是一个弱势群体，非常重视信徒相互间的帮助。基督徒

---

① J. L. Vives, *De subventione pauperum sive De humannis necessitatibus*, II. iii. 3–15.

② G. R. Elton, "An Early Todur Poor Law", *The Economic History Review*, New series, Vol. 6, No. 1, 1953, pp. 55–67.

通过个人直接的施舍，或者以基金的形式间接帮助穷人，甚至成为定例（《哥林多前书》16：2）①。教会里面很早就出现了专门负责接受捐赠和发放救济的人员（《使徒行传》6：1—5），也就是执事（助祭）。随着教会财富不断扩大，其财产的四分之一专门用作济贫，由执事负责，并成为定则，教会也成为社会救济的主体，直到宗教改革时期。

在基督教的济贫观中，charity（爱）一词具有很重要的地位。该词出现在《新约》中，其希腊文为 agape，有两种意思，一是指最高、最纯粹的爱，也就是圣爱，因此又用来表示神的属性，《约翰一书》里面说"神是爱"（《约翰一书》4：8）。这种爱在本质上并非人对神的爱，而是神对人的爱，因为神"差他的儿子为我们的罪作了赎罪祭，这就是爱了"（《约翰一书》4：10）。此外，agape 在《新约》里面还被用来表示信徒之间的兄弟之爱，这集中体现在《哥林多前书》的第十三章里。在通俗本拉丁文译本中，则被译为 caritas（英文做 charity）。神之爱和兄弟之爱是不可分割的，"不爱他所看见的兄弟，就不能爱没有看见的神。爱神的，也当爱兄弟"（《约翰一书》4：20—21）。耶稣基督把信徒之间的彼此相爱作为一条命令，把它作为辨别其门徒的标志（《约翰福音》13：34—35）。神之爱是体现在兄弟之爱中的，接济贫困者则是兄弟之爱的主要表现形式。这样，基督徒帮助贫困信徒的行为也被称作 caritas，它也成了基督教慈善、救济的代名词。所以，在基督教的语境中，charity 应该同时具有神之爱和兄弟之爱两方面的含义，这对于后来基督教济贫的理论和实践都具有重要的影响。

值得注意的是，虽然耶稣基督对穷人比较偏爱，福音书里也有关于贫富对比的论断，如"骆驼穿过针的眼，比财主进神的国还容易"（《马太福音》19：24），以及财主和乞丐拉撒路命运的对比

---

① 有人因此认为基督教与罗马帝国境内的其他社团一样，是一个信徒间的互助组织，是有一定道理的。

(《路加福音》16：19—31）。但整体说来，初期基督教既不反对拥有财富，也没有仇视甚至贬低财富，个人来世的命运与贫富也没有必然的联系。耶稣基督批判的是那些缺乏爱心且不愿帮助别人的人，尤其是为富不仁的人。

不过，随着基督教的发展，贫富的含义逐渐发生了变化，并与个人的救赎发生了关联。首先，物质层面上的贫困被诠释为纯洁高尚的象征，穷人则被视为神所钟爱的对象，甚至把穷人与耶稣基督等同起来①。与此相反，富人及财富的负面含义渐增，成为救赎的障碍。这种观念与2世纪中期以后基督教内部兴起的禁欲思潮有着很大的关系，并在修道运动中充分体现出来。在众多修道者看来，世俗社会、财富、欲望是成为真基督徒的障碍，对未来的救赎没有益处。此外，慈善施舍的含义发生了变化，与救赎问题尤其是赎罪联系在一起。这种通过施舍赎罪的观念在《圣经》的次经里面有所萌芽，如《多俾亚传》里面说"施舍救人免除死亡，且涤除一切罪恶"（12：9），《德训篇》中说"施舍可以补赎罪过"（3：33）。这种观念在4世纪以后的安布罗斯、奥古斯丁、希普里安等拉丁教父的著作中出现，成为他们讨论济贫问题的重要依据。如安布罗斯说："你有钱，就拿来赎罪""施舍可以赎罪"②。

在教父神学家们的努力下，贫富与赎罪的内在关联初步形成，而施舍无疑是连通二者的一座桥梁。一方面，贫困者被塑造为物质上的匮乏者，但却是灵魂上的富有者；富人则被视为灵魂上的匮乏者，但是物质上的富足者。另一方面，财富虽然对个人的救赎不利，但可以通过补救的办法化解，可以通过帮助贫困者来实现。对施舍者来说，物质上的施舍可以赎罪，同时为施舍者在天国准备了位置；接受施舍者则通过为施舍者的灵魂及得救祈祷。这样，穷人与富人

---

① B. Ramsey, "Almsgiving in the Latin Church: The Late Fourth and Early Fifth Century", *Theological Studies*, Vol. 43, No. 2, 1982, pp. 253 – 254.

② Ibid., p. 242.

形成一种不可或缺的依存和交换关系。学者们在讨论这个问题时大都认为这是一种以施舍者为中心的体制,目的在于施舍者未来的救赎。这种看法是不确切的。实际上,这应该是一种互惠的关系,在这个过程中,富人在物质方面的救助与穷人在精神上的救助是同时存在的,施舍既是一种自利行为,也是一种互惠的交换行为。诺拉的保罗尼乌斯说:"造物主为了穷人的缘故兴起富人,同样为了富人的缘故兴起穷人。"① 不仅如此,它不但使贫困者获得了存在的合法性,赋予他们拯救富人灵魂的崇高使命,而且使之具有必要性,因为贫困的存在是神的旨意。9 世纪的朗斯主教辛克马(Hincmar of Reims)曾经说:"神本可以使所有的人都富有,但他愿意世界上有穷人存在,以便富人有一个赎罪的机会。"②

12 世纪以后,这种观念进一步得到强化。一方面,教会逐渐形成了炼狱、功库、赎罪券等理论,为互惠的施舍观念提供了为坚实的平台。炼狱理论认为,人去世后,其灵魂停留在介于天国与地狱之间的炼狱,在那里经受火与水的考验,直到末日审判,生者可以通过为死者代祷的方式来缩短这个过程。虽然精神性的祈祷是最主要的方式,但为弥撒献牺牲、施舍等也被视为非常有效的手段③,这些都可以通过钱物施舍的方式实现。勒戈夫指出,"炼狱给教会带来的不但有新的精神权力,而且……有相当的利益"④。不仅如此,圣徒也被认为可以利用他们的功德替炼狱里的灵魂祈祷,为他们提供帮助,这些功德则可以以有价证券——赎罪券的形式为生者所用,信徒通过购买赎罪券,可以为死者或生者免除罪孽;按照教会的规

---

① B. Ramsey, "Almsgiving in the Latin Church: The Late Fourth and Early Fifth Century", *Theological Studies*, Vol. 43, No. 2, 1982, p. 226.

② Carter Lindberg, *Beyond Charity: Reformation Initiatives for the Poor*, pp. 32 – 33.

③ James Waterworth trans., *The Canons and Decrees of the Sacred and Oecumenical Council of Trent*, pp. 232 – 236.

④ Jacques Le Goff, *The Birth of Purgatory*, trans., A. Goldhammer, Chicago: University of Chicago Press, 1986, p. 12.

定，普通赎罪券的收益用作教会的济贫事务。

另一方面，这种理论在新兴宗教运动中转化为实践。在这种施舍观念的影响下，贫困不但不是耻辱，恰恰相反，还是一种荣耀，成为高尚的宗教追求。与此相应的，与贫困伴生的乞讨也被容忍，并被视为一种崇高的生活方式，并随着 12 世纪兴起的新宗教运动得到进一步发展。从 12 世纪中后期起，拉丁基督教会内部兴起了新的以效法基督、过赤贫生活为重要特征的修道运动，圣方济各和圣多明我及其成立的托钵修会是这种理念的典范。与本笃会、西多会等传统修会不同的是，这些新兴的修会成员并不靠自己的劳动维持生存，他们抛弃世俗的财产，完全靠乞讨施舍生活。方济各会的章程规定：修士们不拥有任何产业，他们是这个世界的行人和陌客，"在贫困和谦卑中侍奉神，让他们自信地去祈求施舍，他们不应该为此感到羞耻，因为主为了我们使自己在这个世界上穷困。……这是最崇高的贫困的顶峰，它使你们成为天国的继承者和王：在财物上贫困，但在美德上超群"①。这样，在原来的非自愿贫困者之外，社会上又增添了一个新的自愿贫困者乞讨群体，他们也被视为美好生活的典范，成为联通富人和穷人的中介，贫困和乞讨的神圣光环进一步增强。这个新兴的赤贫群体很快被视为基督徒的新典范，他们也很快成为施舍的对象，大量的财富流向了托钵修会。由于这些修士不能拥有财产，依附于他们的世俗兄弟会便成为主要的管理者。这些兄弟会接受大量的遗赠，而根据立遗嘱者的遗愿为死者代祷，也就成了他们日常的职责之一。②

虽然这些活动仍是在爱的名义下进行的，但在各种因素的影响下，济贫活动中的爱的成分实际并没有得到应有的体现，其重点无疑在救助者和被救助者，在于救助行为本身给双方尤其是救助者带来的利益。慈善或施舍成为一种为救赎准备的善功，贫困则成为高

---

① P. Robinson trans., *The Writings of St. Francis of Assisi*, p. 69.
② Jacques Le Goff, *The Birth of Purgatory*, p. 12.

尚宗教追求。与贫困伴生的乞讨也被容忍，甚至视为一种崇高的生活方式，而新兴的宗教运动则使得社会的乞讨队伍迅速扩大。虽然教会内部围绕着托钵修士乞讨问题展开过讨论，但这种行为还是得到了肯定。无条件的救济和无限制的自由乞讨成为这个时期该领域的最主要特点。

不过，到中世纪末期，这种观念的弊端逐渐显现，其最直接的一个后果就是导致社会出现了一个庞大的职业寄生阶层，尤其是乞讨群体。庞大的寄生阶层尤其是乞讨队伍耗费了大量的资源，扰乱了正常的社会秩序。与此同时，有限的救济资源也得不到有效使用。因此，在实践领域变革的同时，观念领域也发生了变化。与以往相比，宗教改革时期济贫观念的变化主要体现在以下几方面：

第一，对贫困的认识发生了显著的变化。其中最主要的就是贫困与救赎的关系被切断。虽然贫困仍被视为神安排的合理现象，贫困者要安贫乐道①，但其在救赎方面的优势已经不再被推崇，甚至遭到怀疑。路德认为，"托钵修会和那些炫耀外在贫困的人是撒旦的追随者和奴仆。……贫困不值得推荐、选择和宣扬"②。维威斯则声称："有什么比穷人声称他们将为富人打开天国之门更傲慢的？你自己甚至都还没有被允许进入那里。"③ 虽然精神上的贫困没有被彻底否定，但物质层面上的贫困已经与精神上的贫困没有关系。物质上的贫困更多地被视为一种社会存在，甚至是一种"不幸"④，往往与流放、监禁、疾病等并列，成为神责罚人的一种手段，不再是美德。穷人

---

① J. L. Vives, *De subventione pauperum sive De humannis necessitatibus*, I. vi. 1; John Calvin, *Commentary on Matthew, Mark, Luke*, Vol. 3, Albany, OR: Ages Software, 1997, p. 146.

② J. Pelikan ed., *Luther's Works*, Vol. 9, Saint Louis: Concordia Publishing House, 1960, pp. 147-148.

③ J. L. Vives, *De subventione pauperum sive De humannis necessitatibus*, I. vi. 3.

④ John Calvin, *Institutes of The Christian Religion*, III. viii. 7.

也渐渐"指那些处境悲惨而又可鄙的,不受尊重的人"①,甚至成为社会不安定的象征。既然贫困不再具有神圣的光环,与之相伴的乞讨也不再是一种美德,而是遭到广泛的批判,甚至被禁止,尤其是在新教地区。路德认为乞丐里面充斥着流氓和欺骗行为,乞讨是邪恶和灾祸,它不仅扰乱了社会的秩序,而且给人的灵魂和财产造成伤害,违背基督教的精神,应予禁止。②

第二,济贫目的的改变,由原来强调的互利转而强调爱,即神之爱和兄弟之爱。在这里,爱被诠释为神的戒律,其本质则在于《圣经》里的"凡物公用"(《使徒行传》4:32)的理念。神之爱与兄弟之爱是不可分割的,后者是通过前者实现的。人对神的敬拜是通过对耶稣基督的信仰实现的,但是对耶稣基督的敬拜是精神上的,体现在与邻人的关系上,体现在对需要救助的人的帮助上③。布克尔说:"记着穷人,神就会记着你,忘记了穷人,神就将忘记你。"④ 路德说:"基督徒并不活在自己里,而是活在基督和邻人中,否则就不是基督徒,活在基督里靠信仰,活在邻人里靠爱。"⑤ 路德这种观念非常明显地体现在莱斯尼希市的济贫改革中,其法令特别强调救济的目的在于荣耀神,在于体现基督徒之间的爱⑥。维威斯认为,济贫的动机和目的在于神,是"为了神的缘故爱神和他的兄弟"⑦,"爱本身就是我们的法则"⑧,它是一种不求任何回报的美德⑨。

---

① John Calvin, *Commentary on Matthew, Mark, Luke*, Vol. 2, Albany, OR: Ages Software, 1997, pp. 6 - 7.

② W. I. Brandt ed. , *Luther's Works*, Vol. 45, p. 176, p. 281.

③ John Calvin, *Institutes of The Christian Religion*, III. xviii. 6.

④ Martin Bucer, *A Treatise, How by the Worde of God, Christian mens Almose ought to be distributed*, 1557(?).

⑤ Martin Luther, "Treatise on Christian Liberty", *Works of Martin Luther*, Vol. 2, p. 342.

⑥ W. I. Brandt ed. , *Luther's Works*, Vol. 45, pp. 189, 192.

⑦ J. L. Vives, *De subventione pauperum sive De humanis necessitatibus*, I. xi. 1.

⑧ Ibid. , II. ii. 1.

⑨ Ibid. , I. viii. 2.

第三,济贫活动的自愿性特点减弱,强制性色彩增强。基督教虽然把帮助穷人视为义务,但一直提倡自愿捐赠的原则(《哥林多后书》9:7)。宗教改革时期,情况发生了变化,可以从两个方面来说明。从群体的角度来看,济贫活动不再仅仅是一种慈善救济,而是一种责任,尤其是政府的责任。路德认为,每个城市和地区应该负责救济自己的穷人①。政府还负有培养良好公民的责任,维威斯认为,官吏们"更应该致力于培养良好的公民而非惩罚或控制为恶者"②。从个人的角度来说,这种活动逐渐成为带有强制色彩的义务。个人要定期向公共基金捐赠③,与此同时,强制性的济贫税制度在各地也逐渐推行开来。不仅如此,个人的直接救济受到限制或禁止,间接救济成为主流,其功利色彩逐渐淡化。

这种责任和义务还体现在具体的措施中。首先,救济成为有条件的活动。这体现在接受救济者要接受专门的资格审核,只有那些真正符合条件的人才能够得到救济。其次,接受救济的人要接受个人道德方面的监督,那些滥用资格的人将受到相应的惩罚。再次,救济由消极的救助变为积极的预防。在这个过程中,教育则被作为济贫的重要措施,受到新教和罗马公教的普遍重视。教育不仅仅在于学习知识,获得谋生的技能,而且还能培养宗教情感,确保纯正的信仰。最后,劳动被作为养成良好基督徒的重要手段。所有有能力的人都要劳动,尤其是那些身体健全的人,以便自食其力。即便接受救济的人也要从事力所能及的劳动,就连盲人也不能闲着。保罗的"若有人不肯做工,就不可吃饭"(《帖撒罗尼迦后书》3:10)的理念成为准则。劳动除了能够维持生存外,更主要的是防止游手好闲,而后者是罪恶的渊薮。"当他们专注于工作时,就会赶走无所

---

① W. I. Brandt ed., *Luther's Works*, vol. 45, p. 286.
② J. L. Vives, *De subventione pauperum sive De humannis necessitatibus*, II. i. 5.
③ W. I. Brandt ed., *Luther's Works*, Vol. 45, p. 192.

事事的坏念头和情绪。"①

这样，从注重互惠救赎到强调爱，宗教改革时期的济贫观念就发生了变化，其中心也由如何赢得救赎转向了如何做一个真正的基督徒。通过帮助他人体现出来的爱也成为基督徒身份的标志，因为"不尽力帮助需要帮助的弟兄的人，就不能算是基督徒"。② 救济不再是利己性的活动，而是一种为了神的不求任何回报的利他性行为③，展示的是神之爱和基督徒之爱，是一种责任和义务。

第四节　宗教与济贫改革

如何看待这个时期的济贫改革？这是一个复杂的问题。从19世纪末开始，早期现代欧洲的济贫活动开始引起西方学术界的关注，并逐渐成为研究的重要领域。一个多世纪以来，对这个问题的研究也由最初狭隘的宗教派别的优劣之争，转到更为广阔的经济社会角度的讨论。学术界虽然对宗教改革时期的济贫改革有不少共识，但在总体定位上还存在较大差异。从对该问题研究的整体影响而言，以下几种模式值得注意。

第一种认识模式是宗派式的，主要强调新教在改革乃至现代西方福利国家的创造性贡献，是断裂式的。19世纪后期以来，学术界对于新教改革的评价很高，将它与现代民主政治与资本主义等联系在一起，充分肯定新教与现代西方社会的内在一致性。宗教改革时期的一些措施也被视为欧洲世俗化的开端。与此相反，公教会却被视为落后保守的同义语。这种判断在著名的德国学者马克斯·韦伯和恩斯特·特勒尔奇的著作中表现得非常明显。韦伯将新教伦理与

---

① J. L. Vives, *De subventione pauperum sive De humannis necessitatibus*, II. iii. 10.

② Ibid., I. x. 6.

③ Ibid., I. viii. 2.

资本主义精神联系在一起，提出宗教观念对欧洲现代资本主义成长的重要作用。① 他认为，作为一种独特的伦理体系，新教尤其是清教伦理虽然在无意中孕育了后者，但其带来的经济后果却对这个时期的济贫活动产生了重要影响。它摧毁了传统的慈善形式，为清教打破传统济贫观念及体制的革命奠定了基础。② 特勒尔奇则认为加尔文派的理论是适合现代民主政治和资本主义制度的，其社会理论是一种革命，抛弃了中世纪教会乃至路德派的观念，对于新的制度建立起了重要的作用。③ 英国学者 R. H. 托尼（R. H. Tawney）则积极评价了清教济贫改革的新举措④，在这种观念的影响下，新教也被视为这场济贫改革的推动者和领导者，新教的宗教观念则从理论上提供了支持，对于欧洲近现代济贫制度乃至福利制度的形成意义重大。

第二种模式则从历史发展的连续性入手，试图超越狭隘的宗派观念，探讨引发改革的深层的社会经济原因。在这方面，美国史学家戴维斯（Natalie Zemon Davis）和英国史学家普兰（Brian Pullan）是其中的代表，他们的研究在很大程度上颠覆了关于济贫问题的传统观点。

首先是济贫变革的动因。在他们看来，严峻的现实问题，如战争、瘟疫、自然灾害，以及经济问题，如失业、贫困人口增加、劳动力缺乏等，是各种改革措施出台的直接动因。这些问题危及到社会的正常秩序，迫使各界采取措施，改革与宗教观念没有关系。戴维斯认为，早期现代济贫改革的动力在于"城市危机，是由较为古

---

① Max Weber, *The Protestant Ethic and the Spirit of the Capitalism*, 1950.

② Max Weber, *Economy and Society*, 2 vol. set, Berkeley: University of California Press, 1978, pp. 588 – 589.

③ Ernst Troeltsch, *The Social Teaching of Christian Churches*, Vol. 2, Louisville, Kentucky: Westminster/John Knox Press, 1992, p. 577.

④ R. H. Tawney, *Religion and the Rise of the Capitalism*, P. Smith, MA: Gloucester, 1962, pp. 253 – 273.

老的贫困问题和人口增长及经济扩张结合而致的"①；普兰也认为，变革的动力在于"更为巨大的经济需求，而非思想观念的激进改变"②。其次是改革的群体。在他们看来，济贫改革并非新教的专利，公教会同样是改革的积极实践者。济贫改革是这个时期欧洲的普遍现象，与宗派无关。戴维斯指出，这个时期的济贫改革实际超越了宗派乃至阶层的界限，新教、公教会、人文主义者不约而同地采取相同的措施，甚至"协同努力"③，推进改革的进程，确立新的集中化的救济体制。再次是改革起源问题。普兰指出，在济贫改革方面，真正的先驱是公教而非新教。16世纪二三十年代实施的改革措施，实际在14世纪和15世纪就已经出台了。对于流浪人员立法限制，建立集中化的救助医院体制，这些在宗教改革之前就已经在英格兰和北意大利出现了，甚至12世纪的教会法学家也曾经提出不要不加分别的施舍。中世纪晚期公教会的许多改革措施已经为未来的活动奠定了基础，有些地方甚至形成了比较完整的济贫制度，它所表现出的特征与新教没有分别，甚至在有些地方（如募集资金给穷人提供低息贷款等措施）要远优于新教。最后是改革的定性。在经济社会史家看来，宗教改革时期的济贫改革整体上并没有新奇之处，只不过是15世纪的延续。普兰认为，"很有可能是，16世纪在慈善和社会立法方面的变化是程度而非性质的变化，是量变而非质变，是由巨大的经济需要而非思想态度的剧变促成的"④；"无区别的、教会主导的'中世纪'慈善与有区别的世俗控制的'早期现

---

① Natalie Zemon Davis, "Poor Relief, Humanism, and Heresy", *Society and Culture in Early Modern France*, Stanford: Stanford University Press, 1965, p. 59.

② Brian Pullan, *Rich and Poor in Renaissance Venice: The Social Institutions of a Catholic State, to 1620*, p. 189.

③ Natalie Zemon Davis, "Poor Relief, Humanism, and Heresy", *Society and Culture in Early Modern France*, Stanford: Stanford University Press, 1965, p. 35.

④ Brian Pullan, *Rich and Poor in Renaissance Venice: The Social Institutions of a Catholic State, to 1620*, p. 189.

代'社会政策之间实际上并没有鲜明对比";"在16世纪威尼斯的公教政府里面,威尼斯政府与公教会内部新兴修会对贫困问题的态度没有明显分歧"。①

事实上,早在20世纪50年代,美国著名中世纪史家蒂尔尼(Brian Tierney)就曾指出中世纪教会法里的济贫体制与近现代西方济贫体制之间的内在连续性。"现在流行的观点似乎是,通过立法规范济贫制度并由公共权威操作的贫困法,主要是16世纪的一个发展……实际上,中世纪世俗立法的零星片段表明,只要是意在济贫而非抑制流浪乞讨,它们几乎无一例外地不过是重现了教会法学家著作中的原则,后者包含了该领域内中世纪法律的主体。"② 就英国的情况而言,"事实当然是,教会法的济贫制度在英格兰从来没有'中断'(break down)过。尽管它的不完善之处日益增加,它仍然延续到16世纪,为都铎王朝的世俗贫困法奠定了基础"③。虽然他研究的侧重点仍在政治(他认为中世纪的教会就是一个世俗政权),但他也强调社会及经济环境的巨变使原先的机制失去效率,强调发展的连续性④。因此,他无疑是这方面的先行者。

第三种模式以现代国家及公共权力的形成为出发点,将这个时期的济贫改革视为政府和贵族对社会弱势群体,尤其是对穷人的社会规训和惩罚过程(social discipline)。德国史学家奥斯特里奇(Gerhard Oestreich)及法国哲学家福柯(Michel Foucault)是主要奠基者。

20世纪60年代末,奥斯特里奇在研究欧洲绝对君主制的形成问

---

① Brian Pullan, *Rich and Poor in Renaissance Venice: The Social Institutions of a Catholic State, to 1620*, p. 198.

② Brian Tierney, *Medieval Poor Law: A Sketch of Canonical Law Theory and Its Application in England*, Berkeley and Los Angeles: University of California Press, 1959, pp. 5–6.

③ Brian Tierney, *Medieval Poor Law: A Sketch of Canonical Law Theory and Its Application in England*, p. 128.

④ Ibid., p. 110ff..

题时提出，当时欧洲对包括贫困问题在内的应对措施，是一种社会规训。奥斯特里奇的"社会规训"概念与20世纪50年代最早由德国史学家泽登提出的"认信化"（Confessionalization）理论有相同之处，双方关心的大主题与绝对君主制有关，后者也将社会控制视为"认信化"的一个主要特征。70年代末以来异军突起的"认信化"研究模式就是在他们研究的基础上形成的①，是济贫改革研究的新理论来源之一。福柯在研究癫狂及监狱等问题的过程中提出了"大囚禁"（great confinement）理论。他认为，欧洲16、17世纪进行的各种社会济贫改革在本质上是一种社会控制手段。17世纪巴黎的以总医院（Hôpital Général）为中心的济贫改革措施，实际上是对社会群体中的一部分人的隔离与囚禁。这项措施将各种救助机构合并，并赋予机构负责人行政、司法等权力，以对巴黎的所有穷人进行管理。这个对穷人的救助机构并非一个医疗机构，而是"一种半司法结构，是一个行政单位，与已经设立的权力一起，在法庭外行使决定、判决和执行权"②。这是政府为了应对经济危机采取的控制措施，是经济和道德控制的工具。这个具有绝对权力的压制性机构不仅限于巴黎，而是遍及整个法国和欧洲。这种对穷人的囚禁观念从16世纪的宗教改革时期就已经开始了，在这方面，新教和公教是殊途同归。③ 它具有双重的作用，在危机时期通过控制囚禁无业者，确保劳动力价格稳定和社会安定；在非危机时期则通过给予被囚禁者工作，作为充分就业和高工资状态下廉价的劳动力，为社会的繁

---

① Robert van Krieken, "Social Discipline and State Formation: Weber and Oestreich on the Historical Sociology of Subjectivity", *Amsterdams Sociologisch Tijdschrift*, Vol. 17, No. 1, 1990, pp. 3 – 28; Susan R. Boettcher, "Confessionalization: Reformation, Religion, Absolutism, and Modernity", *History Compass*, Vol. 2, 2004, pp. 1 – 10.

② Michel Foucault, *The History of Madness*, London: Routledge, 2006, p. 49; Paul Rabinow ed., *The Foucault Reader*, New York: Pantheon Books, 1984, p. 125（二者英文翻译稍异）.

③ Michel Foucault, *The History of Madness*, pp. 57 – 58.

荣做贡献。① 囚禁不但具有压制性的惩罚特征，还具有积极的改正（校正）功能，它还是市民阶层（布尔乔亚）重新塑造和推行伦理和道德观念的过程。在这个过程中，理性和非理性的界限被重新划分，一些原先被视为正常的行为被列入非理性领域并遭到禁止。集体、家庭乃至个人行为等规范被重新调整，并通过对被囚禁者的强制性改造，使他们接受了这一价值规范，从而使社会的价值观念趋同。② 在福柯看来，这种囚禁与监狱一样是一种政治策略、技术和手段，是对人身体的一种控制。

虽然从权力话语和社会控制角度的解读在学术界引发了争论，但其对宗教改革时期济贫改革研究的影响是不容否认的。20世纪80年代以来，许多研究都是循着这个思路进行的③，其中最有代表性的是德国社会史学家罗伯特·于特（Robert Jütte）。根据他的总结，劳动、监督、控制、检查、教育、惩罚④是这个时期济贫的主要特点。世俗和教会政府通过立法活动建立一个秩序井然的社会。对秩序的需求使得戒律成为普遍的做法，这实际上超越了宗教派别的界限，新教和公教都如此。社会控制机制在规训部分人的同时惩罚另一些人（游手好闲者、非居住民、无家可归的流浪汉、乞丐）。社会福利政策是让穷人适应资产阶级价值观念的文化适应。

毫无疑问，巨大的经济和社会压力是早期现代欧洲济贫活动变革的主要动因，改革者希望通过整合传统的济贫资源，以更加合

---

① Michel Foucault, *The History of Madness*, pp. 66, 68 – 69.
② Ibid., pp. 101 – 108.
③ R. Po‑chia Hsia, *Social Discipline in the Reformation: Central Europe 1550 – 1750*, London: Routledge, 1989; H. C. M. Michielse, "Policing the Poor: J. L. Vives and the Sixteenth‑Century Origins of Modern Social Administration", *Social Service Review*, Vol. 64, No. 1, 1990, pp. 1 – 21; Philip S. Gorski, *The Disciplinary Revolution: Calvinism and the Rise of the State in Early Modern Europe*, Chicago: The University of Chicago Press, 2003.
④ Robert Jütte, "Poor Relief and Social Discipline in Sixteenth‑Century Europe", *European History Quarterly*, Vol. 11, 1981, pp. 25 – 52; *Poverty and Deviance in Early Modern Europe*, 1994.

理有效的管理，解决日益增长的贫困问题，各种政策变化正是这个体现。同样，在这个过程中，针对被救助者采取资格审查、登记及惩罚措施，也确实使得这个时期的济贫活动带有与以往不同的强制色彩。在这个意义上，经济史和社会史角度的研究对于深化对欧洲早期现代的济贫改革无疑贡献巨大，对于认识济贫改革的丰富性和复杂性，是必要的。此外，不同的理论相互补充，也有助于研究的不断深入。如经济社会史的研究纠正了韦伯主导的宗派价值观念理论的偏颇，指出了经济及社会原因对于改革的重要性；福柯的解读则表明，从长时段来看，改革还是现代国家控制建立的工具。但是，这些研究也存在着明显的不足。第一，这些研究基本是社会科学而非历史学角度的，借助的是社会学等理论，在操作上脱离了基本的历史环境，在认识上不可避免地存在偏差。从韦伯的新教伦理到经济社会史研究，再到福柯的权力话语，都是如此。第二，这些研究大都矫枉过正，陷于以偏概全、非此即彼的误区。经济社会史学派纠正韦伯过于强调宗教伦理的弊端，但又把经济社会原因视为唯一的动因；社会规训理论则用后果代替了具体过程，完全忽略了当事者的主观动机，屏蔽了其对穷人帮助和支持的一面。第三，这些研究都将宗教因素排除在外，完全误读了历史，也是不可取的。

在这些新视角下，宗教因素逐渐淡出研究视野，甚至被否定。这就给人一种印象，似乎这个时期的济贫活动完全是经济或政治行为，与宗教无关了，至少是不再重要了，此为其一。其二，由于这次大规模的社会济贫改革并非始于新教改革家，宗教改革尤其是新教改革家在济贫方面的努力也没有什么特殊之处。其三，在这个时期济贫改革表现出的一些共同之处的情况下，教派之间的差异似乎也不存在了。在过去的几十年里，史学界的许多学者已经对这种偏颇的认识提出了批评，反对割裂当时的具体环境，强调宗教在改革中的不可或缺性。① 实际上，就连一些经济社会史学派的实践者，也清醒意识到把宗教因素排除在外的缺陷。如普兰就指出，虽然不能把宗教因素作为这个时期济贫改革的主导（全部），但也不能置之于不顾，因为"在沉溺于早期现代欧洲的经济危机和法律与秩序问题的当代时尚中，它有不合适的被遮蔽的危险"②。

在经济社会史理论和以规训惩罚为主要指标的现代国家形成理论的影响下，包括济贫改革在内的宗教改革研究曾经显赫一时。但是，繁荣并不能掩盖存在的问题。从历史学的角度而言，过分理论化的认识模式不但难以调和各方，而且存在不断异化甚至失去宗教改革的危险。可以说，人为地将主角之一的宗教逐出济贫改革研究的舞台正是问题的写照。面对这种困境，业内学者也在反思，并试图找到新的突破口，超越原有理论的局限，宗教在济贫改革研究中的回归就是一种努力。当然，更多的学者则试图从宏观的宗教改革研究出发寻求突破，如有学者提出用"宗教改革的文化史"取代以往的模式，以最大限度地涵盖具体历史。③

宗教改革虽然肇始于宗教领域，但作为一个复杂的历史事件，它事关当时社会的方方面面，不能简单化处理。从马克思主义观点

---

① Harold. J. Grimm, "Luther's contributions to sixteenth-century organization of poor relief", *Archiv für Reformationsgeschichte*, Vol. 61, 1970, pp. 222–234; Carter Lindberg, "'There Should Be No Beggars Among Christians': Karlstadt, Luther, and the Origins of Protestant Poor Relief", *Church History*, Vol. 46, No. 3, 1977, pp. 313–334; Lee Palmer Wandel, *Always among Us: Images of the Poor in Zwingli's Zurich*; Ole Peter Grell, "The Religious Duty of Care and the Social Need for Control in Early Modern Europe", *The Historical Journal*, Vol. 39, No. 1, 1996, pp. 257–263; Ole Peter Grell, "The Protestant imperative of Christian care and Neighbourly Love", in Ole Peter Grell, Andrew Cunningham eds., *Health Care and Poor Relief in Protestant Europe 1500–1700*, London: Routledge, 1997; Joel F. Harrington, "Escape from the Great Confinement: The Genealogy of a German Workhouse", *The Journal of Modern History*, Vol. 71, No. 2, 1999, pp. 308–345.

② Brian Pullan, "Catholics and the Poor in Early Modern Europe", *Transactions of the Royal Historical Society*, 5th Ser., Vol. 26, 1976, p. 33.

③ Bruce Gordon et. al., "Religious History beyond Confessionalization", *German History*, Vol. 32, No. 4, December 2014, pp. 579–598.

来说，这是作为上层建筑的宗教观念与深层次的经济基础矛盾的体现，改革本质上也是使二者相适应的努力。作为一个矛盾的两个方面，少了宗教，当然不能全面理解这个时期的济贫改革。在这个意义上，宗教的回归是毋庸置疑的，值得肯定。不过，从相关研究来看，回归后的宗教似乎仍没有摆脱传统的优劣判断逻辑，在很大程度上变成了一种重复。虽然在细节研究上有所深入，但整体意义不大，不少重要的问题仍然没有引起足够重视或者被忽略。在笔者看来，这些认识存在一些误区，不利于正确理解宗教改革时期的济贫改革。

第一个误区是，将济贫改革观念及方式的改变等同于宗教因素的消失，将连续发展的历史断裂化，遮蔽了复杂的历史发展过程。

在西方主流话语里面，宗教改革被视为现代化的重要开端，后者又大都被理解为世俗化，也就是不断摆脱宗教的过程，世俗化的表现则是宗教信仰的衰落。这是一个过程的两个方面。确实，宗教改革时期的济贫活动出现了一些新的特征，但这些特征是否必然以宗教内涵的剥离为前提，世俗化和现代化是否一定意味着宗教信仰的衰落和消失？历史学、宗教学和社会学的相关研究表明，问题并不那么简单。随着学术界对宗教认识由本质向功能的转变，宗教作为人的一种基本需求的一面逐渐受到重视。作为一种需求，在不同的时期可能有形式的变化，但需求本身不会改变。从这个角度看，传统的宗教与世俗二元对立的观点显然偏颇了些。有学者指出，现代化和世俗化与宗教活力之间并不一定是对立关系[1]，宗教改革虽然带来了基督教信仰的多元化，但与改革前相比，它并没有改变宗教性的程度，而只是改变了宗教的特征，双方的不同主要在于宗教的

---

[1] Philip S. Gorski, "Historicizing the Secularization Debate: Church, State, and Society in Late Medieval and Early Modern Europe, ca. 1300 – 1700", *American Sociological Review*, Vol. 65, No. 1, 2000, p. 162.

表现形式上。① 世俗与神圣之间虽然成为改革家们关注的重要问题，但实际上，诚如一些学者所言，世俗与神圣的二元对立在早期现代并不明显。"世俗与神圣在近代早期的济贫的结构和功能中是无法分开的"②，宗教改革实际是世俗与神之间的分别（differentiation）和去分别（de-differentiation）并存的过程③。这种认识对于全面认识宗教改革时期的济贫活动具有很大的启发意义。济贫改革的合理化和世俗化并非意味着宗教因素的消失或不重要，而只是以一种与以往不同的方式表现出来，由施舍过程中的互利行为转变为对神的爱，也就是通过基督徒之间的爱实现的荣耀神。在这个意义上，宗教层面的内涵不是缩小了，而是加大了。

此外，在早期现代的欧洲世界里，教会和社会之间在很大程度上是一体的，这就决定了宗教因素是无法超越的。一方面，基督教对社会的认识理论仍然没有改变，传统的机体论仍是主体。根据这种理论，整个社会是一个有机整体，社会和教会之间没有分别，都是以耶稣基督为中心，实现共同的目标，个人要从属于整体，维系整体的是对神之爱和由此体现出来的兄弟之爱。④ 教会、社会、世俗政权在这个时期虽然有职责的区分，但在本质上都服务于至高的神，为的是人的最终救赎。另一方面，教会的改革在很大程度上就是社会的改革，二者也无法分开。从路德的《致德意志贵族公开书》和加尔文的《日内瓦教会法令草案》可以看出，改革既包括教会的信

---

① Philip S. Gorski, "Historicizing the Secularization Debate: Church, State, and Society in Late Medieval and Early Modern Europe, ca. 1300 – 1700", *American Sociological Review*, Vol. 65, No. 1, 2000, p. 148.

② Thomas Max Safley ed., *The Reformation of Charity: The Secular and Religious in Early Modern Poor Relief*, p. 196.

③ Philip S. Gorski, "Historicizing the Secularization Debate: Church, State, and Society in Late Medieval and Early Modern Europe, ca. 1300 – 1700", *American Sociological Review*, Vol. 65, No. 1, 2000, p. 150.

④ Abel Athouguia Alves, "The Christian Social Organism and Social Welfare: The Case of Vives, Calvin and Loyola", *Sixteenth Century Journal*, Vol. 20, No. 1, 1989, pp. 3 – 22.

条、礼仪和组织，又包括婚姻家庭及个人的道德规范，还包括教育，济贫改革只是庞大改革计划的一个有机组成部分，是重建基督徒共和国的重要内容。虽然这个计划不乏惩罚性的内容，但惩罚只是一种手段而非目的，其目的在于建立一个关怀的网络。① 这个关怀网络的前提和基础是基督徒的兄弟之爱，在这个网络里面，所有的人都应该得到应有的关怀和照顾，对穷人的救济则是最好的体现之一。物质上的救济是必要的，但更主要的是通过积极的手段改善贫困者的处境，提升其道德水平，以便使他彻底脱离贫困。要实现这个目标，无论新教还是公教神学家，都认为教育和劳动是关键。教育可以使贫困儿童掌握正确的信仰知识，养成高尚的品德，获得谋生的技能，以便彻底摆脱贫困。劳动则是医治乞讨的良药，不但使人自食其力，而且可以去除坏念头，以免无所事事。正是在这个意义上，维威斯提出，不但身体健全者要劳动，就连老弱病残和孤儿也应该从事力所能及的劳动②。各种措施本质上也都在于实现基督徒共和国的理想，对贫困的救助是手段而非目的。

应该指出的是，从宗教的角度来说，这个时期的济贫观念变化在很大程度上是表达方式的变化，而非消除其宗教内涵。其普遍的特征是消除或弱化集体或个人济贫的等价交换作用，由原来强调的互利转向了基督徒之间的兄弟之爱，强调作为基督徒的责任与义务。但对贫困及其根源的认识还具有浓厚的宗教色彩，与以往相比，没有本质不同。在这一点上，新教和公教基本一致。维威斯认为，贫穷的根源在于人的骄傲与堕落，在于原罪。贫穷的具体原因有两种，一是部分人因为自然的原因使然，如残疾、疾病、自然灾害丧失财富等；另外一种原因则在于神的不为人所知的安排，神赋予一些人

---

① Robert M. Kingdon, "Geneva Consistory in the time of Calvin", in Andrew Pettegree, Alastair Duke, Gillian Lewis eds., *Calvinism in Europe, 1540–1620*, Cambridge: Cambridge University Press, 1994, p. 34.

② J. L. Vives, *De subventione pauperum sive De humannis necessitatibus*, I. iii. 9–10.

财富，同时使另一些人失去财富。① 穷人应首先明白"他们的贫困是神以最公正最秘密的设计送给他们的……因此不但要以顺从之心容忍贫困，而且要以喜悦之心接纳神的礼物"②。加尔文也认为，许多人的贫困并非偶然，而是有着确定的原因，穷人的存在是为了给人实践仁爱的机会，这是神的旨意。③

不但对贫困的认识带有浓厚的宗教色彩，济贫的行为同样如此。济贫并非目的，而是一种手段，最终还是指向救赎问题。对于信徒而言，这种行为不是单纯的经济行为或怜悯之情，而是为救赎积累资本，只不过是由原来的直接的等价交换变成了间接投资。维威斯说，怜悯帮助穷人的原因在于神④；施舍的功用并非在于求好和做善事，而是为了神⑤；因为"我们从人那里希望得到的越少，我们从神那里收到的就越多"⑥。加尔文则更加清楚地阐明了这一点。他认为，人生的最终目的还是在于天国，应该将财富转移到那里。而转移财富的最好的方式在于"为穷人提供所需的东西，给予他们的一切，主都算作给予他自己的（《马太福音》25：40）；由此才有了那句著名的允诺：'怜悯贫穷的，就是借给耶和华'（《箴言》19：17）。同样，'少种的少收，多种的多收'（《哥林多后书》9：6）。因为出于爱的义务奉献给我们的弟兄的就是储存在主的手里。他是一位可信的保管，有一天会以丰厚的利润回报"⑦。

济贫所具有的浓厚的宗教内涵在公教会官方的价值中甚至没有动摇。在特伦特宗教会议上，除了废除了专门发行赎罪券的专员外，

---

① J. L. Vives, *De subventione pauperum sive De humannis necessitatibus*, I. ii. 7.
② Ibid., I. vi. 1.
③ John Calvin, *Commentary on Matthew, Mark, Luke*, Vol. 3, Albany, OR: Ages Software, 1997, pp. 145 – 146.
④ J. L. Vives, *De subventione pauperum sive De humannis necessitatibus*, I. xi. 7.
⑤ Ibid., I. xi. 13.
⑥ Ibid., I. xi. 16.
⑦ John Calvin, *Institutes of the Christian Religion*, III. xviii. 6.

赎罪券及购买赎罪券等传统行为仍然被视为信徒为救赎积累资本的重要手段，也得到教会的支持和鼓励。经过改革的公教地区，也是如此。普兰就指出，虽然这个时期的贫困是由经济原因引起的，但从济贫实践的角度来说，并非是纯世俗的，宗教在其中仍然起着重要的作用。从威尼斯来看，"至少在这些团体的人眼里，济贫的目的从来不是正式的'世俗的'。他们的工作从来不是官方设计的以追求人类社会的善为目的本身。最高颂扬的目的是精神性的，济贫既是一种禁欲主义形式，也是通过服务神的子民表达的神之爱。他们的部分考虑是自我成圣（self-sanctification），但也关注他人的灵魂。……精神性的目的和道德判断统摄了所有慈善行为，甚至渗透到医生和病人的关系中"①。因此，在承认济贫改革是为了直接应对经济危机及社会现实问题的同时，也不能否认其宗教方面的内涵。对这个时期的公教徒而言，"其最高理想在于通过英雄般的个人对穷人的服务而实现的自我成圣，而非在于通过随意或非个人的施舍而获得的善功，其中心目标在于藉有组织的慈善征服灵魂，其中作为恩典的渠道和救赎的方式的圣礼，尤其是圣餐礼和忏悔礼，起到了重要作用"②。

对这个时期的基督徒来说，济贫实践固有的宗教内涵是不可或缺的，所不同的是双方表达的方式。对新教徒来言，或者是体现自己是真信徒的方式，或者是信仰得救路上的一个证明；对于公教徒而言，则延续了原来的观念，是为未来救赎的投资，会得到更大的收益。③

---

① Brian Pullan, *Rich and Poor in Renaissance Venice: The Social Institutions of a Catholic State, to 1620*, p. 280.

② Brian Pullan, "The Counter-Reformation, Medical Care and Poor Relief", *Health Care and Poor Relief in Counter-Reformation Europe*, p. 25.

③ Brian S. Pullan, "Catholics and the Poor in Early Modern Europe", *Transactions of the Royal Historical Society* (Fifth Series) Vol. 26, 1976, pp. 15-34; "Catholics, Protestants, and the Poor in Early Modern Europe", *Journal of Interdisciplinary History*, Vol. 35, No. 3, 2005, pp. 441-456.

第二个误区是，在强调前宗教改革相关制度及其延续性的同时，否定了新教对于济贫改革的作用意义，陷入了以偏概全、非此即彼的错误。

论者如普兰认为，新教的济贫实践在本质上与以往没有不同。这种观点已经遭到许多学者的批判，如格雷尔（Grell）就提出，宗教改革对16世纪济贫改革的重要性是不容置疑的，但是没有新教改革家及其对宗教方面改革的呼吁，济贫改革的速度和广度是不可想象的，因此急需对它进行新的修正解释①。一方面，新教虽非济贫的开创者，但这并不意味着它对于实践没有推动作用；另一方面，公教与新教虽然在实践上表现出了一定的共同特征，但也不意味着新教在对实践的理解和认识上没有改变。无论从理论和实践上来看，新教对于这场济贫改革运动的推动作用都是非常明显的。

从理论上说，宗教改革时期的济贫观念的变化是基督教神学理论变化的逻辑必然。传统基督教以互惠救赎为特点的济贫观念是以善功等理论为基础的，这个理论的重要特点是神对人的救赎是与个人的努力分不开的。这种观点认为，神虽然藉耶稣基督赦免了人的罪，但并不意味着个人的救赎已经实现；相反，还有很长的路要走。人要想最终得救，要首先付出，为未来的救赎准备条件，也就是行各种各样的善功，施舍则是最为重要的善功之一。神根据人的善功决定个人的命运，在很大程度上得救是神对人的善功的一种回报或奖赏，是"善功称义"。不过，在拉丁基督教会看来，神对人的命运的决定不是直接实现的，而是通过神在人间的代言人——教士实现的。在实际的操作中，教会则利用特权，把善功量化，变成了一种经济活动，从而成为教士阶层牟利的工具，造成严重的腐败。

新教神学尤其是马丁·路德的"唯信称义"理论，彻底否定了

---

① Ole Peter Grell, "The Religious Duty of Care and the Social Need for Control in Early Modern Europe", *The Historical Journal*, Vol. 39, No. 1, 1996, p. 263.

公教的"善功称义"理论。路德认为，使人成为义人的不是善功，而是靠对耶稣基督的信仰，且唯有信仰才能使人成为义人。人首先在信仰里成为义人，然后才能有所谓的善功。从本质上来说，信仰不是靠人的努力或善功得到的，而是神的一种仁慈的恩典，是先于任何善功的无条件的赠与。对人而言，信仰耶稣基督就是最大最主要的善功，是其他所有善功的前提。唯信称义理论不但否定了善功赖以存在的基础，而且极大地改变了对人与神关系、职业等方面的观点。既然人可以藉信仰在耶稣基督里面成为义人，建立与神的直接的关系，每个人也就成为自己的教士，教士阶层的存在就没有必要了，教会宣扬的教俗、等级、职业之间的差别就不再有说服力了。路德指出，"在信仰里，所有的工作都成为同等的，彼此相同，工作之间的差别消失了"①，属灵与属世之间并不存在高低之分，铜匠、铁匠、农民与主教一样，只是职责不同。神赋予每个人一个天职（calling），使之有一个职位和功能②，人正是在这些不同的职位上在劳动中荣耀神的。但是，神的这些天职中并不包括乞讨，一方面，神并不要人无所事事，更不能容忍不劳而获③；另一方面，乞讨不符合基督徒的爱的精神，"神的子民中不应该有贫困或乞讨"④。同样，施舍与做生意、吃饭、睡觉、祈祷、禁食等活动一样，也没有价值上的区别，都是人侍奉神的方式，是称义的结果，是真基督徒身份的表现。

如果说"唯信称义"为济贫观念的变化奠定了基础，《圣经》权威的确立则为新教提供了新的济贫理念的原型。新教《圣经》权威的确立与人文主义运动关系密切。以伊拉斯谟为代表的基督教人文主义者非常注重学习希腊文和希伯来文，提倡用到源头的方法研

---

① Martin Luther, "On Good Works", *Works of Martin Luther*, Vol. 1, p. 190.

② Martin Luther, "An Open Letter to the Christian Nobility", *Works of Martin Luther*, Vol. 2, p. 69.

③ Ibid., Vol. 2, p. 100.

④ J. Pelikan ed., *Luther's Works*, Vol. 9, p. 147.

究《圣经》。虽然新教与人文主义者在自由意志等神学问题上存在分歧，这种方法却被新教神学家普遍继承下来，成为与罗马教会斗争的重要工具。他们通过希伯来文《旧约》和希腊文《新约》原文，不但发现了通俗拉丁文本的错误，而且发现教会信仰中的很多东西都在《圣经》中找不到依据。在新教神学家看来，《圣经》作为神对人的启示，是基督教信仰的依据，并且是唯一的依据。只有回归《圣经》，才能彻底消除长期盛行的谬误，才能恢复教会本来的面目。对新教神学家来说，无论善功、炼狱、圣徒的代祷，还是赎罪券，都在《圣经》中找不到依据，自然应该抛弃。《圣经》中虽然有许多关于穷人与济贫的论断，但其中的爱的精神和原则，在罗马教会以功利为目的的济贫观中则荡然无存。所以，要正本清源，直到源头，恢复以神之爱和兄弟之爱为根本的济贫观，也就是荣耀神的爱（charity）。

新教普遍接受了马丁·路德的理论，一致反对善功，这也就在理论上否定了公教会所宣扬的济贫的理论支撑，并在实践上否定了与此有关的机构和行为，如修道院、乞讨、直接施舍等。这些都直接体现在新教的改革措施中。此外，新教改革家无一例外的积极宣传和推进济贫改革，并且将它作为重塑基督教、实现理想的重要手段之一。这种变化从1528年路德编辑出版的《乞丐手册》及几十年后奥德利等人关于乞丐的著述中可见端倪。在路德列举的28种乞丐中，大部分与宗教有关，而在奥德利等人所列的23种乞丐中，则鲜有与宗教关联者。这在一定程度上表明，宗教观念的变化与新教济贫改革有着内在关系。

第三个误区是，仍然拘泥于新教与公教济贫体制优劣的思路，对宗教在双方不同济贫制度形成中的作用关注不够，而这一点应该是未来研究的重点。

简单的优劣二元模式的破除无疑是一大进步。如普兰认为，不能用简单的优劣来判别这些改革措施，新教的不一定好，同样公教的不一定就差或者不好。① 对历史学研究而言，探讨新教与公教不同的济贫体制及形成原因，远比简单的优劣判定更为重要。近一段时间的相关研究表明，新教和公教政权改革后形成的济贫体制有较大差异，这种差异既表现在不同的新教派别之间，也存在于公教阵营内部不同的国家。除了具体环境及传统等因素外，宗教观念是造成这些差异的重要原因。②

一般说来，新教由于抛弃了济贫与善功之间的内在神学联系，因而在济贫机构的设置、具体操作等方面与以往都有较大的不同。各种宗教济贫机构或者被撤销，或者被合并，其承担的济贫职能大大削弱。乞讨行为普遍遭到禁止，而个人的直接施舍也同时被禁止。在管理方面，则是世俗权逐渐占据了主导。当然，在这方面，不同的教派有所区别。在路德派盛行的地区，济贫事务完全掌握在世俗政府手里，因为路德认为这些都是外在的东西，与个人的灵魂救赎没有直接的关系，理应由政府负责。而在加尔文教派盛行的地区，则是由教会的执事负责，世俗政权虽然参与这项事务，但基本是从属性的。这种局面的形成自然与加尔文的观点密不可分。在他看来，济贫是教会最本质的工作之一，执事则是教会法定人员中的一种，负责接收和向穷人发放济贫的钱物，也负责照看穷人。教会的济贫职能与绝罚权一样是教会权力的体现和象征。在日内瓦，虽然济贫的资源和机构实现了集中化，也有世俗的参与，但教会的主导权并没有改变。不仅如此，教会还非常反对世俗政权的干预。在尼德兰的济贫改革中，则出现了教会与世俗政府斗争的局面，前者为了捍卫自己的济贫主导权而与后者发生冲突。英格兰的教会则是一种政府主导的体制，堂区的济贫执事和监督要由地方的治安法官任命并

---

① Brian Pullan, "The Counter-Reformation, Medical Care and Poor Relief", *Health Care and Poor Relief in Counter-Reformation Europe*, pp. 18–39.

② Sigrun Kahl, "The Religious Roots of Modern Poverty Policy: Catholic, Lutheran, and Reformed Protestant Traditions Compared", *European Journal of Sociology*, Vol. 46, No. 1, 2005, pp. 91–126.

监督，后者在济贫资源的配置和实施方面有着较大的权力。

与此相对的是公教。它在保留传统观念和实践的同时，形成了自己的特色。第一，从特伦特公会议（1546—1563）发布的决议来看，支撑原来的互惠救赎济贫理念的一些重要信条如善功、炼狱、圣徒的代祷、赎罪券等，都被保留下来了。个人的施舍、自愿贫困等仍然得到教会的鼓励，教会也继续按捐赠者的意愿为炼狱里的灵魂做弥撒，但为的是"死者灵魂的福祉"①，已不再强调赎罪的功能，相互帮助的兄弟之情和责任逐渐成为重点。而对于像维威斯之类的基督教人文主义者来说，济贫的动机和目的除了在于神，是"为了神的缘故爱神和他的兄弟"② 外，还有一个非常重要的内涵，即不求任何回报的美德③。第二，公教会虽然在济贫资金和机构方面也实现了整合，但并没有建立一个排他性的体系。原先的一些宗教机构仍然存在，与新的集中化的体系一起发挥着济贫作用。随着时间的推移，还出现了许多由兄弟会主办的济贫机构，这种现象在意大利、西班牙和法兰西比较突出。与此同时，各公教世俗政权兴办济贫事业的力度也不断加大，形成二元并存的局面。这种格局在很大程度上影响了济贫的效率，以至于后来一些国家不断采取整合措施，以提高效率。第三，在管理权上，则是教会或者兄弟会占据了主宰，世俗政权基本上是从属性的。④ 在这一点上，公教会与加尔文派的观点是一致的，把它视为自己不可分割、不可侵犯的权力。此外，特伦特宗教会议上，济贫的主导权也完全交给了主教。在巨大的经济和地方利益支撑下，教会的主教们更不愿意放弃这项权力。当然，为了应对新教的挑战，解决教会内部严重的腐败问题，保证

---

① James Waterworth trans. , *The Canons and Decrees of the Sacred and Oecumenical Council of Trent*, p. 258.

② J. L. Vives, *De subventione pauperum sive De humannis necessitatibus*, I. xi. 1.

③ Ibid. , I. viii. 2.

④ James Waterworth trans. , *The Canons and Decrees of the Sacred and Oecumenical Council of Trent*, pp. 262 – 264.

自身的存在和发展，公教会也加强了对乞讨、贫困、济贫事务等加强管理，以减少弊端，如立法禁止托钵修士乞讨，严禁他们接受任何形式的钱物等。①

小　结

贫困是困扰转型时期欧洲的一个重要问题，也是宗教改革时期最引人关注的话题之一。一方面，越来越多的人陷于贫困；另一方面，接受各种救济的人群鱼龙混杂，加重了社会的负担。乞丐的泛滥则带来了各种社会问题。面对这种局面，社会各阶层从理论和实践上寻找对策，开始了大规模的济贫改革。通过整合资源、资格审查、严格管理、禁止乞讨等措施，各地的改革活动相继展开。

济贫实践的改革伴随着对贫困及济贫观念上的改变。在这个过程中，贫困曾具有的积极含义消失，不再与个人的救赎相连。济贫行为也由原来的互惠转向利他。这些行为不再是为个人的救赎积累资本，而是成为展示和体现基督徒兄弟之爱的明证。新教的"唯信称义"理论在这些转变中起到了关键的作用，对于济贫的理论和实践都具有重要的意义。

济贫活动曾经被视为宗教改革时期新教的专利，与现代西方福利社会有着内在的联系。与此相反，公教则被视为反面典型。实际上，在济贫改革方面，公教和新教都不约而同地在采取措施，公教的活动甚至比新教早的多。双方之所以都关注改革，主要原因在于这是超越宗教派别的共同的社会问题。虽然这些活动超越了教派的界限，但由于新教和公教在理论上的差异，双方在这方面还是表现出很大的不同。在新教地区，逐渐形成以世俗政权为主导、教会为辅助的局面，而在公教地区，则基本延续了教会的

---

① J. C. Olin, *The Catholic Reformation: Savonarola to Ignatius Loyola*, pp. 130, 162 – 163.

主导局面。

虽然新教和公教在济贫改革上表现出许多共同之处，但这并不意味着宗教因素完全淡出了济贫实践，它仍然深深植根于济贫的每个环节。济贫的目的仍是宗教性的，对贫困根源等问题的认识也没有改变，贫困仍是神意。在这些问题上，新教和公教也表现出了一致性。虽然在实践上已经有所变化，但整体而言，双方仍然没有脱离传统的观念。

第 六 章
宗教改革时期基督教信仰的特点：
以塞维图斯案为中心

宗教改革时期，随着拉丁教会的分裂，基督教信仰的多元化格局逐渐形成。近代以来，随着学术界对宗教宽容和信仰自由等问题的探讨，宗教改革在这方面的意义也受到关注，并被赋予了积极的内涵。作为人类历史的悲剧之一，塞维图斯案在这方面受到近现代学术界的关注。对这个问题进行深入的梳理和分析，对于理解宗教改革时期基督教信仰的一般特征有着重要的意义。

第一节　塞维图斯的生平及其神学思想

塞维图斯（Michael Servetus）① 是 16 世纪西班牙著名的人文主义者、神学家，也是一位科学家。他 1509 年或者 1511 年出生于西班牙的阿拉贡或纳瓦里（Navarre）。塞维图斯出身于传统的公教贵族家庭，其父安东·塞维托是锡耶纳的书记员，母亲卡塔琳娜·科

---

① 米歇尔·塞维图斯西班牙文原名为 Miguel Servet 或 Miguel Serveto。他后来化名 Miguel De Villanueva，又写作 Michel De Villeneuve。

奈撒也是贵族家庭出身，塞维图斯家共有三兄弟，他是长子。塞维图斯早年在西班牙的萨拉戈萨大学学习，掌握了拉丁文、希腊文、希伯来文。1528年，进入图卢兹大学（Toulouse）学习法律，在学习的过程中逐渐对神学产生兴趣，可能看过马丁·路德的著作。塞维图斯受教育的年代正是《圣经》人文主义学术思潮最活跃的时期，也是宗教改革不断高涨的时期。16世纪初，人文主义传入西班牙。在枢机主教弗朗西斯科·西梅内斯·德·希斯奈罗斯的引介下，人文主义在西班牙蓬勃发展起来，古典语言的学习与《圣经》的编辑整理成为热潮。作为在这种氛围中成长起来的一位知识分子，他与很多人文主义者和宗教教改家有着相似之处：学习古典语言，研究古代文献尤其是《圣经》；专攻法律，志趣却在神学；从事学术研究，却钟情于教会和社会改革。

塞维图斯离开学校后，与一位方济各会修士昆塔纳（Quintana），也就是查理五世的忏悔师一起到博洛尼亚，参加了皇帝的加冕典礼（1530）。这次会议对他的触动很大，尤其使他对教皇的专制腐败有了初步的认识。离开博洛尼亚后，他可能与查理五世一起到了奥格斯堡并参加了帝国会议。但在这之后，他就离开了昆塔纳，转而结交了一些新教改革家，如巴塞尔的奥克拉姆帕迪乌斯和斯特拉斯堡的布克尔、卡皮托（Wolfgang Capito）等。

作为一位对神学兴趣浓厚的知识分子，塞维图斯在与公教会和新教改革家们接触前，对他们的看法基本上是中立的，即认为他们都有正确的地方，也有错误的地方。双方只盯着对方的错误，而没有看到自己的不对之处。不过，随着他对《圣经》研究的深入，他对公教和新教看法却发生了根本性的改变。因为他在《圣经》中没有发现关于三位一体的论述，所以逐渐对325年尼西亚公会议上的决议产生了怀疑，并与奥克拉姆帕迪乌斯等进行辩论。但是，这种否认三位一体的想法受到了奥克拉姆帕迪乌斯的严厉批判，他也被称为"年轻的西班牙阿里乌"。塞维图斯也被迫从巴塞尔移居斯特拉斯堡。不过，他并没有因此放弃自己的观点。1531年夏，塞维图斯在斯特拉斯堡完成了第一本书《论三位一体的错误》(*de trinitatis erroribus*)，随后在 30 公里外的哈格诺（Hagenau）出版。第二年，他又出版了一部两卷本的《关于三位一体的对话集》(*dialogorum de trinitate libri duo*)。

塞维图斯的书在新教和公教阵营内引起强烈的反应，他们一致反对他的反三位一体的观点。路德称之为"一本攻击三位一体的可怕的邪恶新书"，梅兰希通则认为他"头脑里充斥着想象"；斯特拉斯堡、巴塞尔等地禁止售买他的著作；已经升任奥格斯堡禁书委员会首脑的昆塔纳对昔日得意门生的行为非常愤怒，立即下令查禁其书，同时上报帝国及教廷。教会随即组织人马对他的观点展开批判，下令全面禁毁其书，并扬言判处他火刑。1532 年 6 月 17 日，教会发出逮捕令。与此同时，西班牙的宗教裁判所也开始调查此事，并向阿拉贡地区的宗教裁判员以及萨拉哥萨大主教和世俗政府发出通知，密谋逮捕他。西班牙的宗教裁判所则在 1532 年 5 月 24 日对他提起公诉，勒令他到庭受审。为了躲避迫害，塞维图斯逃到了巴黎，并改名米歇尔·维伦纽夫（Michael Villeneuve），在卡尔维学院（Calvi College）短暂学习后，旋又隐居里昂。期间为泰舍尔兄弟（Brothers Trechsel）出版社做校对，并编辑了托勒密的《地理学》一书（1535、1541）。他在这里还认识了当时法国最著名的人文主义者、神学家、医生坎佩吉乌斯（Campeggius，又名 Simphorien Champier），可能在他的影响下钻研医学。1536 年，为了进一步学习医学，塞维图斯来到了巴黎，成为君特鲁斯（Johannes Guinterus，又名 Johann Winter von Andernach）和西尔维乌斯（Sylvius）的学生，与著名的解剖学家瓦萨里乌斯（Andreas Vesalius）成为同学，深受君特鲁斯的赏识。在离开里昂之前，他还写了一篇驳斥著名博物学家富克斯（Fuchs）的文章（*In Leonardum Fuchium Apology*），指责他犯了路德派异端的错误。毕业后，他在巴黎教授地理学和天文学[①]。期间撰写

---

① 有学者认为塞氏获得了硕士和博士学位，但多数学者认为没有。

了《糖浆综论》（*syruporum universa ratio*），该书共六讲，主要讨论消化问题，其中第五讲是糖浆的构成与应用，这是他最受欢迎一本书。在教书期间，他还正确预测月亮阻挡火星出现时亏（1538年2月13日），但同时因根据星相学预测说会爆发战争和瘟疫，而受到医学院院长的指控和停职，他则写了一篇辩护文章（*Apologetica disceptatio pro astrología*）。1538年，在他的导师去世后，他又到鲁汶大学学习神学和希伯来语，期间做过一段医生。1540年，又在蒙彼利埃大学学习医学。1541年，他受朋友波米耶（Pierre Paumier）的邀请定居距里昂不远的小城维也纳（Vienne）。波米耶是该城的大主教，塞维图斯则成为他的私人医生。

定居维也纳期间，塞维图斯一边行医，一边继续从事学术研究工作。他重新修订了托勒密的《地理学》，为帕格尼尼（pagnini）的拉丁文《圣经》作了注释，受到知识界的好评。他的《圣经》注释也体现出典型的《圣经》人文主义特征，他反对不懂历史和语言的神秘解释，主张要先学习希伯来文和犹太人的历史，在弄清楚文本基本意义的基础上，然后才能真正理解先知的话。

塞维图斯虽然以医学为主，但他对神学的兴趣一直没有减少。在此期间，他撰写了《基督教的复原》（*christianismi restitutio*）[①]一书。大约在1546年开始，这本书的手稿就开始流传。在1553年初，他决定将该书出版。他之所以急切地要出版这本书，是因为他认为敌基督者的王国（教皇）即将在1585年结束，他自己则将扮演天使的角色。但是，这本反对正统教义的著作显然没有多少人愿意出版。最后，他说服自己的朋友维也纳的一位书商阿尔诺莱（Balthazar Arnoullet）出版此书。他本人承担全部费用，另外给后者100克朗酬金。1553年1月，出版商在维也纳郊外的一个的地方秘密印了800份左右，并秘密发往法兰克福、巴塞尔和日内瓦销售。为了安

[①] 这本书的原本只有两本保存下来，一本在巴黎，另一本在维也纳。1790年，大英博物馆据维也纳本影印。

全，本书采用匿名发表，既没标出版者，也没有注明出版地。不过，塞维图斯还是在书中透漏了自己的身份，在书的最后署上了 m. s. v. 的缩写，还在书的第 199 页透了自己的身份和名字。加上该书的前言风格与两篇对话基本一致，所以很容易辨认出作者就是塞维图斯。

《基督教的复原》一书是塞维图斯神学及哲学思想的集中体现，也反映了他的基督教改革思想。这本书除了收入了前两本书的基本内容外，还有作者给加尔文的 30 封信，以及给梅兰希通的一封演说。全书共分为六部分。第一部分包括前五卷，也就是 1531 年的《论三位一体的错误》一书，集中论述了反对尼西亚信经里面的三位一体教义；第二部分为第六卷至第八卷，是两篇以对话体写成的文章，题目分别为"信仰与基督之义"和"基督王国与爱"，进一步阐述了他在《关于三位一体的对话》中的论点；第三部分为第九卷至第十一卷，分别论述信仰与基督王国之正义、律法与福音的区别、爱与信仰的比较；基本内容来自《对话》；第四部分是给加尔文的 30 封信；第五部分是他列举的关于敌基督王国的 60 个标记（sign）；最后一部分则是反驳梅兰希通在《神学要义》（*loci communes*）中对他反三位一体言论的批判。①

塞维图斯的思想来源于何处，学术界有不同的认识。一种观点认为来自犹太教和伊斯兰教，因为他懂希伯来文，也有可能学过阿拉伯文。在对他的起诉书原文里面曾经有指控他替犹太人和土耳其人辩护并研习古兰经的内容，以便颠覆基督教教义。② 也有人认为，他的思想来源于传统的异端阿里乌派，尤其是中世纪意大利的阿里乌派，后来又受到德意志盛行的再洗礼派影响。还有学者认为，他

---

① 塞维图斯的著作及其近现代译本信息，见米歇尔·塞维图斯研究所（Michael Servetus Institute）网站相关网页：http://www.miguelservet.org/servetus/works.htm#8b。

② *The Complaint of Nicholas de la Fontaine Against Servetus*, in Merrick Whitcob ed., *Translations and Reprints From the Original Sources of European History*, Vol. 3, No. 3, Period of the Later Reformation, Philadelphia: The Department of History of University of Pennsylvania, 1902, p. 12 – 16.

的思想是通过研读《圣经》得出的。实际上，由于塞维图斯生平的资料流传下来的甚少，这个问题已经很难有定论。不过，从他生活的环境来看，作为一名对古代文化感兴趣的学者，他了解甚至认为犹太教和伊斯兰教经典有合理之处是很有可能的，因为在中世纪的西班牙，伊斯兰教、犹太教和基督教三种宗教长期并存。从他自己的经历和所处的时代来看，他的思想的产生无疑与其《圣经》研究有直接的关系。作为一个追求新的学术方法的人文主义者，塞维图斯对经院学者及其方法不屑一顾，这一点从他的著作中就可以看出来。他所推崇的是从原文入手，主张以理解原文和历史作为认识基督教神学的基础，以《圣经》的记载作为判别信仰正确与否的标准。在这一点上，他与新教改革家是基本一致的，也是与伊拉斯谟等倡导的"到源头"的学术思潮分不开的。当然，作为一个聪明博学而又兴趣广泛的学者，他对于其他各家的学习与吸收也在情理之中，从他的著述里面可以看出，他非常熟悉古典作家的著作及理论，并经常加以引用。总体而言，他的思想表现出了较为显著的新柏拉图主义的色彩，也带有早期诺斯替思潮的特点。他认为，神自有永有，他自身包含了万物的本质，他藉道从无中创造万物，赋予其存在、本质、特殊性，并维持万物。神藉道以"流溢"的方式创造万物，并参与到各个等级中。他强调"流溢"，也带有浓厚的诺斯替色彩，认为人可以通过不断的更新而与神合为一体，甚至成为神，恢复到"流溢"之前的状态。应该说受到新柏拉图思想的影响较大。

塞维图斯对三位一体等问题进行了阐述。他对于三位一体问题的阐述既不同于正统的三位一体论者，即一个本体三个位格，具有同等的地位，既有分别，又非三个不同的神；也不同于一般的反三位一体论者，既强调只有一个神，而否认基督和圣灵是具有同等地位的神的一神论者（Unitarianism）。总体而言，他在一定程度上是相信三位一体理论的，他与正统的区别在于对三位一体的理解方式。而这在正统派看来，无异于是一种不可饶恕的异端。

他对于三位一体的讨论主要围绕尼西亚信经展开。在他看来，尼西亚信经对三位一体的解释是错误的。因为"《圣经》里面没有提到三位一体，也没有提到位格（hypostases）、本质（essence）和人（persons），这些都是经院学者为混淆是非搞出来的"。传统的认识不但扭曲了基督与神的关系，也扭曲了人与神的关系。三位一体中的三位的区别并非真实的，神展示出来的不是"人"（persons），而是三种模态或形态（mode）。他认为，教会所谓的三位一体的理论基石在于《约翰一书》第5章7—8节："在天上作见证的原来有三：就是父、道与灵，这三样都归于一。在地上作见证的原来有三：就是圣灵、水与血，这三样也都归于一。"① 《马太福音》第28章19节："奉父、子、圣灵得名给他们施洗。"实际都没有三位一体的字眼，都表明这是一个并且是同一个神性的统一体（unity），而不是三个有明确分别的实体（distinct entities）。在他看来，这两句话非常容易理解，那就是父身上的神性与耶稣基督所有的神性是同一个神性，这个神性是神直接赋予基督的肉体的。以基督为中介，通过天使之灵的做工，神性又在五旬节那天在精神上赋予使徒们。耶稣基督的神性与使徒的神性的不同之处在于，基督的神性同时在于肉体和精神，使徒们则只在精神上，他们的肉体没有神性。耶稣基督把这种神性以本体的神圣的呼吸（holy breath of substance）给予其他人。圣灵的这种本体自身与父和子具有的那种神性是一个。这样，《约翰一书》的文句此处的目的就是表明耶稣基督是神的儿子；耶稣基督要使徒们以父、子、灵的名义施洗，主要的目的在于把荣耀归于父，并把圣灵与洗礼联系起来，因为，圣灵的礼物只有在洗礼中才明白无误得体现出来。奥古斯丁等古代教父曲解了经文，杜撰了"三位一体"

---

① 塞维图斯在这里用的本子应该是通行拉丁文本。在这之前，伊拉斯谟的《新约》里面已经指出了这句话并不见于希腊文本中。

的概念①。他认为，"所有的三位一体论者都是无神论者"②。

塞维图斯对耶稣基督的认识也显示出了自己的独特之处，与正统和极端派都有所不同。与大多数一神论者不同的是，塞维图斯并不否认耶稣基督的神性，而是认为："第一，他是耶稣基督，第二，他是神之子，第三，他是神"③。但他所理解的神性在逻辑顺序上又与正统不一致。他认为，耶稣是一个人的名字，基督是名号。耶稣被称为基督，是因为他是神膏立的，是一个人；耶稣基督是人，也是神之子。他的父亲不是约瑟夫，而是神，因为"他是藉圣灵由神的本质生出的。这个耶稣是真正的天然的生于神的"④。耶稣基督是神天然的儿子，但他绝不是一个普通的儿子，其他的人则只是神的嗣子。⑤ 耶稣基督"被称为神是因为他是神的形式，神的形象，他还有神的权能和性质"⑥，是因为神性在他里面变成了肉身。"神和人在基督里面真正的集合在一个本质里，一个身体，还有一个新的人。"⑦

塞维图斯不但不否认耶稣基督的神性，而且把他作为神学体系的中心。他认为："我们不是通过高高的哲学概念认识神，而是通过神藉以显示自己的基督，只有藉对他的信仰，我们才能够认识

---

① Michael Servetus, *The Restoration of Christianity*, trans., Christopher A. Hoffman, New York: Marian Hillar The Edwin Mellen Press, 2006, pp. 31 – 34. 霍夫曼和希拉已经全部译出，共四卷。其中第二部分名为 *Treatise on Faith and Justice of Christ's Kingdom* (2008)，第三部分名为 *Treatise Concerning the Supernatural Regeneration and the Kingdom of the Antichrist* (2008)，第四部分、第五部分名为 *Thirty Letters to Calvin, Preacher to the Genevans and Sixty Signs of the Kingdom of the Antichrist and His Revelation Which is Now at Hand* (2010)，第六部分名为 *Regarding the Mystery of the Trinity and the Teaching of the Ancients to Philip Melanchthon and His Colleagues by Michael Servetus* (2015)，均由 The Edwin Mellen Press 出版。

② Michael Servetus, *The Restoration of Christianity*, p. 44.
③ Ibid., p. 5.
④ Ibid., p. 11.
⑤ Ibid., p. 18.
⑥ Ibid., p. 20.
⑦ Ibid., p. 22.

神。基督是一个有形的存在，而并非仅仅是一个位格。"基督是人与神之间不可或缺的中保，是人认识、接近乃至上升到神的中介。所以，对信徒而言耶稣基督的意义至关重要。塞维图斯认为，基督不但是中介，而且深入到人的内心，是内在的人（inner man）。"我们内在的人就是耶稣基督。……因为基督将他的荣耀交通给我们。……基督之所以被称为我们内在的人，是因为他把他的灵交通给我们并每天更新我们。基督用他的灵之火对我们的灵更新越多，则就越深入我们的身体，我们内在的人就会在基督里面不断成长；在他的在我们身上物化的同时，外在的人则逐渐衰落。"塞维图斯认为，内在的人包括"基督的神的成分和我们天性的人的成分"，这样，人既分享神性（participants），又把生命隐藏在基督里。"我们内在的人确实是神性的。他来自天堂，来自神的本质，来自肉体的意志……我们内在的人就是神，因为基督就是神，也因为圣灵就是神。"①

在耶稣论之外，塞维图斯认为，罗马教会、新教会乃至再洗礼派在圣礼方面都存在严重的错误。对于教会的圣礼，塞维图斯认为，根据《圣经》权威的原则，教会主张的七个圣礼只有两个是可以承认的，那就是洗礼和圣餐礼，其他的五个都应该废除。在这一点上，他与新教并无不同。但是，他认为，在洗礼问题上，各派的理解都是错误的。第一，不能给儿童洗礼。对基督徒而言，洗礼是在基督里获得的救赎行为，而这种深层的重生只有在人成年时，在人能够辨别善恶时才有效果。一般说来，这个时间大概在人 20 岁左右，儿童显然不具备这样的条件。第二，不能举行两次洗礼，也就是再洗礼。这在《圣经》里是没有根据的。正确的做法是根据耶稣基督的例子，在成年时举行洗礼仪式，而最合适的年龄应该在 30 岁，也就耶稣基督受洗的年龄。

---

① Michael Servetus, *Treatise Concerning the Supernatural Regeneration and the Kingdom of the Antichrist* (*The Restoration of Christianity*), pp. 269–276.

在对神学问题进行阐述的同时,塞维图斯还对教会的改革提出了自己的意见,对以教皇为首的教阶制进行了全面否定。他曾经在查理五世加冕典礼上见过教皇,对于对他的盲目的顶礼膜拜及其利用赎罪券压榨信徒甚为不满,称教皇是"最恶毒的野兽,最无耻的娼妓"①;"教皇教导与基督相左的东西,与基督相背而行,攫取了他的王国。因此,他就是敌基督者"。不仅如此,"谁要是相信教皇是敌基督者,那他就也得相信教皇的三位一体、婴儿洗礼及教皇的其他圣礼都是魔鬼的理论"②。

塞维图斯的这些理论遭到了公教和新教的批判,在他们看来,这些观点违反了教会遵守的基本神学信条,实际上"摧毁了基督教的所有基础"③。

第二节 塞维图斯——公教及新教的异端

《基督教的复原》一书的出版,很快就引起了各方注意。与他的其他书一样,该书也遭到了查禁。在众多的关注者中,有一位日内瓦的宗教改革家加尔文。加尔文不但改变了塞维图斯的命运,也改变了自己的命运。在他的推动和主导下,塞维图斯先后成为公教和新教日内瓦审判的对象,并以异端罪被先后两次判处火刑。

塞维图斯对于加尔文并不陌生,他们大约同时在巴黎大学学习,并有可能认识。根据贝扎的说法,大约在 1534 年,塞维图斯曾经在

---

① Michael Servetus, *Treatise Concerning the Supernatural Regeneration and the Kingdom of the Antichrist* (*The Restoration of Christianity*), p. 145.

② Michael Servetus, *Thirty Letters to Calvin, Preacher to the Genevans and Sixty Signs of the Kingdom of the Antichrist and His Revelation Which is Now at Hand* (*The Restoration of Christianity*), pp. 161, 175.

③ *The Complaint of Nicholas de la Fontaine Against Servetus*, XL, p. 15.

巴黎与加尔文约定见面讨论神学问题，但他爽约了。① 无论二者在巴黎期间是否见过面，可以肯定的是，双方对于相互的神学观点应该是熟悉的。塞维图斯对于加尔文的观点及著作也很熟悉，尤其是后者的《基督教要义》。在撰写《基督教的复原》一书的同时，大约在 1546 年前后，经里昂出版商让·弗莱隆介绍，塞维图斯开始与加尔文通信，希望与他探讨耶稣基督的属性、神的王国及洗礼等问题，并表达了愿意到日内瓦的想法。但是，双方的通信交流并不愉快。加尔文认为他的观点不对，而且有异端的嫌疑。为说服塞维图斯改正错误，回归正统教义，加尔文还特地送给他一本《基督教要义》。不过，塞维图斯显然不同意加尔文的观点，相反却认为后者的三位一体等观点是异端。他对《基督教要义》做了详细的批注，反驳了加尔文的错误，同时把自己的一些著作寄给了他。加尔文不但对他的观点非常生气，而且对他傲慢的态度和刻薄的言语恼怒异常，随即写信给弗莱隆，表示不再争取他，并断绝与他的往来。② 1546 年 2 月 13 日，加尔文在给法莱尔的信中写道："如果他来的话，只要我还有点权威，就绝不会让他活着离开。"③

加尔文虽然不再与塞维图斯通信，但一直在关注他的动向，也十分清楚他的情况。所以，尽管塞维图斯没有在书里署名，加尔文还是很容易地就看出他就是作者。就在该书出版后不久，一个事件导致了塞维图斯在维也纳的案发及被审判。当时，在日内瓦有一位姓德特里（William de Trie，著名的人文主义者纪尧姆·比代的女婿）的维也纳人，他皈依了新教，但他在维也纳的表兄弟阿尔尼（Arney）一直劝他回到公教的怀抱。在加尔文的授意下，德特里在回信反击公教的同时，专门提到隐居维也纳的塞维图斯及其著作，

---

① Theodore Beza, *The Life of John Calvin*, trans., Henry Beveridge, Philadelphia: The Westminster Press, 1909, p. 12.

② Henry Beveridge, Jules Bonnet eds., *Selected works of John Calvin: Tracts and Letters*, Vol. 5, Albany, OR: Ages Software, 1997, Letters 1545 – 1553, 153.

③ Ibid., Vol. 5, Letters 1545 – 1553, 154.

还寄去了塞维图斯著作的部分内容。阿尔尼遂向驻地的宗教裁判官奥利（Matthew Ory）告发了塞维图斯。1553年3月16日，宗教裁判官等询问了塞维图斯，但他否认了指控。随后，在阿尔尼的请求下，德特里还把塞维图斯写给加尔文的书信寄往维也纳，同时告发了该书的出版者。4月4日，维也纳当局逮捕了书商阿尔诺莱，同时诱捕了塞维图斯。塞维图斯在5日和6日受到教俗联合委员会的审问，他拒不承认自己是《三位一体的错误》一书的作者，但承认以塞维图斯的名义给加尔文写过信，只是为了与他讨论问题。4月7日，他从监狱逃跑。随后他的书被没收，他也被判向多芬尼王（Dauphiny）缴纳1000里弗尔罚金。一旦被抓获，将把他与他的著作一起放到囚笼里，在城市的集市日公开示众，然后用慢火活活烧死，直到身体化为灰烬。1553年6月17日，维也纳市执行判决，将他的肖像连同5本书一起焚毁。

几个月后，从维也纳出逃的塞维图斯来到了日内瓦。塞维图斯为何来到日内瓦，学术界有不同的看法。有人认为，他只是途经此地①，可能打算到那不勒斯避难；也有人认为，他想到这里避难。塞维图斯认为，日内瓦是一个安全的自由之地，因为这里有大量的法国新教徒在此避难，在这里可以免受公教的制裁与迫害。此外，按照一些学者的说法，塞维图斯不是在到达当日被捕的，而是在日内瓦秘密居住了一个月后。加尔文与塞维图斯虽然彼此熟悉，但并未见过面。他第一次在教堂出现，就被认出，这也不太符合常理。更可能的是加尔文提前掌握了他的行踪，这从另一个侧面说明他已在日内瓦居住了一段时间。如果仅仅是途经，那就没有必要停留这么长时间。考虑到他在与加尔文的通信中多次表达过希望到日内瓦来的想法，后一种说法的可信度更高些。当然，他显然没有意识到加尔文对他的态度，也不可能得知加尔文要消灭他的誓言。

---

① Theodore Beza, *The Life of John Calvin*, p. 61.

1553年8月13日，塞维图斯出现在加尔文布道的圣皮埃尔教堂，他被人认出并遭到逮捕。塞维图斯被捕后，按照当时日内瓦的司法程序，刑事犯要有一位起诉人，为了保证当事者的利益，起诉者必须与被告一起关进监狱，直到证明被告的罪名成立，才能解除监禁。加尔文作为整个事件的操作者，自然是最合适的人选，但从实际情况来看，无论他的身体还是工作都不太合适。这样，加尔文就指派自己的秘书尼古拉斯·德·拉·方丹作为原告（后改为他自己的弟弟安东尼·加尔文），而他本人则亲自起草了诉状，向日内瓦法庭提起诉讼。1553年8月14日，议会法庭正式受理案件。

加尔文对塞维图斯的指控共有38条，主要的罪名就是传播错误的观点，犯有异端罪。主要有以下几个方面。第一，散布关于三位一体的谣言（第8—10条，第17—18条，第26—27条）：认为信仰一个本体三个位格是将神变成了四个神；如果强调神本质的三个不同区分，则是将神分为三部分，出现一个三头的怪物；攻击和污蔑古代教父和当时的神学家如梅兰希通等；神的本质中没有圣灵，信仰三位一体的人是无神论者；信仰神本质区分的人肢解了神；神是独一的整体。第二，否认耶稣基督永恒的神性（第11—16条，第19—25条；）：否认耶稣基督是神之子（除在玛利亚体内有圣灵感孕外）；否认耶稣基督是神之道；认为耶稣基督之所以是神，是因为神使然；耶稣基督的肉体来自天和神的本质，他的神性是在被造为人的时刻植入的，后来则在五旬节那天在精神上交通给使徒们；所谓的耶稣基督与父同质，指的是在耶稣基督这个人身上，具有作为神的同样的三位一体、权能和意志，而非神之道居住并停留在其本之内；神之道不过是耶稣基督的肉体；耶稣基督肉体和灵魂的本质就是道德神性和呼吸，是由神呼入的；如果耶稣基督是神之子是出于人性之外的原因，是神的本质使然，那么他就不会真的死亡了。因为如果他死了的话，就不再是神了；耶稣基督是神的儿子，是因为他具有作为父亲的神的本质的成分：火、气、水。作为人的基督和升天后的基督是不同的。第三，关于灵魂的错误观点（第27—31

条，第38条）：人类的灵魂因亚当的罪与肉体一起死亡；耶稣基督升天后，他的灵魂已灭，唯一不灭的是一个根本性的呼吸，这是他升天后的本质，也是圣灵的本质；神是人的一部分，人是其灵的一部分，人的灵魂是神之道的本质种子；人的灵魂有许多神的属性，因而与神具有相似性。第四，否认儿童洗礼（第32—24条），认为儿童无罪，在成年之前不可能得救赎，在20岁之前也不可能犯死罪；与此相应，儿童的洗礼是一个魔鬼的杜撰，是破坏基督教的工具。第五，恶毒攻击加尔文及其著作（第39—40条）①。

在日内瓦的庭审中，塞维图斯曾经提出，自己的案子是关于教义方面的，不能由刑事法庭审理，同时自己是外国人，希望请一位代理，但被驳回。日内瓦法庭致信维也纳，请求将其卷宗送到日内瓦，但被拒绝。维也纳希望将他引渡回去，按照原来的判决执行。由于他拒绝引渡，案件在日内瓦继续审理，虽然他写了很多申诉，但最终没有奏效。

由于加尔文此时与当政的"放纵派"矛盾正深，塞维图斯案的审理及结果在一定程度上受到了内部政治斗争的影响。② 放纵派试图利用塞维图斯把加尔文赶出日内瓦，因此希望塞维图斯与加尔文进行辩论。塞维图斯则乘机指控加尔文犯了异端的错误，要求法庭判处他死刑。③ 在加尔文的抗议之下，塞维图斯被剥夺了辩护的机会和权利。与此同时，法庭还就此事征求了苏黎世、巴塞尔、沙夫豪森、伯尔尼等城市的意见。在得到这些地方的肯定意见后，法庭以异端

---

① *The Complaint of Nicholas de la Fontaine Against Servetus*, pp. 12 – 16. 加尔文除了在1554年专门撰文反驳塞维图斯的观点外，还在《基督教要义》论述三位一体、灵魂、基督、洗礼等章节集中批判了他。

② T. H. L. Parker, *John Calvin, A Biography*, pp. 151 – 152.

③ 塞维图斯可能与日内瓦城里的放纵派有联系，并寄希望通过后者除掉加尔文。他在写的申诉中指控加尔文作为牧师不应该用刑事手段解决教义问题，同时指控他犯了与行邪术的西门（Simon Magus）一样的错误，应该处死。塞氏的三份申诉见：Joy Kleinstuber, "An Eye for an Eye: A Petition Written by Michael Servetus in Prison", *Reformation & Renaissance Review*, Vol. 11, No. 2, 2009, pp. 221 – 231.

罪判处他"与你出版和撰写的书籍一起活活烧死,直到你的身体化为灰烬。你的日子将到尽头,你也将成为其他想效法你行为的人的一个例子"。加尔文虽然同意处死塞维图斯,但觉得不宜判处火刑,建议改判杀头,遭到法庭的拒绝。① 1553年10月27日,塞维图斯在日内瓦被活活烧死。12月23日,维也纳宗教法庭追加了对他的火刑判罚。

日内瓦政府处死塞维图斯的行为,引发了一场争论,该如何对待"异端"? 世俗政府有没有权力以武力惩罚异端? 在这个问题上,有三种观点。第一种观点认为,异端应该受到武力的惩罚,但是不应该处死。第二种观点认为,异端的性质问题并不能从《圣经》里面得到确证,从学术的角度来说,对于宗教的所有问题做出判断也是合法的,不应该受到惩罚;如果真要惩罚的话,那也只能由神亲自实施,世俗政权并无这方面的权力。卡斯特里奥和索西尼(Laelius Socinus)是这派的主要代表。按照贝扎的说法,主张不惩罚的人有一些,其中不乏所谓的好人。这些人担心的主要不是异端,而是担心处罚异端成为僭政的神圣借口②。以加尔文为代表的第三种观点认为,世俗政府不但有权力而且有义务处死异端,以捍卫宗教的纯洁,这是世俗政府的神圣职责之一。第二年(1554),加尔文为了证明处死塞维图斯的合法性,专门撰文批驳了他的观点,说明世俗政府行为的合法性和必要性,还让他所有的同仁签了名。卡斯特里奥化名马丁·贝里奥斯(Martin Bellius)撰文反击加尔文。为了应对卡斯特里奥等人的批判,贝扎和约翰·诺克斯等也撰文进行反击。

---

① Henry Beveridge, Jules Bonnet eds., *Selected works of John Calvin: Tracts and Letters*, Vol. 5, Letters 1545 – 1553, 331.

② Theodore Beza, *The Life of John Calvin*, pp. 67 – 68.

第三节　加尔文与塞维图斯

虽然塞维图斯案引发了关于处罚异端方式的争论，总体而言，这个案件在当时并没有特殊的意义，应该说只是众多异端案件中的一个。随着争论的平息，塞维图斯案也就逐渐淡出了人们的视线。在当时的观念和法律下，无论公教还是新教，审判乃至烧死异端都是常见的。抛开公教不说，单从新教来看，类似的情况也并不少见。在日内瓦宗教法庭的卷宗里，异端罪并非罕见的字眼。意大利人甄塔勒（Valetin Gentile）也因为三位一体、救赎论等问题在1558年被日内瓦当局逮捕入狱，并在8月15日被判处死刑，只是在宣布悔改并放弃错误观点的前提下才死里逃生。1566年9月，他因为重复原先的错误被伯尔尼当局判处死刑。[①] 即便到17世纪，烧死异端的行为也不少见。1611年，英格兰以异端罪烧死了魏特曼（Edward Wightman）[②]。随着猎巫运动的兴起，在新旧大陆都有很多人被处以火刑。

不过，从历史的角度来看，这些案件无论在当时还是后来，都没有像塞维图斯案那样引发人们的强烈关注，也没有被赋予特殊的意义。在近现代欧洲，唯有塞维图斯案引发了持续而强烈的关注。这种关注不但改变了塞维图斯的历史地位，也同时改变了加尔文的历史命运。

塞维图斯的命运之所以在现代社会里面引发这么长久的关注，其中的一个重要论据就是他是一位被新教迫害的科学家。因为正是

[①] T. H. L. Parker, *John Calvin, A Biography*, pp. 153-154.

[②] Ian Atherton, David Como, "The Burning of Edward Wightman: Puritanism, Prelacy and the Politics of Heresy in Early Modern England", *English Historical Review*, Vol. 70, No. 489, December 2005, pp. 1215-1250.

在《基督教的复原》一书中，正确阐述了著名的血液微循环理论。塞维图斯在书里质疑了盖伦的观点，并提出了不同的解释。盖伦认为，血液穿过隔膜从右心室流向左心室。而塞维图斯认为是右心室的血先到肺部，在肺部经过氧化后再通过肺静脉回到左心室，由此流入动脉。在众多的评论中，恩格斯的论断最具有代表性。他曾经说："自然研究同开创了近代哲学的意大利伟大人物一道，把自己的殉道者送上了宗教裁判所的牢狱。值得注意的是，新教徒在迫害自由的自然研究方面超过了公教徒。塞尔维特（塞维图斯——引者注）正要发现血液循环过程的时候，加尔文便烧死了他，而且还活活地把他烤了两个钟头；而宗教裁判所能把乔尔丹诺·布鲁诺一下子烧死，至少已经是心满意足了。"①

客观来说，这些指责是有道理的。塞维图斯发现了血液微循环，这是事实。日内瓦，或者按大多数人的说法是加尔文，烧死了塞维图斯，这也是不容否认的事实。从现代的价值观来说，这种行为是绝对应该予以谴责的。加尔文的错误是显然的，不需要任何辩解。1903 年，加尔文派的信徒为了表明这一点，特地立碑纪念塞维图斯，就是最好的证明。但是，对于这个问题，如果仅仅从结果的角度做出对错的判断，就把问题简单化了。塞维图斯案的结果是确定的，但其具体的过程是复杂的。对于历史学者来说，对错的价值判断固然必要，但更重要的是分析对错产生的原因。要从当时的历史环境下入手，对事件进行客观辩证的分析，不能割裂历史事实，以形而上的价值观裁剪历史。只有这样，才能得出更加客观的认识。从这个意义上说，近现代的各种指责也是可以进一步分析的。

塞维图斯的血液微循环理论是在什么样的情况下提出的？他被处死，是否与其科学发现有关？加尔文是否真的反对科学？

值得注意的是，塞维图斯的理论并不是专门提出的，而是出现在一部神学著作中，这与当时的一些医学论著形成鲜明的对比。实

---

① 《马克思恩格斯选集》第 4 卷，人民出版社 1995 年版，第 262—263 页。

际上，他本人也曾经专门撰写过医学论著。对于这个重大发现，他为何不专门撰文进行阐述，而是放在神学著作中？这一点对于正确认识其理论很有必要。从其《基督教的复原》一书可以看出，塞维图斯这个理论的目的不在于血液循环乃至人体本身，而是神学，解剖学上的说明也不过是为了更好理解灵魂（soul）与精神（spirit）。①具体到该理论所出的部分而言，是为了认识人与神的关系，尤其是神的神灵（divine spirit）与人的灵（spirit）之间的关系。在塞维图斯看来，人的灵魂里面含有神的灵的成分，闪烁着神之灵的光芒，体现着神的智慧。人生命的开始和维持是神通过给人呼吸而实现的，神将神灵连同空气一起吹入亚当的鼻孔。塞维图斯认为，灵和呼吸实际是一个意思，因为在希伯来文中二者是相同的。不仅如此，灵就是空气。"神从空气中把神灵引入，一起引入混有灵自身的空气以及充满空气的神性之光。"由于神灵含有一种基本本质以及血液本质中的一些东西，因此，"受造的基督之灵在根本上是与圣灵的本质结合在一起的"②。

神之灵与人的灵是怎样发生关系的呢？塞维图斯认为，人的灵分为三种形式，即自然之灵（natural）、生命之灵（vital）和生气之灵（animal）。这三种形式并非三个灵，而是完整唯一的灵，其区别在于在人体中的位置不同。第一种灵是自然之灵，也就是血液，其位置在肝部和身体的静脉；第二种是生命之灵，其位置在心脏和身体的动脉；第三种是生气之灵，它像一束光，停留在大脑和神经中。心脏是生命的开始，神灵虽然从口和鼻孔传入，但对人的启示实际上延伸到心脏。心脏位于身体的中部，是热的源泉，是第一个活生生的东西。神灵在血液里，实际上神灵就是血液。而血液循环的过程就是灵在人体上运行的过程。③

---

① Michael Servetus, *The Restoration of Christianity*, p. 239.
② Ibid., pp. 237 – 238.
③ Ibid., pp. 240 – 241.

塞维图斯认为，人的生命之灵起源于左心室，它是一种由血液和受启示的空气混合而成的东西。生命之灵的形成并非一般认为的是由右心室穿过间隔到达左心室，而是经过肺，因为两个心室之间并不相通。血液由右心室达到肺部，经过净化的血液在肺部与受启示的空气混合，在肺静脉里形成混合，再传输到左心室，形成生命之灵。生命之灵从左心室流到全身的动脉，经过层层净化，到达大脑底部，靠近理性灵魂的特殊位置，并开始由生命之灵形成生气之灵。生气之灵经过细小动脉血管及脉络丛进一步流到动脉末端，后者通过脑膜与神经相连，神经的末端具有知觉能力，也是生气之灵的目的地。生气之灵通过脑膜，像一束光传到人的眼睛和其他感官。这种传输是双向的，外部事物的图像通过感觉，以灵为媒介，传到人体内部。①

从其理论可以看出，塞维图斯对于肺循环的发现并非研究的目的，而是为了表明神之灵如何进入人体内，又是如何在人体运行和变化的。对塞维图斯而言，纠正和改进盖伦的理论，只是为灵的运行找到一条正确的道路。他本人也没有太在意这个发现，更没意识到其在科学上的意义；其研究的动机还是宗教的，为了探讨神的奥秘，以便更好地认识基督教的原理。作为科学发现的肺循环理论，只是神学研究的一个并不重要的副产品，甚至是没有意识到的副产品。这种认识特点与现代科学独立于宗教的探讨有着本质的区别。对于当时的人来说，科学并非独立的学科，而往往是与宗教神学联系在一起的。在他们看来，科学的手段只是认识神的工具，而对自然规律的认识与把握则表明人对神认识的加深。② 这可以从17世纪前后的一些代表性人物及其著作看出来。

在加尔文的起诉书中，并没有提到这一点，实际上，也不可能

---

① Michael Servetus, *The Restoration of Christianity*, p. 241ff..
② 刘林海：《论加尔文对现代自然科学的积极影响》，《聊城大学学报》（哲学社会科学版）2002年第3期。

提到这一点。他主要是因为反对三位一体等基督教的支柱理论而被处死的，其罪名与这个理论无关。肺循环理论在他的整个神学理论中只是一个微不足道的点，既不会对灵的运动的实质产生影响，也丝毫不会对其主要观点产生任何影响。如果说引起关注，充其量也只能算是一个医学上的争论。从实际的情况来看，这一点似乎也没有发生，因为没有人把它视为一本科学著作。由于他的著作被查禁，他的血液循环理论也没有引起人们的关注。在17世纪末以前，学术界一直认为血液循环理论的发现者是哈维，后者在1616年论证了血液循环理论。随着学术界对哈维观点的争论，关于血液循环的发现历程逐渐被学界所认识，塞维图斯的贡献也正是在这个过程中被发现的。到17世纪末，他也取代了西班牙人科伦布（Realdus Columbus），被视为第一个正确发现血液微循环原理的人①。

1686年，英国皇家学会的财务官希尔（Abraham Hill）从理发师—外科医生公司（Barber–Surgeon Company）老板伯纳德（Charles Bernard）那里得到塞维图斯著作的片段，并在学会的会议上宣读。伯纳德同时把该书的片段寄给了威尔士著名学者沃顿（William Wotton），后者在1694年出版的《关于古代与现代学术的思考》一书中指出塞维图斯是第一个发现血液微循环的人。这种观点随着科学研究的进步而逐渐普及，学术界对他的评价也发生了巨大的变化。塞维图斯由原来的被遗忘的异端一跃成为科学家，而且

---

① 塞氏的血液循环理论来源于何处，学术界有争论。有人认为他可能看到了13世纪大马士革的阿拉伯医学家伊本·阿纳菲（Ibn al Aafis）的论述，后者第一次阐述了血液循环的这个过程；也有人认为是他自己的独立发现。1556年，另一位西班牙医生巴尔维德（Juan de Valverde）也在自己的著作中阐述了血液循环理论，而后者是著名的学者科伦布的学生。科伦布在1559年的著作中提出，生命之灵产生于肺部，而他们二人都说是自己的独立发现。有些学者认为这是正确的，但是，也有学者不同意这种说法。主要理由在于巴尔维德当时是罗马宗教法庭首领托莱多枢机阿尔瓦雷兹（Alvarez）的私人医生，他有可能看到过塞维图斯的书。至于他们在书里面没有提到他，有可能因为害怕受到牵连。参阅 Joseph Schacht, "Ibn al-Nafis, Servetus and Colombo", *Al-Andalus*, Vol. 22, No. 2, 1957, pp. 317–338; Stephen Mason, "Religious Reform and the Pulmonary Transit of the Blood", *History of Science*, Vol. 41, 2003, pp. 459–471。

是一个受到迫害的科学家。在这个过程中，学术界对案件性质的认识也发生了变化，被重新定位为宗教与科学斗争的典型，尤其是新教对科学迫害的典型，并不断被放大，作为反对宗教的重要武器。到19世纪，这已经成为一个知识界的常识。塞维图斯身份的变化可以从他的传记中看出来。在18世纪以前，塞维图斯基本上是一个不太被人关注的人物。期间只有两种关于他的传记著作，一种是1554年加尔文的继承人贝扎为加尔文的辩护文；另一种是1608年出版的包括塞维图斯在内的17位再洗礼派异端的小传。1620年，荷兰出版了他的著作译本。到18世纪，学界对塞维图斯的兴趣大增。1724年和1728年，先后有两本传记出版。1730年，日内瓦政府秘书让·戈蒂埃在编撰日内瓦的历史时，首次对塞维图斯案表示异议。1756年，伏尔泰在日内瓦发表了《风俗论》，从思想及良心自由乃天赋人权的角度，把加尔文定为处死塞维图斯的罪魁祸首，说他"自立为新教的教皇"，嫉妒心强，是个暴君。① 随着关于他的传记的不断出现，他在科学研究方面的贡献也越来越受到重视②。

---

① ［法］伏尔泰：《风俗论》（中册），商务印书馆1997年版，520—521页。
② 据worldcat数据库目录所查，除了 Théodore de Bèze 的 *De haereticis a civili magistratu : puniendis libellus, adversus Martini Bellii [i. e. Sébastien Châteillon] ... Geneva : R. Stephani, 1554*（Latin）里面将塞氏作为异端；*Specvlvm anabaptistici fvroris : vivis quorum dam enthysiastarum, qui supra reliquos insigni temeritate, ac depudendi audaciâ eminere visi sunt, iconibus variegatum, & historicis descriptionibus illustratum : addita Michaelis Serveti effigies, ejusque haeresis.* by Christoffel van Sichem；（Latin）Lvgdvni - Batavorvm : Ex Typographio Henrici ab Haestens, M D CVIII［1608］里面有包括塞氏在内的17位异端的小传；目前已知关于塞氏的传记基本出现在18世纪以后。按照时间顺序，主要有以下几种：**拉丁文** Johann Lorenz Mosheim, Heinrich von Allwoerden, *Historia Michaelis Serveti quam praeside Io. Iavr. Moshemio... , Helmstadii : Stanno. Bucholtziano,*［1728］。**英文** Benjamin Hodges, *An impartial history of Michael Servetus, burnt alive at Geneva for heresie,* London : Printed for Aaron Ward, at the King's - Arms in Little - Britain. , 1724；Richard Wright, *An apology for Dr. Michael Servetus : including an account of his life,* 1806；Francis Adrian Van der Kemp, *Historical sketches on Calvin and Servetus : in letters to a friend,* by Philalethes : manuscript,［1812］；Martin Ruter, *A sketch of the life and doctrine of the celebrated John Calvin : including some facts relative to the burning of Servetus,* Portland［Me.］: Printed by A. & J. Shirley,

第六章　宗教改革时期基督教信仰的特点：以塞维图斯案为中心　　255

　　上述的分析可以表明，在当时的环境中，整个事件与塞维图斯的科学发现没有任何关系，无论塞维图斯还是加尔文在斗争中都没有提到它。在他们看来，这并不是科学与反科学的冲突，而是真理和谬误的冲突。在这个意义上，现代知识界的评论是不全面的，只看到了一面而忽略了另一面，割裂了具体的历史语境，将后世的观念强加于当时。实际上，无论塞维图斯还是加尔文都不反对科学。关于加尔文与科学研究的关系，近现代学术界的研究不但有力地反

（接上注）1814; William Hamilton Drummond, *The life of Michael Servetus: the Spanish physician, who, for the alleged crime of heresy, was entrapped, imprisoned, and burned by John Calvin the reformer, in the city of Geneva, October 27, 1553*, London: John Chapman, 1848; John Scott Porter, *Servetus and Calvin: three lectures on occasion of the three-hundreth anniversary of the death of Michael Servetus, who, on the 27th of October, 1553, was burnt alive for heresy at the instigation of John Calvin*, London: Edward T. Whitfield, 1854; John Scott Porter, Letter to the Rev. William D. Killen, D. D., on his defence of John Calvin in the case of Michael Servetus, London: Edward T. Whitfield, 1854; Robert Willis, *Servetus and Calvin: a study of an important epoch in the early history of the reformation*, London: H. S. King, 1877; Philip Schaff, *Calvin and Servetus*, Philadelphia: Reformed Church Publication Board, 1893; Charles W Shields, *Trial of Servetus by the Senate of Geneva: A review of the official records and contemporaneous writings*. Philadelphia: MacCalla, 1893; Roland Herbert Bainton, *Hunted heretic; the life and death of Michael Servetus 1511-1553*, Boston, Beacon Press [1953]; Marian Hillar, *The case of Michael Servetus (1511-1553): the turning point in the struggle for freedom of conscience*, Lewiston: E. Mellen Press, 1997; Lawrence Goldstone, Nancy Goldstone, *Out of the flames: the strange journey of Michael Servetus and one of the rarest books in the world*, London: Century, 2003。德文 Gotthelf Theodor Hermann, *Calvin und Servedo; ein Trauerspiel*, Berlin, W. Adolf, 1852; Henri Tollin, *Die Entdeckung des Blutkreislaufs durch Michael Servet, 1511-1553*, Jena: H. Dufft, 1876; Henri Tollin, *Charakterbild Michael Servet's*, Berlin: Verlag von Carl Habel, 1876。法文 Jean-Jacob Deutschendorff, *Michel Servet*, Toulouse: A. Chauvin, 1871; E-J Savigné, *Le savant Michel Servet, victime de tous les fanatismes*, Vienne: Henri Martin, 1907。荷兰文 Antonius van der Linde, *Michael Servet: een brandoffer der gereformeerde inquisitie*, Groningen: P. Noordhoff, 1891。西班牙文 Segismundo Pey Ordeix, *Miguel Servet; el sabio víctima de la universidad, el santo Víctima de las iglesias su vida, su conciencia, su proceso, su vindicación*, Madrid: [s. n], [s. a.]; D Pedro Gonzalez de Velasco, *Miguel Servet: memoria leida el dia 27 de octubre de 1880*, Madrid: V. Saiz, 1880; Pablo De Amallo y Manget, *Historia crítica de Miguel Servet*, Madrid: F. Pinto, 1888; Germán González de Zavala, Joaquín López Arístegui, Pompeyo Gener, *Miguel Servet: tragedia en tres Actos*, Madrid: Est. Tipográfico, 1915。20 世纪 20 年代以后，西班牙文的传记猛增，其中的一本则是 Antonio Martínez Tomás, *Miguel Servet: un martir de la ciencia*, Barcelona: Araluce, [193-?]。

驳了其反对科学的观点,而且充分表明了他对于现代科学研究的积极促进作用。① 他认为,神的伟大与荣耀都体现在自然的秩序中,而科学研究则是认识神创世智慧及秘密的手段。"神在整个宇宙的工艺中显示他自己并每天展示给人类。……对我们来说,宇宙精巧的秩序性便是我们的一面镜子,藉此沉思无形的神。"② 科学的进步与信仰的加深有着内在的关联。科学的研究不是独立的,它是服务于神学的,或者是有神学目的的。如果从当时的科学与神学的关系来看,无论加尔文还是塞维图斯都不会否认这一点。

加尔文受到指责的第二点是他出于私愤除掉了塞维图斯。论者大都认为加尔文之所以要处死塞维图斯,在于后者冒犯了前者的尊严。塞维图斯一方面对其理论和观点进行辛辣的批判;另一方面对他的学术不屑一顾,加上在通信和著作批注中的尖刻乃至恶毒的用词,这些都激怒了加尔文,使他公报私仇,置塞维图斯于死地。如果塞维图斯能以谦卑的姿态向加尔文承认错误,并对他足够的尊重,这两个敌人就能化敌为友,共同把宗教改革推向一个新的高度。③ 这种貌似正确的立场,实际上既曲解了加尔文,也曲解了塞维图斯,更缺乏对时代的正确认识。

不能否认,个人因素在塞维图斯案中起了一定的作用,对他起诉的罪名里面就有对加尔文等人的攻击。但如果说加尔文因此要塞维图斯的命,那是不客观、不正确的。加尔文的一生遇到过很多学术论敌,如卡斯特里奥和波尔塞克,他们曾经就加尔文最坚持的绝对预定论与他发生激烈论战,其冲突并不亚于塞维图斯与加尔文的矛盾。但这些人并没有被处死,也没有被冠以异端的罪名(他们被

---

① [荷兰] R. 霍伊卡:《宗教与现代科学的兴起》,四川人民出版社1991年版,第146页。Owen Gingerich, "Did the Reformers Reject Copernicus?" *Christian History*, Vol. 21, No. 4, 2002, pp. 22 - 23;刘林海:《论加尔文对现代自然科学的积极影响》,《聊城大学学报》(哲学社会科学版)2002年第2期。

② John Calvin, *The Institute of the Christian Religion*, I. v. 1.

③ William Hamilton Drummond, *The Life of Michael Servetus*, pp. 28 - 29.

迫离开日内瓦）。按照这些论断，手握生杀大权的加尔文完全可以将他们除掉。但实际并非如此，从当时日内瓦的制度来看，加尔文作为一个牧师，是没有行政权力的，他也坚决反对这样做。他坚持认为世俗权力与教会权力分开，教会负责精神上的事务，有对信徒进行精神处罚的权力，最高是绝罚，教会没有也不应该拥有武力惩罚的权力。而世俗政府则负责精神事务之外的社会正义和公共秩序，包括对罪犯的审判和肉体上的处罚。当然，世俗政府有义务拥护并保护对神的外在崇拜，捍卫合理的教义和教会的地位。[①] 按照惯例，异端罪是刑事案件，要由世俗政府审判，加尔文无权干涉，更不能左右判决结果，连他的改变处死塞维图斯方式的请求都没有被满足。

导致塞维图斯命运悲剧的深层次原因是这个时代的真理观。无论对塞维图斯还是加尔文来说，坚持自己的观点不仅仅意味着信仰的纯正，而且意味着坚持真理。真理是神给人的启示，认识真理就意味着对神认识的进一步，真理必须坚持。相反，错误的观点意味着邪恶，就是对神之道的错误认识或背叛，会对正确的信仰和基督徒生活带来危害，这就是所谓的异端，必须予以消灭。在当事人看来，这些并非可有可无，也并非可以共存的，而是非此即彼的。真理与谬误不能共存。加尔文认为自己是真理的掌握者，塞维图斯也是一样。加尔文等新教神学家认为塞维图斯是异端，塞维图斯同样视他们为异端。正因如此，塞维图斯在日内瓦受审之初曾经说，他与加尔文之间不是你死就是我活，无论谁只要被证明为异端，就应当受死。宗教改革时期，对真理的这种认识是普遍存在于基督教各个派别的，就连倍受公教和新教共同迫害的再洗礼派也不例外。虽然再洗礼派受到严厉的迫害，但他们并未像人们后来认为的那样具有一种宽容精神，而是同样认为，只有他们的认识才是对的，除他

---

① John Calvin, *The Institute of the Christian Religion*, IV. xx. 2.

们以外的所有人都将灭亡。① 在这种观念的主导下，对当时的人来说，除掉异端并非杀死一个人，而是捍卫真理、维护信仰的纯正，是合法正义的事业，而且是一个真基督徒责无旁贷的事业。对于被处死的人来说，也因为自己为真理而献身，而具有了非同寻常的意义。这恰恰可以解释加尔文为何一方面力主处死塞维图斯，另一方面却一直在不断鼓励里昂的五位被捕的新教徒，希望他们勇敢面对死亡，在神面前表明自己的真信仰。②

第四节 正统与异端

塞维图斯不但被塑造为一位科学的勇士，而且被视为追求信仰自由的先驱。随着基督教内部宗教宽容呼声的高涨以及启蒙运动的兴起，知识界对他的这个形象的塑造也在延续，并在第二次世界大战期间达到一个新的高度，至今没有停止。值得关注的是，塞维图斯地位的上升是与加尔文的地位的下降相辅相成的。在这个过程中，加尔文从一位正统信仰的捍卫者逐渐蜕变为一个日内瓦的暴君、新教教皇、信仰自由和科学的迫害者。③

塞维图斯是否是信仰自由的追求者？加尔文是否是信仰自由的迫害者？该如何理解这个时期的信仰自由？这也需要立足当时的环境辩证地分析。要深入了解认识这个问题，首先就要分析宗教改革时期基督教各派对异端的态度。

异端一词出自希腊文αίρεσι，本意为"选择"，主要指在宗教信条方面与既定的信条冲突的观念和行为。基督教兴起之后，就把与

---

① A. G. Dickens and John M. Tonkin, *Reformation in Historical Thought*, pp. 226–227.

② Henry Beveridge, Jules Bonnet eds., *Selected Works of John Calvin: Tracts and Letters*, Vol. 5, Letter 296, 310, 318, 320.

③ 参见刘林海《加尔文思想研究》，第264—269页。

正统观念相左的观点称为异端。早期教会内部对异端采取绝罚、逐出的政策，除了精神上的惩罚外，并没有其他的附加惩罚。但是，随着教会与国家关系的变化，对异端的态度也发生了变化。君士坦丁大帝皈依之后，世俗政权进一步参与教会事务，而异端则不仅仅意味着宗教上的错误，而且同时意味着触犯了世俗的法律，要受到精神和肉体上的双重惩罚。382 年，狄奥多西一世规定，异端罪要处以死刑（capital）[①]。查士丁尼一世时期，规定将异端处以火刑。此后随着教俗权力的进一步融合以及基督教在欧洲的不断普及，对异端进行世俗的惩罚就被视为正常的现象，异端罪也就意味着同时受到教会和世俗双重惩罚。虽然有人对用武力处罚异端提出异议，但武力方式却得到教会和世俗政府的一致认可。1184 年，教皇在卢西奥斯三世（Lucius III，1181—1185）维罗纳会议上要求各地的教俗人士全力搜捕异端，并将他们交由世俗政权进行惩罚。[②] 到 13 世纪，用火刑处死异端则逐渐成为通则。1215 年的第四次拉特兰公会议重申了维罗纳会议的精神，规定教会对异端实行绝罚、诅咒，然后将他们交给世俗政权处罚。按照规定，异端的财产要被没收，教会神职人员则先剥夺职位，其财产由教会充公，其本人也被处死。世俗政权的负责者有义务全力消灭自己领地内教会指出的异端，违反者要受到严厉的惩罚。该次会议还规定，尽管教会可以从信仰的角度宣布对异端的处罚，但在世俗政权对异端的审判过程中，神职人员不得参与起草、宣布、参与和执行对异端的死刑；这些事务由世俗政权独立负责。[③] 此后，随着地方宗教法庭的建立，对异端的搜

[①] Clyde Pharr trans. , *Theodosian Code*, XVI. 5.9, New Jersey: Princeton University Press, 1952, p. 452.

[②] 一般认为，正是在这次会议上，教皇做出了将异端交由世俗政权处以火刑的规定，但会议的决议教皇的诏书（Ad abolendam）里面并没有明确提到火刑，只是说由世俗政府对他们进行应得的惩罚（animadversio debita/due penalty）。

[③] Fourth Lateran council, Constitutions18, Norman P. Tanner ed. , *Decrees of the Ecumenical Councils*, Vol. 1, p. 233.

捕与审判也趋于固定,那些被宗教法庭定为异端的则交由世俗政权审判并判处火刑。

宗教改革时期,虽然新教对公教的权威尤其是处罚异端的行为表示愤慨,但在异端问题上基本上延续了传统的观念,那就是在宗教问题上确实存在异端。对于新教改革家来说,问题的关键不在于是否存在异端,而在于如何处置异端。

马丁·路德曾经被视为坚决反对武力惩罚异端的代表。他认为,异端作为精神领域的事情,任何人不能做出判罚,也不能使用武力,只有神才有这个权力。但是随着宗教改革的推进,尤其是农民战争的爆发,路德公开呼吁诸侯采取武力。这个转变在很多学者看来,使路德走上了另外一条道路。但是,按照汤普逊的说法,路德的转变表面看来是态度的转变,但在本质上却有着内在的一致性,他始终没有放弃在信仰上反对使用武力的观点①。路德虽然反对武力压制信仰,但绝对反对信仰自由,而是将与他不同的观点视为错误的,是撒旦的象征。他也不主张良心自由,良心自由是在神之道的启示和领导下的,否则就不是真正的自由。他对自由的支持是建立在消极基础之上的,"他既不相信信仰自由或良心自由,更不相信真理的相对性或不确定性"②。路德在《论世俗权威》中说:"世俗政府的法律只能限于肉体、财物以及外在的尘世的事情。但在涉及灵魂的地方,神就不允许他自己外的任何人统治了。因此,一旦世俗政府自己为灵魂立法,就是僭越了【属于】神政府的权力,就只能引诱毁坏灵魂。"③ 在他看来,信仰是精神领域的事,属于精神王国而非世俗王国的权力范畴。世俗王国只能控制人的身体,而无法约束人的灵魂。而精神上的事情是无法用武力解决的,也就是说,武力不

---

① W. D. J. Cargill Thompson, *The Political Thought of Martin Luther*, Sussex: The Harvester Press, 1984, p. 155.

② Ibid., pp. 155-162.

③ Harro Höpfl trans., *Luther and Calvin on Secular Authority*, Cambridge: Cambridge University Press, 1991, p. 23.

能解决任何问题，不能使他们屈服，只能毁坏灵魂。武力是无效的，而非不应该的。对异端使用武力在法理上讲是可以的应该的，但从效果上看是没有用的，不能达到预期的效果，不但不能起到校正作用，只能使人更加伪善。精神或灵魂上的错误只能用精神的手段来改正，而宣讲神之道是重要的手段，这项职责是由教会承担的。路德认为世俗政权无权武力处罚错误信仰，但有责任惩罚亵渎基督的行为（如为死去的灵魂举行私人弥撒），而亵渎是针对神的一种公共罪行，是违反自然法的，属于世俗权威的范畴，并非私人的信仰，后来他还以此为理由要求政府镇压再洗礼派。所以，虽然路德在理论上不主张武力镇压异端，但在现实环境中他还是认可，甚至提倡武力行为，只不过是理论的依据发生了变化。

加尔文与路德有所不同，他不但在理论上而且在实践上明确主张用武力镇压异端。虽然他将精神和世俗分开，但在很多的宗教事务上他并不认为是精神性的，而是社会性的，世俗政府负有责任，他在《基督教要义》和反驳塞维图斯的著作中都明确提出了这个观点。加尔文认为，虽然世俗政府不能插手属于教会主权的精神事务，但作为神设立的两个服务于神的机构之一，它是有宗教责任和义务的，世俗政府必须"阻止偶像崇拜、亵渎神的名字、辱骂他的真理，以及其他违反宗教的公共罪行在人民中的兴起和传播"[1]。从加尔文所列的这些项目来看，这些东西不是单纯的宗教事务，而是公事，关系到整个共同体的安危，理所当然的应该受到惩罚。如果考虑到路德后来理论基础的转变可以看出，双方在理解上是一致的。

同样，在塞维图斯的著作里面，也存在着浓厚的异端观念。实际上，在他看来，所有与他的观点不一致的都是异端，而他的使命就是与他们作斗争，并战胜之。异端是他用来攻击加尔文的最常用的武器。

作为反对武力惩罚异端、提倡宗教宽容的主要代表的卡斯特里

---

[1] John Calvin, *The Institute of the Christian Religion*, IV. xx. 3.

奥，实际上也没有否定异端的存在。他认为异端不能用武力惩罚，这个权力在于神。这表明他是肯定异端的存在的，他与加尔文的分歧不在于是否存在，而是在于如何处置，他认为基督教内部，只要不否认最基本的信条，就不能成为异端，基督教各派应该相互团结、相互宽容。但是，一旦超出了基本的范畴，就应该受到世俗政府惩罚。不是因为异端，而是因为非宗教（irreligion）。

从宗教改革时期来看，异端的概念是普遍存在的。除了卡斯特里奥等少数人呼吁宽容异端外，社会上赞成武力的还是占据绝对多数，与以往没有本质的区别。所不同的是，各派判定的异端的标准不同。公教依据的是《圣经》、传统教义及教皇的法令，新教依据的是《圣经》和早期教会传统，而在这两者之外的极端派别和一些个体知识分子如塞维图斯依据的则是《圣经》，而《圣经》是这三者中的共同项。但如前所述，对于《圣经》的认识和解释也存在差异。

异端罪虽然在人的观念中是非常普遍的，但是在具体环境中其表现形态是不一样的，被判为异端的个体或群体的命运也是迥异的。异端虽然是宗教上的罪行，但真正决定异端群体或者个人命运的并非宗教信条，而是现实的政治环境。包括马丁·路德、亨利八世、伊丽莎白一世在内的很多人物实际上已经被公教宣布为异端，按照当时的法律，是人人得而诛之的。但是，在现实的环境中，他们却受到了保护，并没有被视为异端。同样，索西尼派因为反对三位一体而被公教和新教定为异端，但他们因为受到波兰王权的庇护而生存下来，并成为基督教的一支重要力量。相反，塞维图斯因为没有得到世俗政权的支持或庇护而丧命。这些事实表明，所谓的异端不过是政治较量的另一种形式，决定胜负的不是教义，而是政治势力。当然，基督教内部关于异端的判定标准已经有了变化，与拉丁教会一统时的情况有了显著的区别。在那个时代，被判为异端的人很少能逃脱处罚。而在宗教改革时代，即便是反对正统的三位一体理论的人，也有可能生存下来。这毕竟是一种进步。

不仅如此，宗教改革时期在教俗关系上还没有做到真正的分离。

在这个时期，宗教上的罪行不仅仅违反了教会法，应当受到教会的处罚，而且违反了世俗的法律，因此，惩罚宗教犯罪是世俗政府责无旁贷的义务。绝大多数神学家认为，政府与教会之间的关系并不是彻底分离，而是密切合作或政府领导教会。加尔文认为，教会与政府的关系应以古代教会为典范，各司其职，密切配合，实行分权与合作，教会负责宗教上的惩罚（劝诫、绝罚），是纯精神性的，但不使用武力；政府则必须用武力捍卫基督教的纯正，在精神惩罚的基础上根据相关法律，实施肉体的惩罚，与精神无关。[①] 日内瓦宗教法庭的建立与运作就是以这个理论为基础的。加尔文与日内瓦市政府关于绝罚权的冲突的根源也在此，加尔文坚持绝罚权在教会，市政府则希望把持这项权力。其实，政府控制宗教是一种普遍现象，慈温利在苏黎世改革的时候，就认为政教关系是一回事，宗教、道德和政治合一。他还认为，基督徒官吏在基督徒的共同体内是最高权威，连宗教事务也不例外，教会的裁判权必须从属于政府，教会的绝罚权也由官吏实施。[②] 伯尔尼教会也基本如此，并没有像加尔文那样区分各自的权力。政教完全分离的思想倒是在路德那里有所体现，他在1523年的《论世俗权威》一文中提出，两个王国（神的王国和世俗王国）和两种政府（精神政府和世俗政府）理论，为政教分离思想奠定了基础。世俗政府的权限只限于"身体、财物和外在的俗务"，精神政府专司人的灵魂。[③] 两种政府缺一不可，但又不同，精神政府以圣灵为统治工具，它绝不允许使用武力，确保信仰自由，反对强迫。虽然路德的观点具有积极的理论意义，但如上所述，根

---

① 参见刘林海《分权与合作——加尔文政教关系理论浅析》，《常德师范学院学报》（哲学社会科学版）2002年第2期。

② J. Wayne Baker, "Christian Discipline and the Early Reformed Tradition", in Robert V. Schnucker ed., *Calviniana: Ideas and Influence of Jean Calvin*, Kirksville: Sixteenth Century Journal Publishers, 1988, pp. 107 – 121.

③ Martin Luther, "On Secular Authority", in Harro Höpfl trans., *Luther and Calvin on Secular Authority*, p. 23.

本没能付诸实施。宗教改革并非要阻断世俗政府在宗教事务方面的权力，实现政教彻底分离，只是对它的权限进行重新界定。

从对异端和教俗关系的理解上可以看出，宗教改革时期的信仰自由是非常有限的。基督教是以异教的身份出现在罗马帝国境内的，也经历了争取自由的过程。公元4世纪初，基督教取得了合法的地位，与政府的关系也日益密切。392年，狄奥多西一世正式定基督教为国教，从法律上否定了其他宗教存在的合法性，基督教成为罗马帝国统治机构的有机组成部分，宗教异端也作为重罪列入罗马法典。基督教自诩为唯一正确的宗教，视其他宗教为"异教"，需要接受其归化。随着基督教在欧洲的普及，教会控制了欧洲的精神乃至世俗领域，基督教信仰也成为自然（强制性）的事，从个人的角度来说，并不存在选择信仰的问题，除非冒生命危险。不仅如此，个人的信仰还必须与官方的教义保持一致，否则同样面临精神与肉体双重惩罚的危险。基督教本身的特点以及它在欧洲中世纪社会中的地位，使得信仰自由与宽容不可能实现。

宗教改革对罗马教会独霸西欧的现实提出了挑战，良心自由成为新教反对罗马教会的口号，但这并不意味着信仰的完全自由，无论罗马教会还是新教会都如此。对16世纪的绝大多数人来说，对基督教及其信仰的理解在本质上与以前没有区别。基督教仍是最高真理，宗教上的得救仍是人生（人类）的最终目标，它关系到整个社会或世界，绝不是个人的私事，更不仅仅是个人道德生活的指南。对他们而言，基督徒有选择教派的自由（在很大程度上出于政治考虑），但没有选择不做基督徒的自由。对于宗教改革时代的基督徒来说，所谓的信仰自由还是以遵守官方教义为前提的，任何超越这个前提的公开举动，都将受到惩罚，罗马教会和新教概莫能外。公教会在宗教改革时期迫害的新教徒不计其数，新教同样对异端进行处罚。在这种前提下，所谓的宽容也具有很大的时代特点。有学者指出，"早期现代的宽容无疑要么……是失败者的信条，要么仅仅是局外者用宗教、政治及社会术语提倡的一种信念。……值得注意的是，出于政治上的考虑，许多本性上倾向于某种形式的宗教宽容的人，却激烈地反对宽容"①。

新教与罗马公教之间的宽容并非真正的理性的产物，在很大程度上是政治较量的后果，《奥格斯堡宗教和约》中的"谁的领地信奉谁的宗教"的原则是最好的证明，同样，法国、匈牙利、波兰、波希米亚、摩拉维亚等地的宗教宽容也是政治妥协的结果。此外，和约虽然确立了新教的合法地位，给予个人选择教派的自由，但是，仅限于罗马教会与路德派之间，新教的加尔文派不在其中，并不受法律的保护。因此，新教之间也不存在真正的宽容。不仅如此，路德教派先是与苏黎世的新教会存在教义分歧与论战，继而与以加尔文为代表的瑞士新教会就圣餐礼进行论战，甚至拒绝英国新教徒入境避难，双方相互攻讦，始终没能达成谅解。即便在瑞士内部，伯尔尼也曾经强求日内瓦采用他们的宗教礼仪。实际上，"至少到17世纪30年代，绝大多数撰文论述宽容的这个时期的作者，争取的仅仅是良心自由，偶尔涉及一些崇拜方面的有限的自由。他们的信念是，这种宽容最终有助于建立真正的和平与和谐。他们都认为，宗教上的多样性本身没有任何积极意义，只能在短期内予以宽容，为的是正确的信仰最终获胜"②。

新教的出现打破了一千多年来罗马公教会一统西欧的宗教局面，形成几大教派并立的格局，这无疑是宗教信仰自由进步的重要表现。但是，在对信仰自由与宽容的理解上，基本上与传统的观念没有分别，不但未能实现基督教与其他宗教的宽容，就连基督教内部在这方面也未完全实现。犹太教、伊斯兰教乃至其他宗教仍是"敌基督"的异教，要么接受归化，要么被彻底消灭③；宗教异端、巫术迷信、

---

① Ole Peter Grell and Bob Scrinbner eds., *Tolerance and Intolerance in the European Reformation*, Cambridge: Cambridge University Press, 1996, p. 4.

② Ibid., p. 6.

③ Carter Lindberg, *European Reformations*, Second edition pp. 361 – 366.

不奉国教者都不是宽容的对象。1689 年，英国颁布《宗教宽容法案》，但将所有反三位一体的教派和公教派排除在外，甚至连呼吁宽容的最著名的代表约翰·洛克，也未能做到彻底的宽容，在他的《论宗教宽容》中，无神论者与不奉国教者是不在其中的。[①] 对于那个时代的人来说，自由以信仰基督教，尤其是正确的基督教为前提，宽容是建立在正确的教义，尤其是基本教义基础之上的。政教彻底分离是很难想象的，世俗政府对宗教负有不可推卸的责任，侍奉神，用武力捍卫神的教会，"防止偶像崇拜、亵渎神的圣名、诅咒神的真理及其他公开的宗教犯罪行为的兴起与传播"[②]，既是古代法律（《查士丁尼法典》）的自然体现，也是一切都是荣耀神的理论的合理延伸。

从上面的论述可以看出，宗教改革时期无论在异端还是信仰自由问题上，都与传统的理论和实践没有本质的区别。虽然呈现出多样化的趋势，但仍然是非常有限的。对当时的基督徒来说，宗教信仰并非个人的私事，真正意义上的自由是不存在的。无论是塞维图斯，还是加尔文都不是信仰自由的卫士。

宗教改革时期欧洲基督教信仰的这种局面的出现有一定的必然性，与当时社会的一般特征和《圣经》在宗教乃至社会生活中的地位关系密切。在基督教没有成为官方的主导宗教之前，实际上并不存在武力惩罚异端的问题。从政治和法律的角度来说，武力惩罚权是世俗政权的，作为社会团体或者非法社团的基督教是不具备这个资格的。只是在它合法化尤其是国教化后，这种现象才成为可能。在这个时候，共同体的公民和教会的信徒重合了，这样教会的规矩和国家法律也自然会出现融合甚至混合的趋势。这一点在罗马的立

[①] Heiko A. Oberman, "The Travail of Tolerance: Containing Chaos in Early Modern Europe", in Ole Peter Grell and Bob Scrinbner eds., *Tolerance and Intolerance in the European Reformation*, pp. 15 - 16.

[②] John Calvin, *The Institute of the Christian Religion*, IV. xx. 3.

法中是有着体现的。4世纪末以后，世俗法律里面就包含了宗教方面的规定，宗教上的错误行为也被视为违反了世俗的法律，将受到世俗的惩罚。欧洲内部教徒与公民合一的现象在宗教改革时期并没有真正改变。社会成员中，除了犹太教徒和穆斯林外，其他成员均是基督徒，而犹太教和穆斯林是没有公民权的。宗教改革虽然使信仰多元化，但是基督教内的多元化。即便极端的派别，也仍然是属于这个范畴。公民与信徒之间还是合一的。这种合一性特点决定了其在本质上无法突破传统的教俗不分。只有随着公民与信徒的逐渐分离，教会的法规与国家的法律规范约束的对象呈现出不一致性时，教俗才有可能彻底分开，宗教信仰才有可能真正变成个人的私事，宗教上的异端才有可能不再受到武力的惩罚。

《圣经》作为基督徒生活和信仰的依据，在根本上决定了这个时期的改革的特征，也决定了宗教信仰及宗教宽容的限度。在《圣经》里面，并不存在真正的宽容。其一，无论《新约》还是《旧约》都是以真假宗教作为基本前提的。《旧约》里面的耶和华多次强调真神和假神的界限，凡是不信仰耶和华的，都是被他所抛弃的。《新约》里面的耶稣基督同样强调真假信仰的分别，同时告诫信徒提防假先知。可以说，不信者的存在是基督教存在的前提条件。其二，基督教内部始终有真假信仰之分。即便信仰他的，也有形式和实质的区别。只有那些内心真正信仰的，才能被他接纳。在《圣经》的话语里，并非所有的人都能做神的子民，神青睐的始终只是一部分人。另外，福音书里说，耶稣再次降临审判的时候，人们要被分为绵羊和山羊两个群体，右边的绵羊是得永生的，左边的山羊是得永刑的。(《马太福音》25：31—46)；又说"信而受洗的必然得救，不信的必然被定罪"（马可福音 16：16）。既然是一种罪，自然要受到惩罚。宗教改革时期，《圣经》不但是宗教信仰的依据，而且是社会和道德生活的指南，更是各种改革的理论基础。在这种理论的指导下，就很难有真正的宽容和信仰自由。

小　结

从对相关史实的梳理可以看出，塞维图斯之所以被处死，并非因为他的科学研究，他也并非信仰自由的卫士，而是因为他反对三位一体等基督教的教义。在公教和新教看来，这些理论是基督教的根本，不容否定。用武力惩罚异端，捍卫正统信仰，是基督徒的义务。

通过对塞维图斯案的分析可以看出，宗教改革时期，虽然基督教多元化格局已经出现，但基督教信仰的特点与以往相比并无质的不同。新教在异端、教俗关系、宗教宽容、信仰自由等方面，与同期的公教仍有许多相同之处。无论新教还是公教，都处罚甚至处死异端。这个时期的宗教宽容是非常有限的，严格意义上的信仰自由是不存在的。

塞维图斯案还揭示了历史与史学之间的张力。加尔文应该受到谴责，这是不争的事实，但是，对他的指责并不是完全公正的，有些甚至是错误的。同样，对塞维图斯的褒扬显然也是与历史不符的。处死塞维图斯既是加尔文个人的错误，又是他那个时代的错误与悲剧，让他一个人承受整个时代的错误，是不公正的。虽然进步、理性是启蒙思想家的大旗，但在自由宽容问题上，他们恰恰否定了它。自由与宽容在他们那里成了独立于历史之外的衡量一切的绝对不变的标准，加尔文和塞维图斯自然成了它的牺牲品。不仅如此，他们还把历史简单化了，以为新教就一定比罗马公教进步，好像罗马公教迫害镇压宗教异端是理所当然的，是无可指责的，新教的这些行为则是必遭谴责的。这不但歪曲了历史，同样也曲解了自由、宽容、进步等理念。自由、宽容、进步的原则是绝对的，但其内涵却总是具体的，总是与具体的历史环境密不可分。只有"抛弃永恒不变的也就是非历史的理性原则，代之以真实的历史环境及特殊的事件"①，才能获得一种更真实、更客观、更公正的历史认识。

---

① Heiko A. Oberman, "The Travail of Tolerance: Containing Chaos in Early Modern Europe", in Ole Peter Grell and Bob Scrinbner eds., *Tolerance and Intolerance in the European Reformation*, p. 17.

结　　论

　　16世纪欧洲的宗教改革是对社会危机的应对措施。虽然这场改革是针对拉丁基督教会腐败而发的，但教会的腐败实际是欧洲由传统向现代转型时期各种矛盾的缩影和集中体现。由于教会组织渗透到社会和个人生活的方方面面，腐败引发的矛盾也是全方位的，广泛存在与教俗之间、教会内部。教会的问题就是社会的问题，宗教的改革就是社会的改革。腐败不但给社会各界带来了沉重的负担，也严重损害了教会和教士阶层的形象，使得其宗教和道德楷模的理论与实践之间出现矛盾，也动摇了其灵魂救赎者的地位。

　　教廷的腐败和剥削遭到世俗政权和各地百姓的批判和反对，从而使得"首脑和成员"的彻底改革成为唯一的选择，社会各界也就此展开了探索。各种集体或个体的改革努力正是在这样的背景下出现的，应该说，新教与公教就是其中的两个代表。但是各派在如何改革上却存在很大的差异，这种差异性既体现在不同的群体之间，也存在于群体内部。教廷内部公会议派和教皇派以改革为阵地展开了斗争，随着教皇派的胜利，教廷自上而下的改革也陷于停顿。与此相反，自下而上的改革却不断高涨。各派的改革活动经过整合，逐渐形成新教、公教和激进改革派并存的局面。在宗教改革的过程中，世俗政权始终扮演着重要角色。教廷与世俗政权之间、世俗政权之间的复杂矛盾极大地影响了宗教改革的进程和结果。在很大程度上，宗教纷争成为各种权力斗争的工具。世俗政权的支持与否成为决定改革成败的关键。

　　《圣经》在宗教改革中占据重要地位，是研究和认识宗教改革历史的钥匙。宗教改革的理论突破始于《圣经》研究的革命。以伊拉斯谟为代表的《圣经》人文主义在《圣经》研究领域的革命，为宗教改革的理论革命奠定了基础。新教通过重新认识《圣经》，确立了有别于公教传统教义的理论基础。新教理论的发展是与《圣经》研究的推进相表里的，二者相互促进、相互支撑，《圣经》是宗教改革的有机组成部分。在改革的大潮中，公教与新教在《圣经》问题上逐渐走上了不同的道路。公教的《圣经》决议在本质上是对教会传统习惯的确认，延续了一元化的格局，教会仍然垄断着《圣经》的版本、流通、解释等权利。新教则形成了多元化的格局。他们主张从源头上认识和把握《圣经》，自由阅读，个人可以据《圣经》做出判断，激励推动方言《圣经》。虽然"唯有《圣经》"成为新教的旗帜，但这个原则并没有真正实现，实际上，传统仍然存在并发挥着重要作用。

　　宗教改革时期《圣经》认识的多元化带来的不仅仅是认识和理论上的分歧，而且在很大程度上决定了认识主体对于基督教以及教会改革的认识，也体现在具体的改革措施中。由《圣经》认识差异产生的分歧在具体的改革实践中成为教派分歧的理论支撑，并加剧了分歧。从这个角度来看，宗教改革时期宗教多元化格局的形成就是由于对《圣经》理解与认识的分歧造成的；这些分歧反过来又成为各派沟通或和解的障碍，进一步强化了多元化的教派格局。

　　面对危机和新教的挑战，公教会内部陷于停顿的改革活动重新高涨，特伦特宗教公会议是其高峰。特伦特公会议在很大程度上是公教会内部改革活动的继续，无论在议题上还是决议上都与以往没有本质区别。会议内部同样充满了各种矛盾。经过激烈的斗争，会议最终在神学、教义、礼仪等方面发布了相关教会法令，同时颁布了教会改革、个人道德改革的法令。公会议重新肯定并论证了公教会以往的理论与实践的合理与合法性，以区别于其他派别。严峻的现实决定了公教会只能采取在整体上确认的方式应对各种挑战，一旦承认既存的理论和实践存在错误，其自身存在的合法性就将失去，必将引发灾难性的后果。这种心态决定了公教改革的思路和具体措施。

虽然如此，特伦特公会议还是在许多方面做出了改变。特权的泛滥得到一定的遏制，部分特权被取消。主教驻地居住制度得到实施，同时兼任多份圣职和圣俸的行为也被禁止。教会的体制进一步完善，在人员组成、晋升、教会管理等方面都有了明确的规定，还出台了加强神职人员教育的计划，并注重培养教会的后备人才。个人道德的改革，尤其是教士和修士的行为规范也成为公会议改革的重点。特伦特宗教公会议奠定了现代公教会的发展基础，在这次会议上，公教与新教之间重新合一的努力以失败告终，从此彻底分道扬镳。经过改革，公教形成了以教皇为中心的教廷和以主教为中心的地方体制。教皇的至上权威彻底巩固，教廷的利益也没有受到伤害。在教皇的专权体制下，公教会形成了单一的制度。主教的权力大大加强。公教各国接受了会议在神学、教义、礼仪方面的决议，服从教廷的领导。但在教会改革方面，却遭到了大多数世俗政权的反对或抵制。虽然教廷在教俗关系上仍然坚持教权至上的理论，反对世俗政权任何侵犯教会权力的行为，但实际上已经无法实现这个目的了。在王权不断增长、教会民族化不断推进的大背景下，公教会在教会的管理和控制方面已经大大缩减了，世俗政权逐渐掌握了教会事务的直接管理权。它由一个超越世俗政权的跨区域组织逐渐变成意大利为中心的区域组织，其对各地教会的统治权也在丧失，由原来的直接变成间接的统治，其普世性内涵也逐渐发生变化。

在不同理论的指导下，新教与公教在教会圣礼方面也呈现出显著的差异。公教会肯定了传统的七礼的有效性，而新教则只承认洗礼和圣餐礼。二者分歧的直接原因在于对《圣经》及传统的理解不同。新教把《圣经》作为衡量是否是圣礼的标准。公教虽然不反对《圣经》依据，但更强调传统的有效性。圣礼分歧的深层原因在于其神学基础。新教以"唯信称义"为出发点，否定了善功在称义和救赎中的作用，尤其是将他们作为救赎资本或条件的理论。在新教看来，教会的各种腐败的源头恰恰在教会的称义理论。公教会提倡的善功称义理论被物化，直接与各种礼仪相联系，并以量化的形式体现出来，成为教会剥削和敛财的工具。由于这些东西在人的称义和救赎中没有任何作用，因此要取消。公教在与新教的对抗中，以善功称义为出发点，再次重申传统的有效性和必要性。尽管遭到各界的批判，传统的礼仪仍然被保留下来。信徒仍然可以通过交换或者购买的方式获得救赎的资本。不但公教与新教之间的圣礼存在差异，新教内部也有分歧。路德派和加尔文长期围绕圣餐礼的一些问题展开论战，并形成了不同的解释，这些都成为各自教派的显著特征。新教内部在圣礼方面的斗争成为各派联合的障碍，其中的原因既有对《圣经》理解方面的，也有国家和民族方面的。

面对困扰社会的贫困问题，新教和公教也都从理论和实践上寻找对策，并开展了较大规模的济贫改革。通过整合资源、资格审查、严格管理、禁止乞讨等措施，在一定程度上缓解了危机。济贫实践的改革伴随着对贫困及济贫观念上的改变，在这个过程中，贫困的积极含义消失，不再与个人的救赎相连。济贫行为也由原来的互惠向利他转变。这些行为不再是为个人的救赎积累资本，而是成为展示和体现基督徒兄弟之爱的明证。新教的"唯信称义"理论在这些转变中起到了关键的作用，对于济贫的理论和实践都具有重要的意义。

社会济贫活动曾经被视为宗教改革时期新教的专利，与现代西方福利社会有着内在的联系。与此相反，公教则被视为反面典型。实际上，在济贫改革方面，公教和新教都不约而同地在采取措施，公教的活动甚至比新教早得多。双方之所以都关注改革，主要原因在于这是超越宗教派别的共同的社会问题。虽然这些活动超越了教派的界限，但由于新教和公教在理论上的差异，双方在这方面还是表现出很大的不同。在新教地区，逐渐形成以世俗政权为主导、教会为辅助的局面，而在公教地区，则基本延续了教会的主导局面。

　　作为应对时代危机的不同路线，宗教改革时期的新教和公教虽然在很多方面有较大的差异，但二者还是具有一些共同之处，体现了转型时期的一般特征。

　　就济贫改革而言，宗教因素仍然占据主导地位，它仍然深深植根于济贫的每个环节。济贫的目的仍是宗教性的，对贫困根源等问题的认识也没有改变，贫困仍是神意，是人无法抗拒的。改革的目的不在于消除贫困，而是要借此展示对神的爱。在这些问题上，新教和公教也表现出了一致性，没有差别。

　　公教和新教的一致性还表现在对待信仰和异端的态度上。公教和新教虽然在称义问题上意见分歧，但在一些基本的神学问题上，如原罪、三位一体、基督的属性等基础理论，是一致的。在他们看来，这是基督教的根本，不容否定。所有违反者都应该受到惩罚。在这方面，塞维图斯是典型的例子。他因为否认传统的三位一体理论而先后被公教和新教定为异端，最终在新教的日内瓦被处以火刑。塞维图斯的悲剧折射出宗教改革时期拉丁基督教世界宗教信仰的一般特征：虽然基督教多元化格局已经出现，但在信仰上与以往相比并无质的不同。新教在异端、教俗关系、宗教宽容、信仰自由等方面，与同期的公教是异曲同工。无论新教还是公教，都力主处罚甚至处死异端。这个时期的宗教宽容是非常有限的，严格意义上的信仰自由也是不存在的。基督徒有义务用武力惩罚异端，捍卫正统信仰。这是绝大部分人的信条。

　　在这个意义上，宗教改革时期的新教和公教之间并无本质的差异，双方的不同更多是形式上的。面对共同的危机，新教和公教采取了不同的对策。虽然很难确切判定二者对策的实际效果，但不争的事实是，这两个教派都延续下来了，并得到不断发展，逐渐向现代过渡。这一点至少可以提醒研究者，肯定新教不能以简单否定公教为前提。

主要征引文献

说明：

本书目只列著作，文集中的单篇著作、期刊论文和采自网络的资料只在注释中出现，不再单独列出。

一 基本文献

Aquinas, Thomas, *The Summa Theologica*, trans., Laurence Shapcote Chicago: Encyclopedia Britannica, Inc., 2007.

Awdely, John, *The Fraternity of Vagabonds*; Harman, Thomas, *The Warning against Vagabonds* (in Kinney, Arthur ed., *Rogues, Vagabond & Beggars Sturdy: A New Gallery of Tudor and Early Stuart Rouge Literature exposing the lives, times, and cozening tricks of the Elizabethan underworld*, Dartmouth: The University of Massachusetts Press, 1990.

Bachmann, E. T., ed., *Luther's Works*, Vol. 35, Philadelphia: Muhlenberg Press, 1960.

Beveridge, Henry, Bonnet, Jules, eds., *Selected Works of John Calvin*, 7 Vols, Albany, OR: Ages Software, 1997.

Beza, Theodore, *The Life of John Calvin*, trans., Henry Beveridge, Philadelphia: The Westminster Press, 1909.

Brandt, W. I., ed., *Luther's Works*, vol. 45, Philadelphia: Muhlenberg Press, 1962.

Bucer, Martin, *A Treatise , how by the Worde of God, Christian mens almose to be distributed*, 1557（?）.

Buckley, T. A., trans., *The Canons and Decrees of the Council of Trent*, London: George Routledge and Co., 1851.

Calvin, John, *The John Calvin Collection*, Albany, OR: Ages Software 1.0 version, 1997.

Calvin John, *Institutes of the Christian Religion*, trans., F. L. Battles, Philadelphia: The Westminster Press, 1960.

Calvin, John, *Calvin: Theological Treatises*, ed., and trans., J. K. S. Reid, Philadelphia: The Westminster Press, 1954.

Collette, Charles Hastings, ed., *One Hundred Grievances*, London: S. W. Partridge & Co., 1869.

Furcha, E. J., ed. and trans., *The Essential Carlstadt: Fifteen Tracts by Andreas Bodenstein (Carlstadt) from Karlstadt*, Waterloo: Herald Press, 1995.

Haroutunian, Joseph, ed. and trans., *Calvin: Commentaries*, Philadelphia: The Westminster Press, 1958.

Hazlitt, Willam, trans. and ed., *The Table Talk of Martin Luther*, London: H. G. Bohn, 1857.

Hillerbrand, Hans J., ed., *The Protestant Reformation*, New York: Harper Perennial, 1968.

Höpfl, Harro, trans., *Luther and Calvin on Secular Authority*, Cambridge: Cambridge University Press, 1991.

Jacobs, Henry Eyster, ed., *The Book of Concord, or the Symbolical Books of the Evangelical Lutheran Church*, Philadelphia: General Council Publication Board, 1916.

Jewel, John, *The Works of John Jewel*, vol. 6, Oxford: Oxford University Press, 1848.

Lull, Timothy F., ed., *Martin Luther's Basic Theological Writings*,

Minneapolis: Augsburg Fortress, 1989.

Luther, Martin, *Works of Martin Luther*, 5 Vols., Philadelphia: A. J. Holman Company and the Castle Press, 1915 – 1931.

Luther, Martin, ed., *The Book of Vagabonds and Beggars*, *with a vocabulary of their language*, *edited by Martin Luther in the year 1528*, London: John Camden Hotten, Piccailly, 1860.

Mendham, Joseph, *Memoirs of the Council of Trent*; *Principally Derived from Manuscripts and Unpublished Records*, *Namely*, *Histories*, *Diaries*, *Letters*, *and other Documents*, *of the Leading Actors in That Assembly*, London: James Ducan, 1834.

Mynors, R. A. B. and Thomson, D. F. S., trans., *the Correspondence of Erasmus*: *Letters 142 to 297*, Vol. 2, Toronto: University of Toronto Press, 1975.

Olin, John C., ed., *Christian Humanism and the Reformation. Selected Writings of Erasmus*, 3rd edition, New York: Fordham University Press, 1987.

Olin, John C., *Catholic Reform*: *From Cardinal Ximenes to the Council of Trent*, *1495 – 1563*: *An Essay with Illustrative Documents and a Brief Study of Ignatius Loyola*, New York: Fordham university Press, 1990.

Olin, John C., *The Catholic Reformation*: *Savonarola to Ignatius Loyola*, New York: Fordham University Press, 1992.

Pauck, Wilhelm, ed., *Melanchthon and Bucer*, Philadelphia: The Westminster Press, 1969.

Pelikan, J., ed., *Luther's Works*, Vol. 9, Saint Louis: Concordia Publishing House, 1960.

Pharr, Clyde, trans., *Theodosian Code*, New Jersey: Princeton University Press, 1952.

Robinson, P., trans., *The Writings of St. Francis of Assisi*, Philadelphia: The Dolphin Press, 1906.

Salter, F. R., ed., *Some Early Tracts on Poor Relief*, London: Methuen, 1926.

Servetus, Michael, *The Restoration of Christianity*, trans., Christopher A. Hoffman and Marian Hillar, New York: The Edwin Mellen Press, 2006 – 2015.

Simpson, Leonard Francis, trans., *The Autobiography of Emperor Charles V*, London: Longman, 1862.

Smith, Preserved trans., *Luther's Correspondence and Other Contemporary Letters*, Vol. 1, Philadelphia: The Lutheran Publication Society, 1913.

Tanner, Norman P., ed., *Decrees of the Ecumenical Councils*, 2 Vols., Washington DC: Sheed & Ward and Georgetown University Press, 1990.

Thompson, Craig R., ed., *Collected Works of Erasmus*, Vol. 24, Toronto: University of Toronto Press, 1978.

Tierney, Brian, ed., *The Crisis of Church and State, 1050 – 1300*, New Jersey: Prentice – Hall, Inc., 1964.

Vives, J. L., *De subventione pauperum sive De humannis necessitatibus*, C. Matheeussen, C. Fantazzi, eds., Leiden : Brill, 2002.

Waterworth, James, trans., *The Canons and Decrees of the Sacred and Oecumenical Council of Trent*, London: C. Dolman, 1848.

Whitcob, Merrick, ed., *The Complaint of Nicholas de la Fontaine Against Servetus., Translations and Reprints From the Original Sources of European History*, Vol. 3, *Period of the Later Reformation*, Philadelphia: The Department of History of University of Pennsylvania, 1902.

Withington, Lothrop, ed., *Elizabethan England: From "A Description of England", By William Harrison (in "Holinshed Chronicles")*, London: Walter Scott, 1876.

Geoffrey William Bromiley, ed., *Zwingli and Bullinger: Selected Translations with Introductions and Notes*, Philadelphia: The Westminster Press, 1953.

Zwingli, Ulrich, *The Christian Education of the Youth*, Collegeville, PA: Thompson Brothers, 1899.

二 研究著作

Asselt, Willem J. van, Dekker, Eef, eds., *Reformation and Scholasticism: An Ecumenical Enterprise*, Grand Rapids: Baker Academic, 2001.

Bainton, Roland H., *Erasmus of Christendom*, New York: Charles Scribner's Sons, 1967.

Bainton, Roland H., *Hunted heretic, the life and death of Michael Servetus, 1511 – 1553*, Boston: Beacon Press, 1953.

Bolton, Brenda, *The Medieval Reformation*, London: Edward Arnold (Publishers) Ltd., 1983.

Brady, Thomas A., Jr., Oberman, Heiko A., Tracy, James D., eds., *Handbook of European History 1400 – 1600: Late Middle Ages, Renaissance, and Reformation*, 2 Vols., Leiden: Brill, 1994 – 1995.

Brieley, Robert, *The Refashioning of Catholicism 1450 – 1700, A Reassessment of the Counter – Reformation*, New York: St. Martin's Press, 1999.

Carlton, Charles, Slavin, A. J., eds., *State, Sovereigns & Society in Early Modern England: Essays in Honour of A. J. Slavin*, New York: St. Martin Press, 1998.

Constable, Giles, *The Reformation of Twelfth Century*, Cambridge: Cambridge University Press, 1996.

Cramp, J. M., *The Council of Trent: Comprising an Account of the Proceedings of That Assembly; And Illustrating the Spirit and Tendency of Popery*, London: The Religious Tract Society, 1839.

Cunningham, Andrew, Grell, Ole Peter, eds., *Health Care and Poor Relief in Protestant Europe, 1500 – 1700*, London: Routledge, 1997.

Davis, Natalie Zemon, *Society and Culture in Early modern France*,

Stanford: Stanford University Press, 1965 (1976).

Delumeau, Jean, *Catholicism between Luther and Voltaire: A New View of the Counter-Reformation*, Philadelphia: Westminster Press, 1977

Dickens, A. G., Tonkin, John M., *Reformation in Historical Thought*, Oxford: Basil Blackwell Ltd., 1985.

Dixon, C. Scott, *Contesting the Reformation*, Malden, MA: Wiley-Blackwell, 2012.

Drummond, William Hamilton, *The Life of Michael Servetus*, London: John Chapman, 1848.

Dykema, Peter A., Oberman, Heiko A., eds., *Anticlericalism in Late Medieval and Early Modern Europe*, Leiden: E. J. Brill, 1994.

Fehler, Timothy C., *Poor Relief and Protestantism: The Evolution of Social Welfare in Sixteenth-Century Emden*, Burlington, VT: Ashgate, 1999.

Fish, Simon, *A Supplication for the Beggars*, Early English Text Society, Extra Series, XIII, London, 1871.

［法］伏尔泰：《风俗论》（中册），商务印书馆1997年版。

Foucault, Michel, *The History of Madness*, London: Routledge, 2006.

Gelder, Enno V., *The Two Reformations in the Sixteenth Century: A Study of the Religious Aspects and Consequences of Renaissance and Humanism*, Hague: Martinus Nijhoff, 1961.

Goody, Jack, *The Development of the Family and Marriage in Europe*, Cambridge: Cambridge University Press, 1983.

Gorski, Philip S., *The Disciplinary Revolution: Calvinism and the Rise of the State in Early Modern Europe*, Chicago: The University of Chicago Press, 2003.

Grell, Ole Peter, Cunningham, Andrew, Arrizabalaga, Jon, eds., *Health Care and Poor Relief in Counter-Reformation Europe*, London: Routledge, 1999.

Grell, Ole Peter, and Scrinbner, Bob, eds., *Tolerance and Intolerance in the European Reformation*, Cambridge: Cambridge University Press, 1996.

Greyerz, Kaspar Von, *Religion and Culture in Early Modern Europe, 1500 – 1800*, trans., Thomas Dunlap, Oxford: Oxford University Press, 2008.

Harman, Thomas, *A Caveat or Warning for Common Cursetors, Vulgarly Called Vagabonds*, London, 1814.

Helmholz, R. H., *Marriage Litigation in Medieval England*, Cambridge: Cambridge University Press, 1974 (2007).

Hsia, R. Po – Chia, *The World of Catholic Renewal, 1540 – 1770*, Cambridge: Cambridge University Press, 1998.

Hsia, R. Po – Chia, *Social Discipline in the Reformation: Central Europe 1550 – 1750*, London: Routledge, 1989.

Huizinga, Johan, *Erasmus and the Age of Reformation with a selection from the letters of Erasmus*, New Jersey: Princeton University Press, 1984.

［荷兰］R. 霍伊卡：《宗教与现代科学的兴起》（中译本），四川人民出版社1991年版。

Jedin, Hubert, *A History of the Council of Trent*, 2 vols., London: Thomas Nelson and Sons Ltd., 1961.

Jütte, Robert, *Poverty and Deviance in Early Modern Europe*, Cambridge: Cambridge University Press, 1994.

Lampe, G. W. H., ed., *The Cambridge History of the Bible*, 3 vols., Cambridge: Cambridge University Press, 1969.

Le Goff, J., *The Birth of Purgatory*, trans., A. Goldhammer, Chicago: The University of Chicago Press, 1986.

Leonard, E. M., *The Early History of English Poor Relief*, Cambridge: Cambridge University Press, 1900.

Lindberg, Carter, *The European Reformations*, second edition, Malden, MA: Wiley – Blackwell Publishers Ltd., 2010.

Lindberg, Carter, *Beyond Charity: Reformation Initiatives for the Poor*, Minneapolis: Augsburg Fortress, 1993.

Lindberg, Carter, *European Reformations: Sourcebook*, Malden, MA: Wiley – Blackwell Publishers Ltd., 2014.

Lindsay, Thomas M., *A History of the Reformation*, 2 Vols., New York: Charles Scribner's Sons, 1910 – 1911.

刘林海:《加尔文思想研究》,中国人民大学出版社2006年版。

龙秀清:《西欧社会转型中的教廷财政》,济南出版社2001年版。

Luebke, David M., ed., *The Counter – Reformation: The Essential Readings*, Cambridge, MA: Blackwell Publishers Ltd., 1999.

Marshall, Peter, *1517: Martin Luther and the Invention of the Reformation*, Oxford: Oxford University Press, 2017.

Martz, Linda, *Poverty and Welfare in Habsburg Spain*, Cambridge: Cambridge University Press, 1983.

《马克思恩格斯选集》第4卷,人民出版社1995年版。

McGrath, Alister E., *Reformation Though: An Introduction*, second edition, Malden, MA: Blackwell Publishers Ltd., 1997.

Mullett, Michael A., *The Catholic Reformation*, London: Routledge, 1999.

Oberman, Heiko A., *Reformation: Roots and Ramifications*, London: T&T Clark Internationals, 2004.

Oberman, Heiko A., *The Dawn of the Reformation: Essays in Late Medieval and Early Reformation Thought*, Edinburgh: T. & T. Clark Ltd., 1986.

Oberman, Heiko A., *Luther: Man Between God and the Devil*, New Haven: Yale University Press, 1989.

O'Malley, John, *Trent and All That: Renaming Catholicism in the Early Modern Era*, Cambridge, MA: Harvard University Press, 2000.

Ozment, Steven, *The Age of Reform 1250 – 1550: An Intellectual and Religious History of Late Medieval and Reformation Europe*, New Haven: Yale University Press, 1980.

Ozment, Steven, ed., *Religion and Culture in the Renaissance and Reformation*, Kirksville: Sixteenth Century Journal Publishers, 1989.

Packull, Werner O., Dipple, Geoffrey L., eds., *Radical Reformation Studies: Essays Presented to James M. Stayer*, Brookfield: Ashgate, 1999.

Parker, Charles C., *The Reformation of the Community: Social Welfare and Calvinist Charity in Holland, 1572 – 1620*, Cambridge: Cambridge university Press, 1998.

Parker, T. H. L., *John Calvin: A Biography*, Louisville: Westminster John Knox Press, 2007.

Pettegree, Andrew, Duke, Alastair, Lewis, Gillian eds., *Calvinism in Europe, 1540 – 1620*, Cambridge: Cambridge University Press, 1994.

Pullan, Brian, *Rich and Poor in Renaissance Venice*, The Social Institutions of a Catholic State, to 1620, Oxford: Basil Blackwell, 1971.

Rabil, Albert, Jr., *Erasmus and the New Testament: The Mind of a Christian Humanist*, Lanham, Maryland: University Press of America, 1993.

Rabinow, Paul, ed., *The Foucault Reader*, New York: Pantheon Books, 1984.

Ranke, Leopard, *The History of the Popes, Their Church and State, and Especially of Their Conflicts with Prostestantism in the Sixteenth & Seventeenth Centuries*, Vols. 3, trans., E. Foster, London, 1891.

Reardon, Bernard M. G., *Religious Thought in the Reformation*, London: Longman, 1981

Ruccius, Walter M., *John Begenhagen Pomeranus, A Biographical Sketch*, Philadelphia: the United Lutheran Publication House, 1924.

Rummel, Erika, ed., *Biblical Humanism and Scholasticism in the Age of*

Erasmus, Leiden: Brill, 2008.

Safley, Thomas Max, ed., *The Reformation of Charity: The Secular and Religious in Early Modern Poor Relief*, Boston: Brill, 2003.

Schaff, Philip, *History of the Christian Church*, Vol. 6, New York: Charles Scribner's Sons, 1910.

Schaff, Philip, *Calvin and Servetus*, Philadelphia: Reformed Church Publication Board, 1893.

Schilling, Heinz, *Religion, Political Culture, and the Emergence of Early Modern Society: Essays in German and Dutch History*, Leiden: E. J. Brill, 1992.

Schnucker, Robert V., ed., *Calviniana: Ideas and Influence of Jean Calvin*, Kirksville: Sixteenth Century Journal Publishers, 1988.

Sedgwick, Henry Dwight, *Ignatius Loyola: An Attempt at An Impartial Biography*, New York: The MacMillan Company, 1923.

Swanson, Guy E., *Religion and Regime: A Sociological Account of the Reformation*, Ann Arbor: University of Michigan Press, 1967.

Tawney, R. H., *Religion and the Rise of the Capitalism*, P. Smith, MA: Gloucester, 1962.

Thompson, W. D. J. Cargill, *The Political Thought of Martin Luther*, Sussex: The Harvester Press, 1984.

Tierney, Brian, *Medieval Poor Law: A Sketch of Canonical Law Theory and Its Application in England*, Berkeley and Los Angeles: University of California Press, 1959.

Tierney, Brian, ed., *The Crisis of Church and State*, 1050 – 1300, New Jersey: Prentice – Hall, Inc., 1964.

Tracy, James D., *Europe's Reformations*, *1450 – 1650*, Lanham: Rowman & Littlefield, 1999.

Troeltsch, Ernst., *The Social Teaching of Christian Churches*, 2 vols., Louisville, Kentucky: Westminster/John Knox Press, 1992.

Troeltsch, Ernst, *Protestantism and Progress: A Historical Study of the Relation of Protestantism to the Modern World*, New York: G. P. Putnam's sons, 1912.

Tutino, Stefania, *Empire of Souls: Robert Bellarmine and the Christian Commonwealth*, Oxford: Oxford University Press, 2010.

Wandel, Lee Palmer, *Always Among Us: Images of the Poor in Zwingli's Zurich*, Cambridge: Cambridge University Press, 2003.

Weber, Max, *The Protestant Ethic and the Spirit of Capitalism*, trans., Talcott Parsons, New York: Charles Scribner's Sons, 1950.

Weber, Max, *Economy and Society*, 2 vols., Berkeley: University of California Press, 1978.

Williams, George. H., *The Radical Reformation*, 3rd edition, Kirksville: Truman State University Press, 1992.

朱孝远:《宗教改革与德国近代化道路》,人民出版社2014年版。

后 记

本书是在2005年度国家社科基金青年项目基础上修改扩充而成的，其中部分内容曾经作为阶段成果发表，这里不再详细列举。几位社科基金匿名评委给予了鼓励，提出了修改建议，孙中华博士帮助校读了全文，黄广连博士、博士生刘嘉仁、商嘉琪同学帮助统一了注释体例。蒙中国历史研究不弃，将本书纳入中国历史研究院学术出版项目。中国历史研究院张珂风先生、北京师范大学出版社刘东明先生、中国社会科学出版社刘亚楠女士为本书的申报和出版付出了心血。没有这些的无私帮助，本书是难以与读者见面的。在此一并致谢。还要感谢关心和爱护我的师友及我的家人。关于本书，作者还要赘言几句：

虽然宗教改革打破了公教会一统的局面，推动了方言文献的发展，但拉丁语还是那个时代绝对主导的书面语言，遗留下来的文献当然也是如此。由于鄙人语言能力有限，本书主要用的是英文材料。此外，细心的读者还会发现，英文材料也不统一，实际是不同版本并用，比如马丁·路德的著作。之所以如此，并非技术上做不到统一。现在互联网发达了，可以通过装修完成这些工作，但作者无意于此。一来要遵循学术实事求是的原则，二来希望把它作为自己学术成长历程的一个见证。20世纪末，当作者开始这个题目的研究时，国内学术界在宗教改革方面的材料还很少。随着互联网的飞速发展及中国经济实力的提升，短短的十来年，国内宗教改革研究领域的资料就发生了翻天覆地的变化，不但可以通过互联网随便下载各种版本的原始资料，而且可以看到过去几百年西方的各种代表性研究成果。可以说，困难一下子由以往的患寡变成了患多了。书中所使用的材料也都是随着研究的推进和获取条件的改善逐渐获得积累起来的，虽然看起来不够高大上，但能保真，这也是作者十多年来在这个领域辛苦徘徊的写照。当然，这绝不能作为它还存在问题的借口。

疏漏舛误，在所难免，诚请读者诸君批评指正。

刘林海

2019 年 5 月 16 日初

2020 年 9 月 16 日改